Martin Ehrensberger

WANDERFÜHRER
OBERPFÄLZER JURA & TAL DER SCHWARZEN LABER

Die schönsten Touren zwischen Neumarkt und Regensburg

MZ BUCHVERLAG

Vorwort

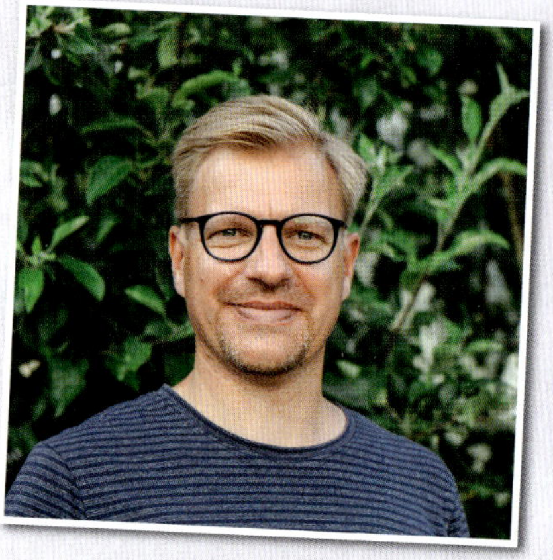

Als Jugendlicher wollte ich oftmals nur weg. Aufgewachsen auf dem Land in dem wunderschönen Markt Lupburg engte mich dieses Dorfleben, wo jeder jeden kennt, ein. Für die unvergleichliche Schönheit der Landschaft hatte ich kein Verständnis und vor allem noch kein Auge. Vermutlich ist dies aber bei Heranwachsenden nicht abwegig.

Zusammen mit meiner damaligen Freundin und heutigen Frau zogen wir nach dem Abitur in die Großstadt Regensburg, um Lehramt zu studieren. Hier begann eine großartige Zeit, die wir auf keinen Fall missen möchten. Nach dem Abschluss lernten wir die verschiedensten Facetten, Landschaften, Orte und Menschen auf unserer nicht ganz freiwilligen Tour quer durch Bayern kennen, von Landsberg am Ammersee bis hoch in den Norden nach Aschaffenburg. Wenn man offen für Neues und bereit ist, sich auf verschiedene Situationen einzulassen, kann man sich überall heimisch fühlen, neue Freunde finden und großartige Flecken Erde entdecken. Ich bin überzeugt, dass es grundsätzlich von Vorteil ist, die sogenannte Komfortzone, sprich: das heimische Umfeld, für eine Zeit zu verlassen, um anderes zu sehen, zu erleben und kennenzulernen. Erst dann, mit etwas zeitlichem und räumlichem Abstand, erhält man den nötigen Weitblick, der es ermöglicht, den wahren Reiz der eigenen Heimat mit anderen Augen wahrzunehmen. Nach einigen Jahren zogen wir wieder nach Hause in das Golddorf der Oberpfalz, da sich glücklicherweise unsere familiäre Situation nachhaltig geändert hat.

Ich schreibe dieses Vorwort im Mai 2021. Es ist der zweite Frühling, der von der Covid-19-Pandemie geprägt ist. Wandern und E-Bike-Fahren sind der absolute Renner und die langen Wartezeiten auf ein elektrobetriebenes Gefährt wecken nahezu ostdeutsche Gefühle. Lupburg ist überregional bekannt für den Jura-Radmarathon, der in der Regel jährlich etwa 2000 radfahrbegeisterte Menschen allen Alters aus nah und fern anzieht. Früher fuhr ich viel Rad, sowohl rasant mit dem Rennrad als auch offroad mit dem Mountainbike. Es macht Spaß und man kommt viel herum. Dennoch habe ich speziell seit März letzten Jahres, als die Ausmaße des Corona-Virus noch nicht abzuschätzen waren und die Bevölkerung das erste Mal zu Hause eingesperrt war, meine große Freude an der Langsamkeit des Wanderns „dahoam" entdeckt. Während man mit dem Fahrrad eher darauf bedacht ist, möglichst viele Orte zu befahren oder möglichst viele Kilometer auf den Tacho zu bekommen, verliert man meines Erachtens den Blick für wundervolle Kleinigkeiten wie eine Blume am Wegesrand oder einen besonders stimmungsvollen Blick am Fluss über ein Tal, in dem sich die Sonnenstrahlen hell in einer Astgabelung brechen. Oftmals ist man ein Getriebener des Alltags und findet wenig Gelegenheiten, sich im Gegensatz dazu im Alltag entspannt treiben zu lassen.

Ein wertgeschätzter Kollege und Freund hat den wunderschönen Satz gesagt: „Jeder ist sein eigener Mensch." Damit hat er recht! Beim Wandern bekommt man die Gelegenheit, ganz bei sich zu sein. Dies kann mithilfe eines Hörbuchs geschehen oder pur, indem man den unterschiedlichen Geräuschen der Natur lauscht. Alternativ bietet sich auch ein gemeinschaftliches Gruppenerlebnis mit den Liebsten oder Freunden an, bei welchen man den Fokus weg von „immer höher, schneller und weiter" auf näher bei sich und der direkten Umgebung, auf die wundervolle Welt des Kleinen und Unscheinbaren lenkt.

Als passionierter Hobbyfotograf bekam ich die Gelegenheit, diesen Wanderführer in und über meine Heimatregion zu schreiben und auch bis dato noch zahlreiche unbekannte Orte, Täler und Wege kennenzulernen, wie etwa den Saugraben bei Lupburg, das Ehtal bei Breitenbrunn oder den Lupenbach bei Finsterweiling (um nur einige Highlights zu nennen). Ich habe erkannt, dass man gar nicht weit verreisen muss, um abschalten zu können und Neues zu entdecken. Der Oberpfälzer Jura und das faszinierende Tal der Schwarzen Laber zwischen Neumarkt und Regensburg bieten unglaublich viele Möglichkeiten, in den besonderen Zauber dieser Landschaft einzutauchen.

Ich lade Sie mit diesem Wanderführer herzlich dazu ein, diese wundervolle und abwechslungsreiche Landschaft vielleicht mit meinem Blick, aber vor allem mit eigenen Sichtweisen und Perspektiven für sich zu entdecken und schätzen zu lernen. Auf Sie warten auf etwa 230 Kilometern beispielsweise Flüsse und naturbelassene Bäche, steile Hänge, die mit grün-beigem Magerrasen bewachsen und mit schroffen, unwirtlichen Felsen übersät sind, romantische Wege durch malerische Täler und schattige Wälder. Die Landschaft ist einem stetigen Wandel unterzogen, weshalb Sie auf Ihrer Runde sicherlich andere wunderbare Augenblicke erleben als ich auf meiner. Ich habe versucht, meine Touren so genau wie möglich zu beschreiben und sie mit stimmungsvollen und ausdrucksstarken Fotos zu untermalen.

Viele der Wanderungen bin ich zwei- oder mehrmals gegangen, um sicherzugehen, dass Wege, die im Frühling noch frei und wenig bewachsen waren, auch noch im Sommer gut begehbar waren. Ich hoffe, Sie können meine Routen gut und ohne Probleme nachvollziehen.

Die Verpflegungshinweise stammen aus den unsicheren Zeiten der Pandemie. Aus diesem Grund habe ich die Öffnungszeiten mit „siehe online" deklariert. Alle Gastwirtschaften besaßen zum Zeitpunkt der Erstellung dieses Werks eine halbwegs aktuelle Homepage oder wenigstens eine vernünftige Facebook-Seite, weshalb ich davon ausgegangen bin, dass das Lokal auch irgendwann wieder Besucher empfangen wird. Dennoch rate ich Ihnen, sich vorher zu vergewissern, damit Sie nicht vor einer verschlossenen Tür der jeweiligen Einkehrmöglichkeit stehen.

Aus diesem Grund hoffe ich, dass Sie genauso viel Freude und gute Beine dabei haben wie ich, diese einmalige Landschaft, mit Ihren, mit eigenen Augen und Beinen zu entdecken.

Beste Grüße
Martin Ehrensberger

Hinweis zu den Schwierigkeitsgraden:

Die Schwierigkeitsgrade sind subjektiv und von mir frei gewählt. Sie beziehen sich auf die Kriterien: Länge und Anstiege der Wanderung, Beschaffenheit und Markierung der Wege

Leicht: Einfache Wanderung. Grundkondition erforderlich. Leicht begehbare Wege. Kein besonderes Können erforderlich.

Mittel: Mittelschwere Wanderung mit einer gewissen Länge. Gute Grundkondition erforderlich. Meist leicht begehbare Wege. Trittsicherheit oftmals vorteilhaft.

Schwer: Anspruchsvolle Wanderung mit einer gewissen Länge. Gute Grundkondition erforderlich. Überwiegend gut begehbare Wege, aber auch steile Passagen. Trittsicherheit und ggf. Schwindelfreiheit erforderlich. Wanderstöcke können sehr hilfreich sein.

Informationen zum Autor

Mein Name ist Martin Ehrensberger. Ich arbeite als Realschullehrer in Neumarkt in der Oberpfalz. In meiner Freizeit verwirkliche ich sehr gerne kreative Ideen und Projekte. So macht mir zum einen das Fotografieren und Erstellen von Mundart-Kalendern, das Wandern und Verfassen von Wanderführern, zum anderen auch das Komponieren, Texten und Produzieren von Musikstücken große Freude. Zudem veröffentliche ich Erklärvideos und Übungen zu Themen der englischen Grammatik auf meiner Internetseite: www.grammarbox.de.

www.grammarbox.de

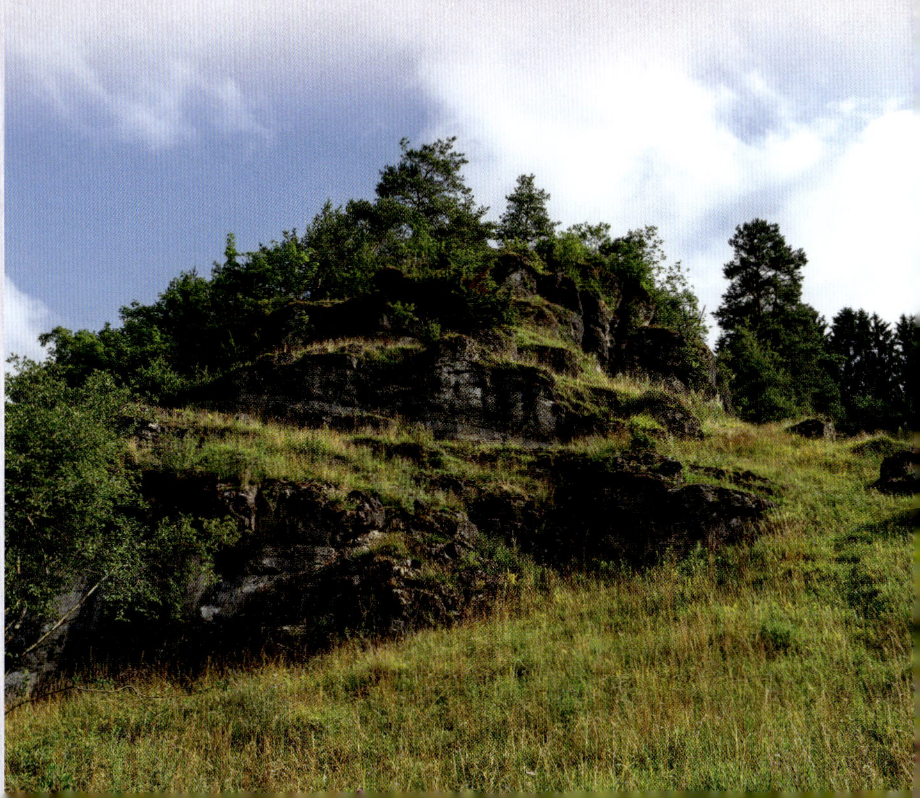

Inhaltsverzeichnis

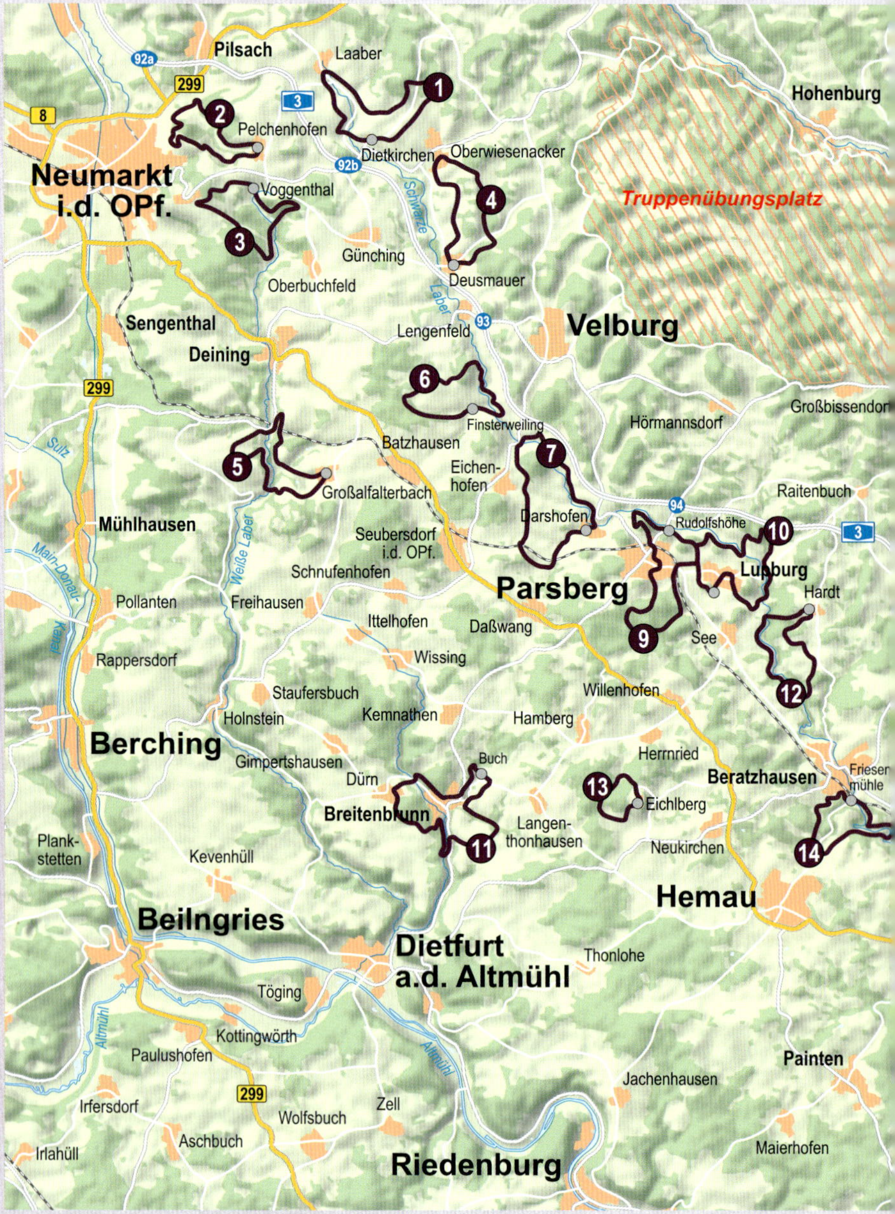
Pilsach
Laaber
92a
299
8
3
Hohenburg
Pelchenhofen
Dietkirchen
Oberwiesenacker
92b
Neumarkt i.d. OPf.
Voggenthal
Truppenübungsplatz
Schwarze
Günching
Oberbuchfeld
Deusmauer
Laber
93
Velburg
Sengenthal
Lengenfeld
Deining
299
Großbissendorf
Hörmannsdorf
Finsterweiling
Sulz
Batzhausen
Eichen-hofen
Raitenbuch
Großalfalterbach
94
Darshofen
Rudolfshöhe
Mühlhausen
Seubersdorf i.d. OPf.
Main-Donau-Kanal
Weiße Laber
Schnufenhofen
Lupburg
Parsberg
Hardt
Pollanten
Freihausen
Ittelhofen
Daßwang
See
Rappersdorf
Wissing
Staufersbuch
Willenhofen
Holnstein
Kemnathen
Hamberg
Berching
Gimpertshausen
Herrnried
Buch
Dürn
Beratzhausen
Friesenmühle
Breitenbrunn
Eichlberg
Langen-thonhausen
Plank-stetten
Kevenhüll
Neukirchen
Hemau
Beilngries
Dietfurt a.d. Altmühl
Thonlohe
Töging
Altmühl
Kottingwörth
Paulushofen
Painten
299
Jachenhausen
Irfersdorf
Zell
Wolfsbuch
Aschbuch
Maierhofen
Irlahüll
Riedenburg

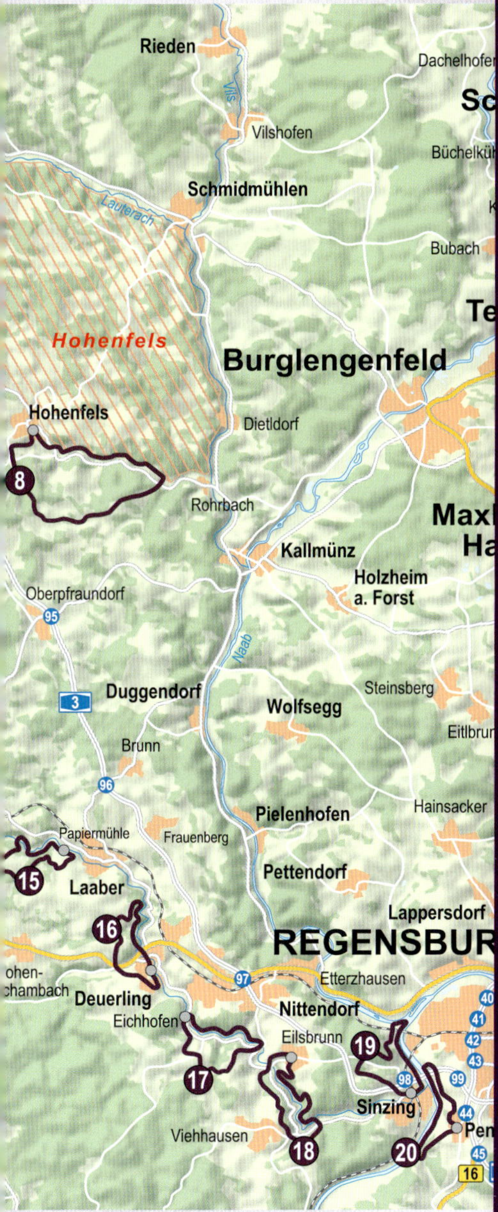

❶ Dietkirchen: Zwischen Wegekreuzen und Golfplätzen zur Laberquelle

❷ Pelchenhofen: Ruhe vor dem Sturm auf die Burg

❸ Voggenthal: Auf und ab rund um und durchs Lengenbachtal

❹ Deusmauer: Rund um den Eichelberg, Haselnussberg und Plankenstein

❺ Großalfalterbach: Durch nahezu unberührte Natur entlang der Weißen Laber, Abschnitt Unterbürger Laber

❻ Finsterweiling: Zwischen Schwarzer Laber und Lupenbach

❼ Darshofen: Luftige Höhen, malerische Täler und ein Bach

❽ Hohenfels: 6 Einöden, 5 Mühlen und ein Forellenbach

❾ Parsberg: Rundherum und einmal darüber und durch die Stadt

❿ Lupburg: Zwischen Burgfried und Saugraben

⓫ Breitenbrunn: Die 3-fache Laber und idyllische Täler

⓬ Hardt: Drei Mühlen entlang der Schwarzen Laber

⓭ Eichlberg: Auf Wallfahrt

⓮ Friesenmühle: Viel Wasser, einige Mühlen und ein wenig Höhenluft

⓯ Papiermühle: Zwischen Mühlen und schattigen Wäldern

⓰ Deuerling: 9 Stationen, 3 Hügel und ein Fluss

⓱ Eichhofen: Auf Entdeckungstour entlang der Schwarzen Laber

⓲ Eilsbrunn: Steige, Höhlen, fantastische Ausblicke und ein Schuss Abenteuer

⓳ Sinzing: Spiel, Spaß und Spannung bis zum Ende der Schwarzen Laber

⓴ Pentling: Das Panorama ganz nah ans Wasser gebaut

Oberpfälzer Jura & Schwarze Laber

Der Oberpfälzer Jura befindet sich unter anderem im Landkreis Neumarkt in der Oberpfalz und im nordwestlichen Landkreis Regensburg. Er ist der oberpfälzische Teil des Fränkischen Jura. Hochflächen mit Magerrasen, Wiesen, Äckern und Wäldern prägen diese Landschaft. Dazwischen findet man schroffe, massive Felsformationen sowie zahlreiche Gräben, Höhlen, Grotten und Dolinen. Die Wiesentäler werden oftmals geprägt von kleinen Bächen und Wasserläufen und umrahmt von waldbedeckten Inselbergen.

Die Gegend gilt eher als wasserarm. Ein bedeutsamer Fluss ist die Schwarze Laber, ein 77 Kilometer langer linker Zufluss der Donau, in die sie in Sinzing bei Regensburg mündet. Diese besondere Stelle kann man bei den Touren „Sinzing“ und „Pentling“ aus nächster Nähe erleben. Die Schwarze Laber entspringt nordöstlich von Neumarkt in der Oberpfalz in Laaber, einem Ortsteil von Pilsach an der Europäischen Hauptwasserscheide, aus einer Karstquelle. Das Quellwasser hat ganzjährig eine Temperatur von 8 bis 10 °C. Diesen Ort besuchen wir in der Tour „Dietkirchen“.

Der Name Laber stammt höchstwahrscheinlich von „labara“, was in der Sprache der mitteleuropäischen Kelten so viel wie „die Schwatzende, Rauschende“ bedeutete. Eine andere Herkunft des Namens könnte auch auf den bairischen Begriff „lap“ (träge, langsam, faul) zurückgehen, dies in Bezug auf die langsame Strömung des Gewässers. Das Beiwort „schwarz“ bekam die Laber durch ihr geringes Gefälle. Dadurch fließt sie oft sehr langsam, weshalb ihr Wasser dunkel erscheint.

Im Wanderführer begegnen wir mehrmals der Weißen Laber, welche bei Voggenthal, ebenfalls in der Nähe von Neumarkt, entspringt. Wir passieren diesen Ort zu Beginn der gleichnamigen Wanderung. Sie ist ein 45 Kilometer langer Nebenfluss der Altmühl. Eine andere Bezeichnung für die „Weiße Laber“ ist „Unterbürger Laber“, vor allem im Bereich Deining. Sie fließt dann zusammen mit der Breitenbrunner Laber, welcher wir bei der Tour „Breitenbrunn“ einen Besuch abstatten, in die Altmühl bei Dietfurt.

Quellen:

https://de.wikipedia.org/wiki/Oberpfälzer_Jura
https://de.wikipedia.org/wiki/Schwarze_Laber
https://de.wikipedia.org/wiki/Weiße_Laber

Wandern mit GPS

Dieses Buch ist so aufgebaut, dass Sie die Wege mithilfe der Tourbeschreibungen und der abgebildeten Karte auch ohne moderne Technik finden können. Es kann aber sicher nicht schaden, wenn man im Zweifelsfall auf technische Hilfsmittel zurückgreifen kann; besonders nützlich ist die elektronische Unterstützung auf unmarkierten Streckenabschnitten. Deshalb bieten wir unseren Lesern auf der Webseite des Verlags die GPS-Daten zu diesem Wanderführer kostenlos zum Download an. Die Adresse der Webseite lautet: **https://gps.battenberg-gietl.de/**. Geben Sie zuerst das Passwort **2vK7H93z** in das entsprechende Feld ein und klicken Sie dann bei der Tour Ihrer Wahl auf den Download-Button.

Die GPS-Daten wurden sorgfältig vom Autor erstellt. Es kann aber vorkommen, dass Ihre Position aus technischen Gründen nicht exakt angezeigt werden kann. Mithilfe der Wegbeschreibungen und einer Wanderkarte sollten Sie sich aber stets orientieren können.

Die Touren sind im gängigen GPX-Format gespeichert. Sie können einzelne Touren direkt herunterladen oder gleich alle auf einmal; in dem Fall erhalten Sie eine ZIP-Datei, die Sie erst einmal „entpacken" müssen.

Um die GPS-Daten benutzen zu können, benötigen Sie ein Smartphone (iPhone oder Android) mit GPS-Empfänger und eine App, die GPX-Dateien darstellen kann (z.B. Komoot, Bergfex, Outdooractive o.ä.). Sie sollten nach Möglichkeit die Dateien so speichern, dass Sie sie offline nutzen können, da häufig Wälder und Berge beim Netzausbau nicht vorrangig behandelt werden und es im Online-Betrieb bei schlechtem Netz zu lästigen Verzögerungen kommen kann.

Navigationsaufgaben verursachen meist einen höheren Energieverbrauch auf dem Smartphone. Achten Sie daher besonders bei längeren Touren darauf, dass der Akku ausreichend aufgeladen ist.

DIETKIRCHEN

Zwischen Wegekreuzen und Golfplätzen zur Laberquelle

Mittel

14,2 km

⇅ 135 m

ca. 4 Std.

Dietkirchen – Habertshofen – Hilzhofen – Eschertshofen – Anzenhofen – Laaber – Niederhofen

Eine herrliche Panoramarunde entlang von Wegkreuzen und Golfplätzen am Kuppenalb-Wanderweg bis zur idyllischen Laberquelle.

Markierung:
Bayernnetz für Radler; Tal der Schwarzen Laber, Schwarze-Laber-Radweg, Kuppenalb-Wanderweg 1 und 2, Main-Donau-Radweg, Juradistl-Radweg

Parken:
Direkt auf dem Parkplatz unterhalb des Rosenfriedhofs der Kirche St. Stephanus in Dietkirchen

NAVIGATION: Rosenfriedhof Dietkirchen, Dietkirchen 12, 92367 Pilsach

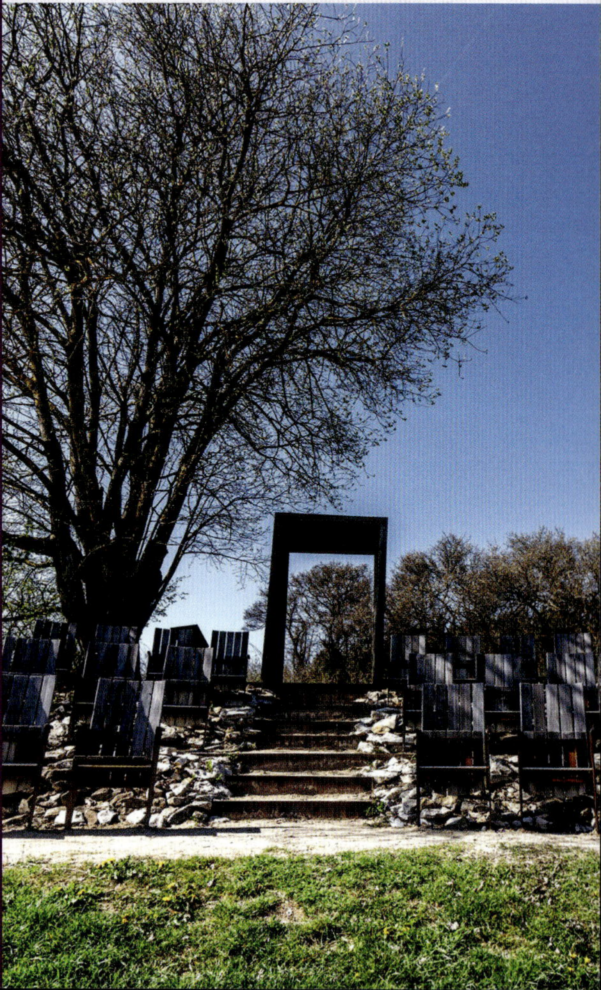

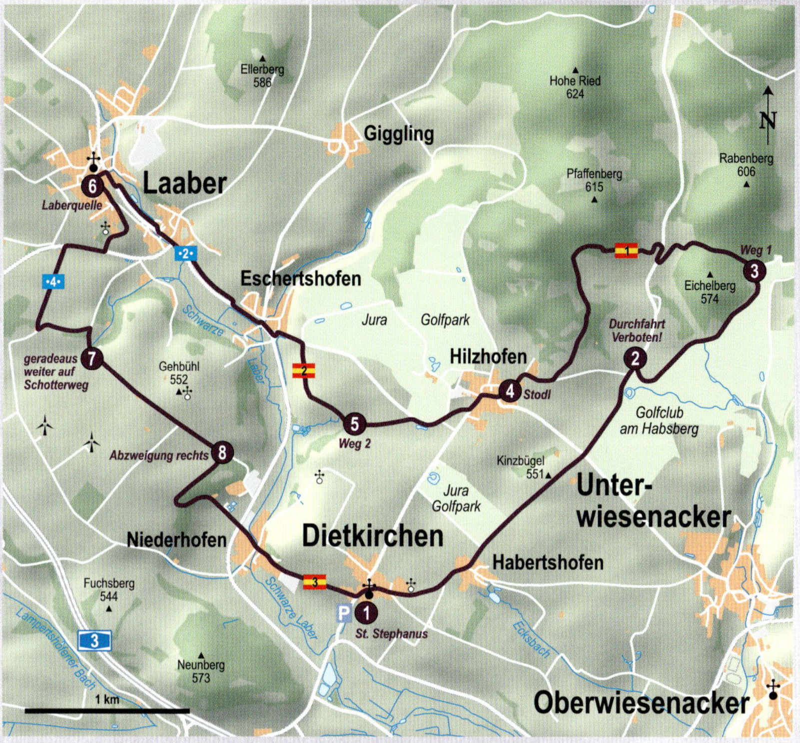

❶ Kirche St. Stephanus – Start/Ziel

❷ Durchfahrt-verboten-Schild rechts

❸ Weg 1

❹ Stodl

❺ Weg 2

❻ Quelle

❼ Geradeaus bleiben auf Schotterweg

❽ Abzweigung rechts

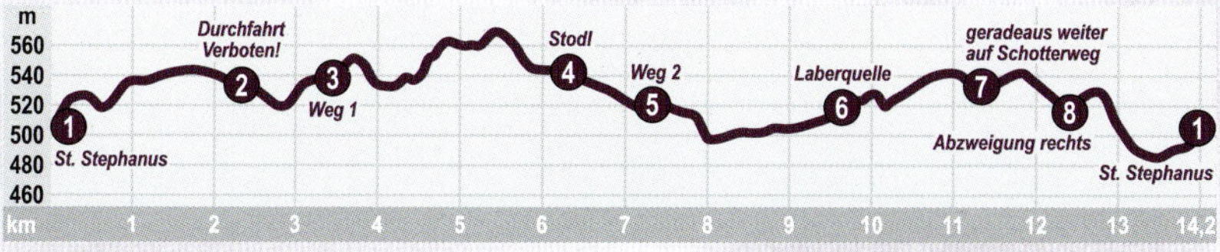

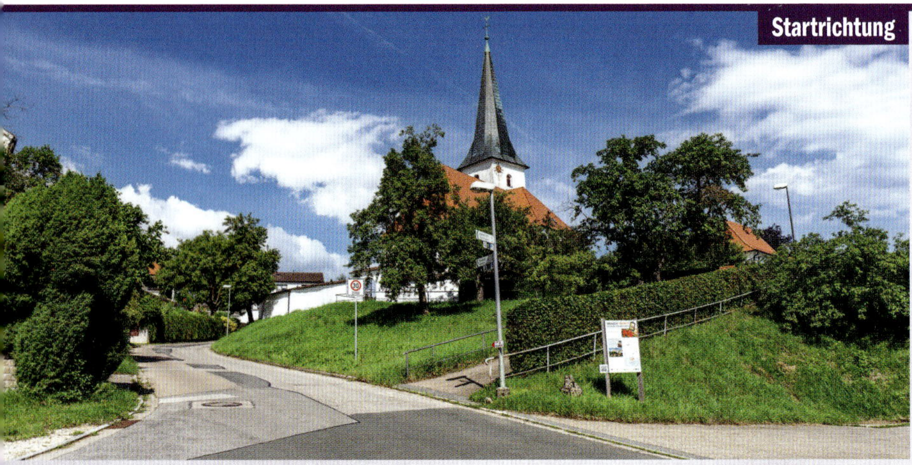

Startrichtung

Wir starten unsere mit Highlights gespickte Tour unmittelbar an einem sehr sehenswerten Ort: dem Rosenfriedhof von Dietkirchen bei der Kirche St. Stephanus ❶.

TIPP: Sehen Sie sich den Ort an, denn neben den Rosen sind die etwa 200 geschmiedeten Kreuze eine Besonderheit dieses Ortes. Jedes Grab ist gleich geschmückt: Rote Rosen auf den Gräbern der Erwachsenen, weiße Rosen auf den Kindergräbern.

Vom Parkplatz aus gehen wir nach rechts an der Kirche vorbei bergauf und orientieren uns an dem Wegweiser in Richtung Haberts-

Rosenfriedhof

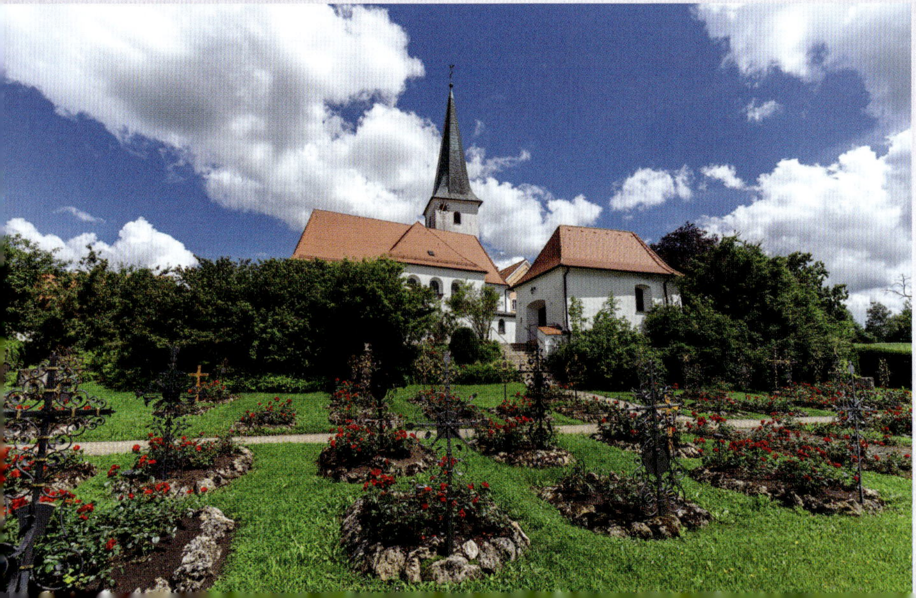

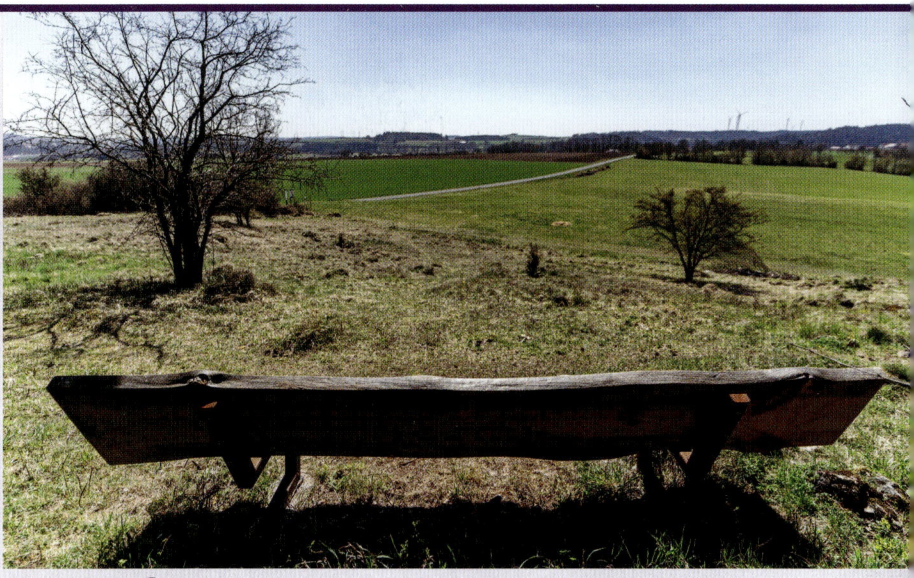

Bank mit Panorama

hofen. Wir durchqueren den Ort nach etwa einem Kilometer in östlicher Richtung. Nun bleiben wir für etwa 1,5 Kilometer auf der schmalen Straße, die zwischen dem Jura Golf Park Hilzhofen und dem Golf Club am Habsberg hindurchführt. Dabei genießen wir wunderbare Ausblicke auf die typische Umgebung des Kuppenalb-Wanderwegs sowie auf die bekannte Wallfahrtskirche am Habsberg. Nach einem Kilometer kommen wir an

Habsberg mit Golfplatz

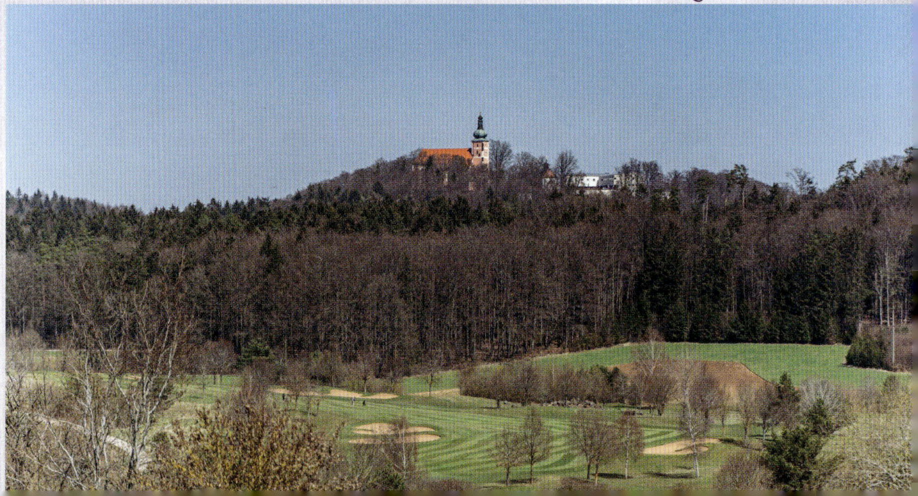

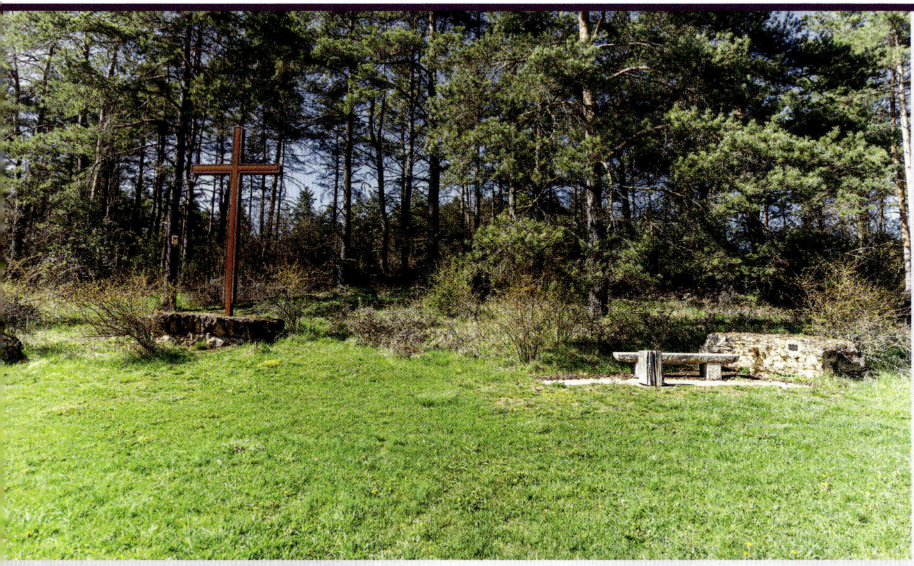

Rastplatz mit Eisenkreuz

eine Kreuzung. Wir bleiben noch für 600 Meter auf der Straße nach Engelsberg und biegen nach einem kurzen Waldstück scharf nach rechts ab ❷.

Die Straße schlängelt sich entlang der Golfanlage und verwandelt sich schließlich in einen Schotterweg. Gegen Ende der Grünanlagen verlassen wir nach etwa 550 Metern den Pfad und nehmen den Forstweg nach links in den Wald. Unser Wegweiser ist eine schwarze „1" auf einer rot-gelb-roten Spanienflagge ❸.

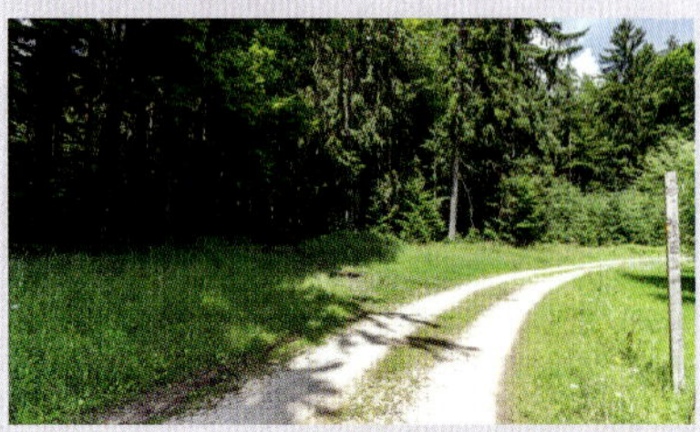

Während der folgenden zwei Kilometer durch den Eichelberg und entlang des Pfaffenbergs und Freihölzels kann man sich dank der hervorragenden Beschilderung kaum verirren. Unser Ziel ist das Landschaftskino bei Hilzhofen. Zwischen schattigen Waldabschnitten erleben wir großartige Panoramen. Schließlich erreichen wir eine kleine Anhöhe über Hilzhofen, an der sich ein paar Meter weiter am Wald ein großes eisernes Kreuz und ein schöner Rastplatz befinden. Der Schotterweg führt uns weiter bergab.

TIPP: Wenden Sie sich an der Straße nach links und genießen Sie die faszinierende Atmosphäre des Juradistl-Landschaftskinos. Unser nächstes Ziel ist das kleine Dorf Hilzhofen. Der Ort ist auch wegen des hoch prämierten Landgasthofs Meier überregional bekannt. Auf Höhe des „Stodl" ❹ wenden

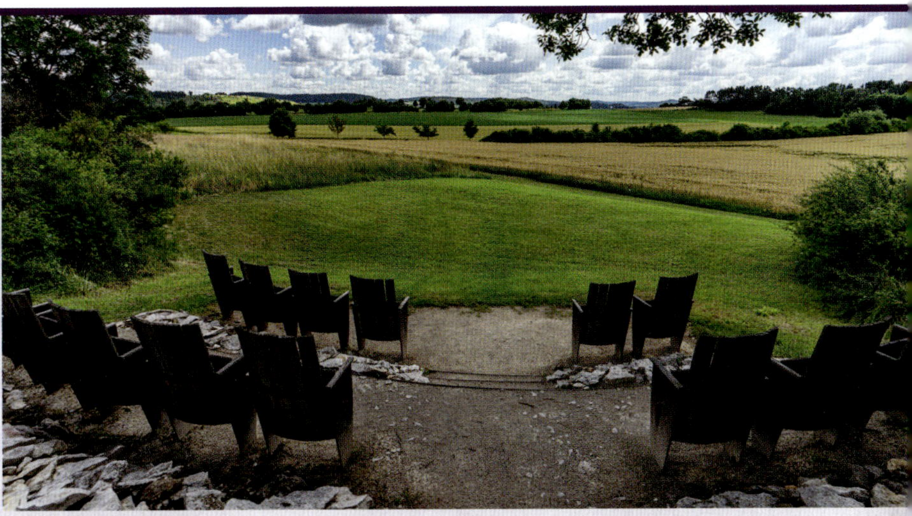

Das Juradistl-Landschaftskino

wir uns nach rechts und halten uns an die rot-gelb-rote Markierung „2". Diese führt uns nach Westen zum Ortsausgang, wo sich der Jura Golf Park befindet.

Wir wandern weiter in Richtung Eschertshofen. Nach etwa 350 Metern verlassen wir auf Höhe eines schwarzen, filigranen Wegkreuzes die Straße und biegen links talwärts auf einen breiten Feldweg (kleines Bild links). An einer Weggabelung ❺ (kleines Bild rechts) bringt uns die Markierung „2" in nordwestlicher Richtung nach Eschertshofen.

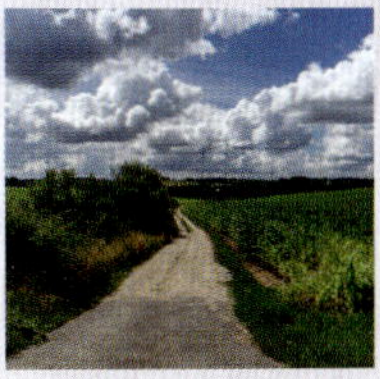

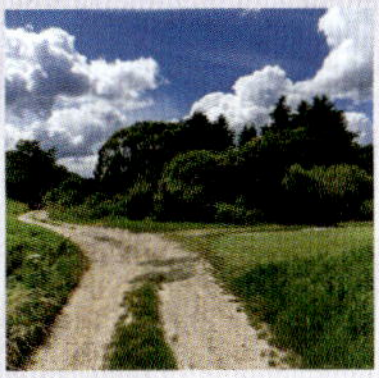

Nach wenigen Minuten endet der idyllische Feldweg und mündet in eine Straße, die uns links in die Ortschaft und ins Labertal bringt.

Beim „Stodl" gehen wir nach rechts.

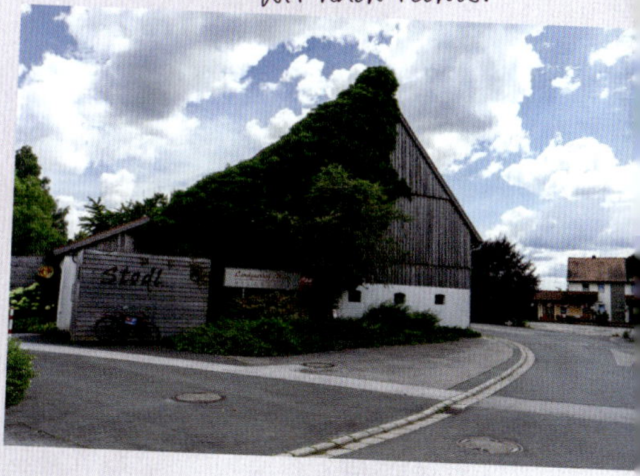

Ab jetzt lassen wir die rot-gelb-rote 2 hinter uns und bleiben auf dem Radweg bis zur Ortschaft Laaber. Kurz voher passieren wir Anzenhofen. Hier treffen wir zum ersten Mal auf die idyllische Schwarze Laber, die beschaulich durch das Tal mäandert. Schließlich erreichen wir die Ortschaft Laaber. Hier überqueren wir die Straße und biegen links

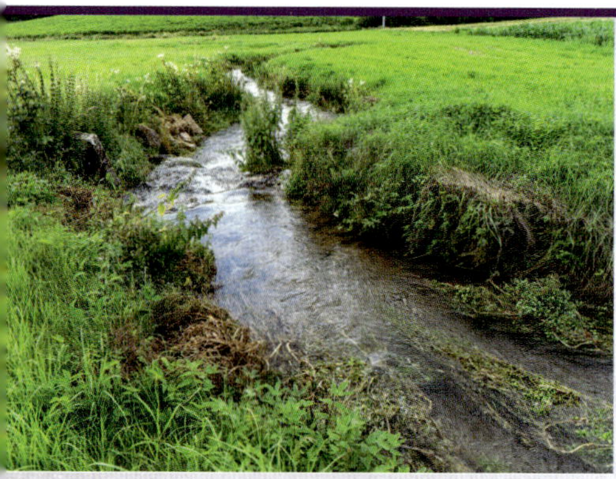

in die Gasse „An der Laberquelle". Unser Ziel befindet sich nur wenige Meter weiter unterhalb der Kirche „St. Johannes Evangelist". An dieser Stelle entspringt der 78 Kilometer lange Fluss ❻.

Wir folgen der Dorfstraße und biegen wenig weiter östlich ab in die Bergstraße bzw. den Grottenweg, welcher sich etwa 500 Meter über die Kuppe schlängelt. Mit erhöhter Vorsicht wandern wir auf der Hauptstraße NM 25 rechts den Anstieg hoch und überqueren sie glücklicherweise an der ersten Abzweigung links (kleines Bild links). Nach 550 Metern halten wir uns an einer T-Kreuzung links talwärts und nehmen wenig später die erste Abzweigung rechts in südöstlicher Richtung. Hier müssen wir uns nach wenigen Metern geradeaus halten, nicht auf den brüchigen Betonplatten, sondern auf dem Schotterweg ❼ (kleines Bild rechts).

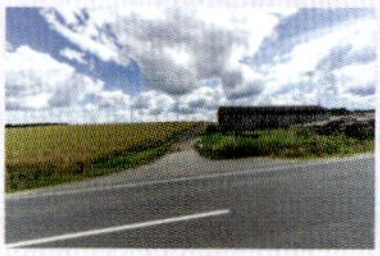

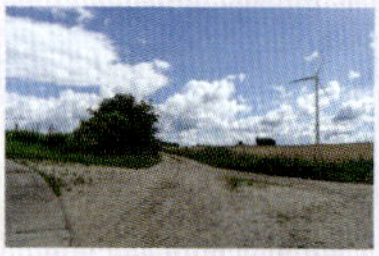

Die Quelle der Schwarzen Laber

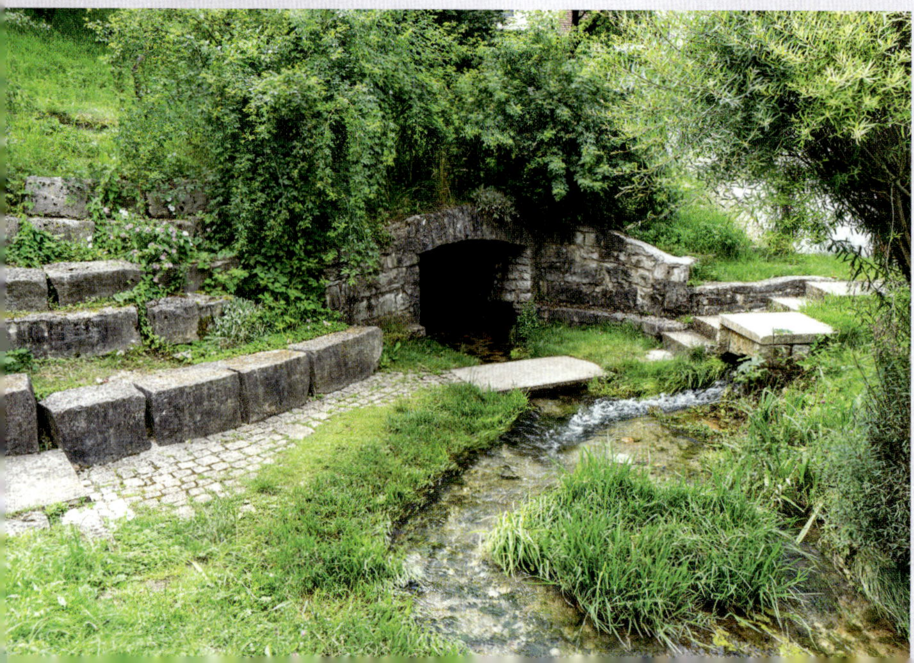

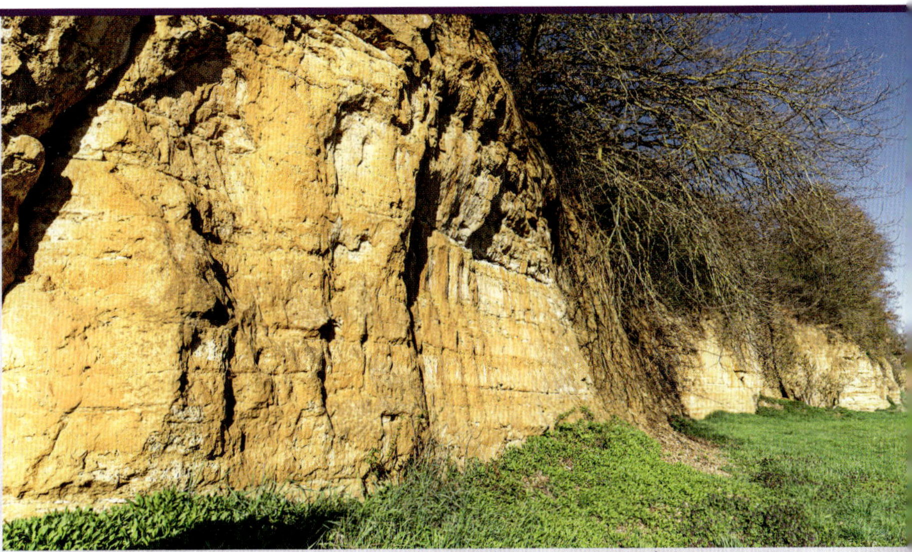

Doggerfelsen

Auf dem nächsten Kilometer auf der schmalen Straße südöstlich erleben wir erneut ein herrliches Panorama. Schließlich nehmen wir rechts an einer abschüssigen Stelle ein weiteres Mal eine Abzweigung nach rechts ❽ (kleines Bild links). Am Ende des Weges halten wir uns links und sehen vor uns im Tal die Ortschaft Niederhofen (kleines Bild rechts).

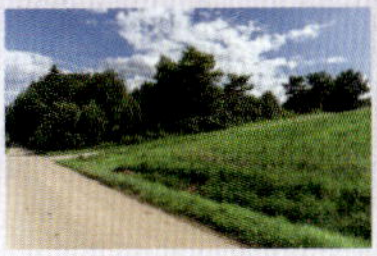

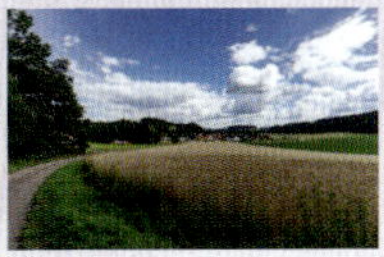

In der Ortschaft verabschieden wir uns von der „Schwarzen Laber", die parallel zur Straße führt. Auf dem Weg zum Zielort passieren wir die Doggerfelsen am Ortsausgang. Hierbei handelt es sich um Felsenkeller in einer etwa 200 Meter langen und 10 Meter hohen Sandsteinwand. Unsere Runde findet nach wenigen Minuten ihr Ende am Parkplatz unterhalb der Kirche in Dietkirchen ❶.

Essen/Einkehren:

Landgasthof Meier
Hilzhofen 18
92367 Hilzhofen
Tel. 09186 237
www.landgasthof-meier.de
Öffnungszeiten: siehe online

Landgasthof Feihl
Kirchenweg 13
92355 Oberwiesenacker
Tel. 09182 396
www.landgasthof-feihl.de
Öffnungszeiten: siehe online

Mittel/Schwer

10 km

↓↑ 210 m

ca. 3 ½ Std.

Pelchenhofen – Labersricht – Variante: Schafhof – Wolfstein – Ottosau

Ein Rundweg hinab in stille und abgeschiedene Täler und hinauf zum Wahrzeichen Neumarkts: der Burgruine Wolfstein.

Markierung:
Wanderzirkus Neumarkt (weiße 3 auf blauem Grund; weiße 4 auf grünem bzw. blauem Grund; weißer Pfeil auf schwarzem Grund); Frankenweg; Zeugenbergerrunde (rot-gelb), Main-Donau-Weg

Parken:
Über die Staatsstraße 2240 in die Ortsmitte von Pelchenhofen; vor der Kirche St. Ägidius nach links abbiegen in die Straße „Zur Schwemm"; dort nach wenigen Metern das Auto links am Straßenrand abstellen, es ist kein offizieller Parkplatz.
NAVIGATION: Zur Schwemm, 92318 Neumarkt i. d. Opf.

PELCHENHOFEN

Ruhe vor dem Sturm auf die Burg

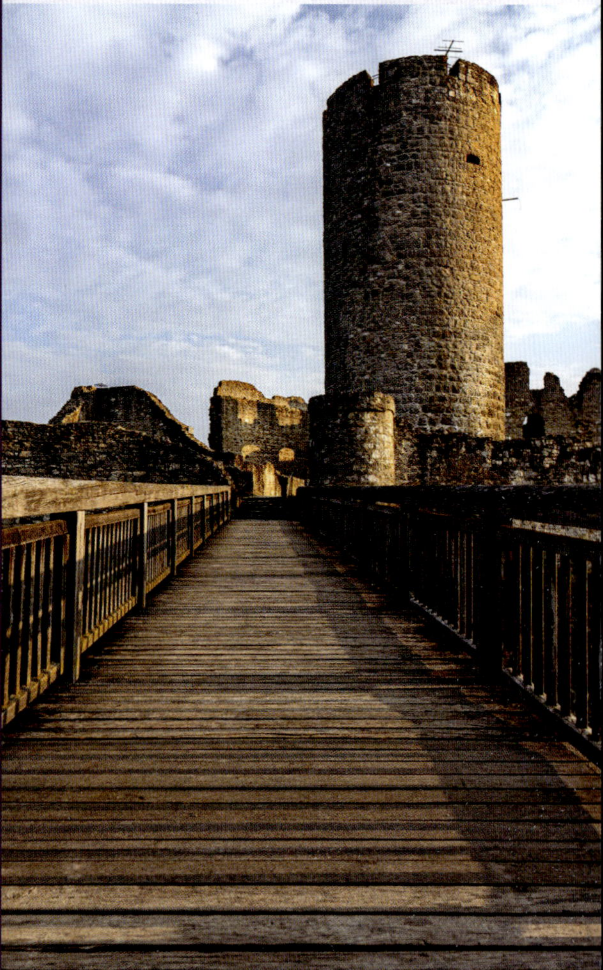

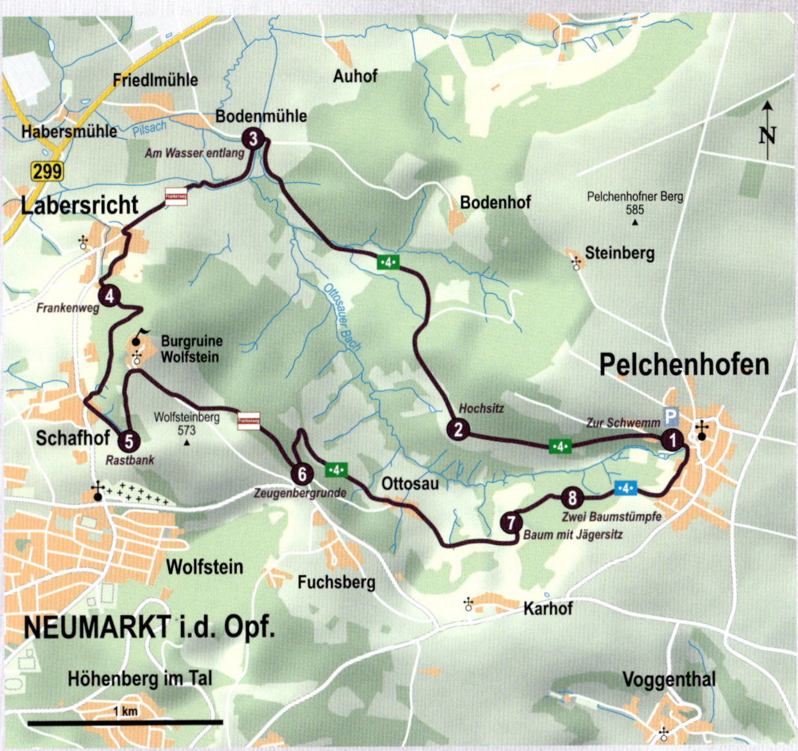

❶ Zur Schwemm – Start/Ziel

❷ Hochsitz

❸ Am Wasser entlang

❹ Hinweis: Frankenweg

❺ Sitzbank

❻ Zeugenbergrunde

❼ Baum mit Jägersitz

❽ Zwei Baumstümpfe

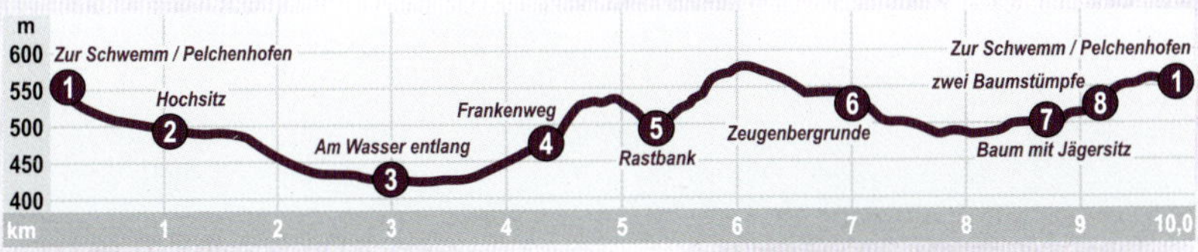

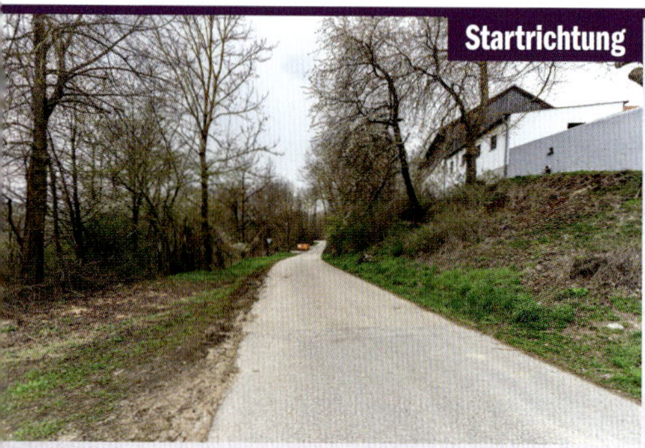

Startrichtung

Wir beginnen unsere Tour direkt am Standort des Autos und folgen dem Weg hinab „zur Schwemm“ ❶. Die ersten Kilometer orientieren wir uns an den Markierungen 3 und 4 auf einem weißen Rechteck, dem Steinbergrundweg. Die Route ist sehr gut beschildert. Während wir in westlicher Richtung wandern, erkennen wir im Tal den naturbelassenen Ottosauer Bach, können auf einladenden Bänken Platz nehmen oder unseren Blick zur Burgruine Wolfstein, unserem Zwischenziel, schweifen lassen. Nach etwa 750 Metern mündet der gut ausgebaute Weg in den Rundweg Labersricht und wir spazieren entlang des Kühangers auf der Route 3 bzw. 4 weiter. Wenige Meter nach einem Hochsitz ❷ (kleines Bild links) gabelt sich der Weg, doch wir orientieren uns weiter an den Markierungen. Unser Ziel ist die Leitgraben-Brücke in etwa 2 Kilometern Entfernung. Zwischendurch erhalten wir immer wieder großartige Blicke auf die Burgruine Wolfstein (kleines Bild rechts).

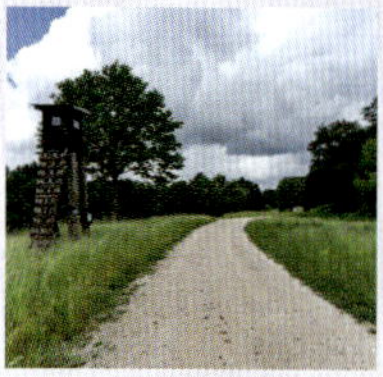

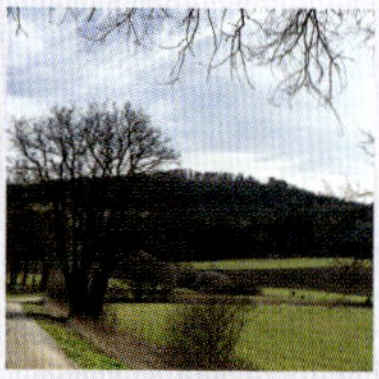

Der Pilsach-Leitgraben ❸ ist eine Art Verkehrsknotenpunkt für viele Rad- und Wanderwege. Wir biegen scharf nach links ab und schlendern direkt am Graben mit Blickrichtung Wolfstein. Nun folgen wir der rot-weißen Markierung „Frankenweg“ bis hoch zur Burgruine. Nach etwa 450 Metern, kurz

Blick zur Burgruine Wolfstein ↓

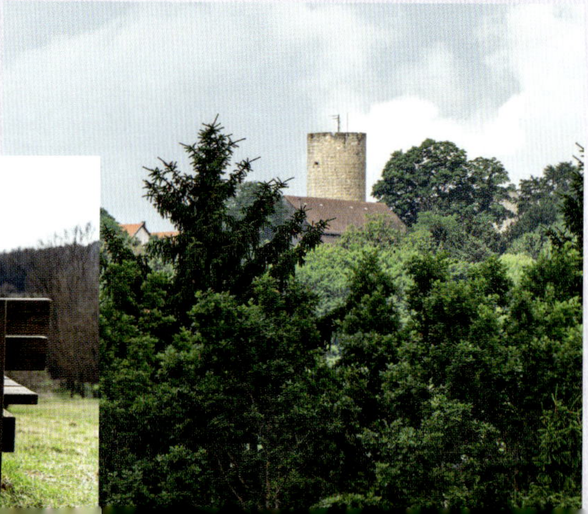

Rastbank am Steinbergrundweg ↓

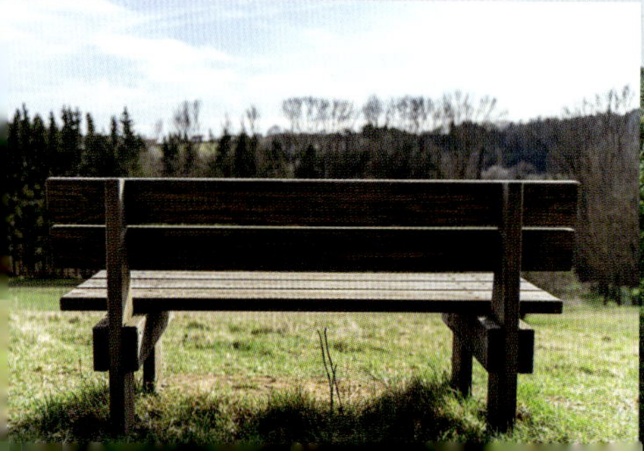

bevor man den Bachlauf überquert, bietet sich neben einem schönen Blick auf die Burgruine eine ideale Möglichkeit sich niederzulassen und neue Kräfte zu sammeln. Am Ortseingang von Labersricht biegen wir erst scharf nach links und dann sofort der Beschilderung folgend nach rechts ab in die Bürgermeister-Auhuber-Straße. Nach etwa 300 Metern, am Ende der Straße biegt der Weg scharf nach links vor einem Wohnhaus auf einen Waldweg ab ❹. Hier wird es recht steil. Oben angekommen folgen wir nicht nur dem „Frankenweg“, sondern auch ein Stück weit dem blau-weißen „MD“ (Main-Donau-Weg) nach rechts in westlicher Richtung unterhalb der Burgruine, bis wir in dem beschaulichen Ort Schafhof ankommen.

Wir halten uns an den „Frankenweg“ in südöstlicher Richtung. Nach einer 90-Grad-Linkskurve erreichen wir leicht erhöht eine Sitzbank ❺. Hier halten wir uns links den Berg hinauf und nicht rechts, wie es der Frankenweg vorsieht. Bereits beim Aufstieg zum Krähentisch erhält man einen herrlichen Blick über die Stadt Neumarkt. Kurz darauf erreichen wir den Krähentisch. Dieser ist ein touristischer Magnet, ein beliebter Treffpunkt und Foto-Spot in der Umgebung.

Rastgelegenheit nach der Holzbrücke

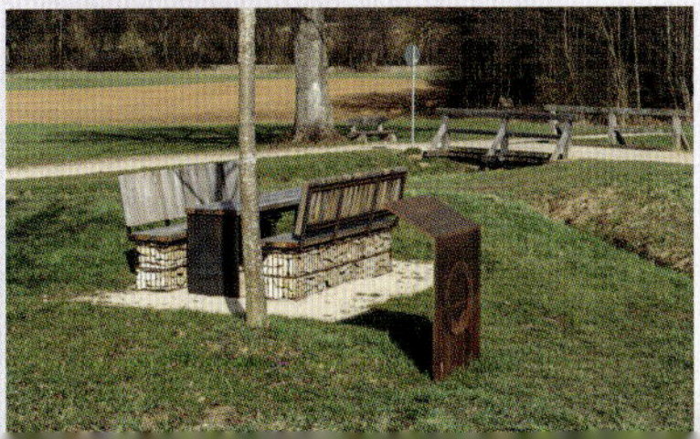

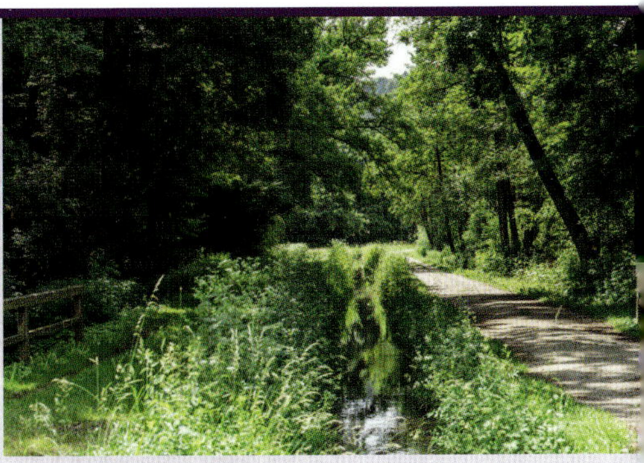

Pilsach-Leitgraben

TIPP: Machen Sie einen Abstecher zur Burgruine Wolfstein. Es wird vermutet, dass mit dem Bau der Burg bereits im 12. Jahrhundert begonnen wurde. Der 22 Meter hohe Burgfried, der sonntags zugänglich ist, belohnt den Aufstieg mit einer großartigen Aussicht.

Unser nächstes Ziel ist die versteckte Einöde Ottosau. Wir verlassen die Burganlage und folgen der Straße in südöstlicher Richtung für etwa 300 Meter. Hier zweigt dann ein

Steiler Aufstieg

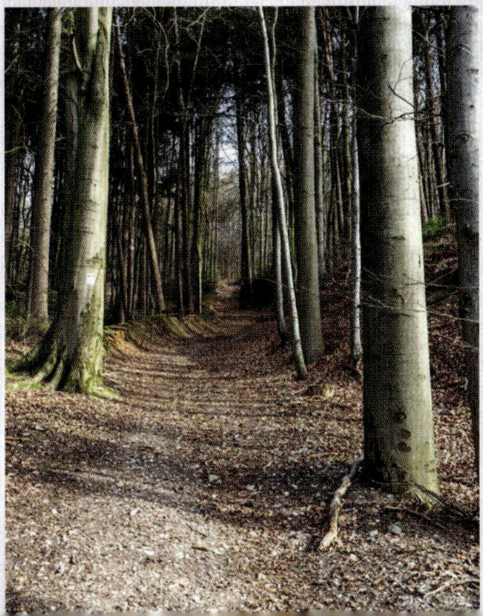

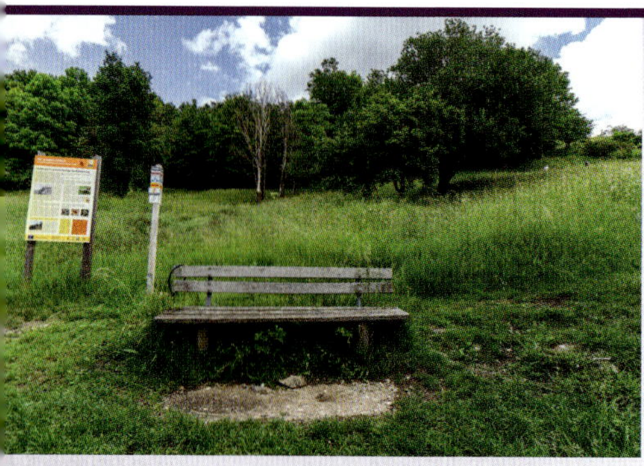

← Bank mit Hinweisen

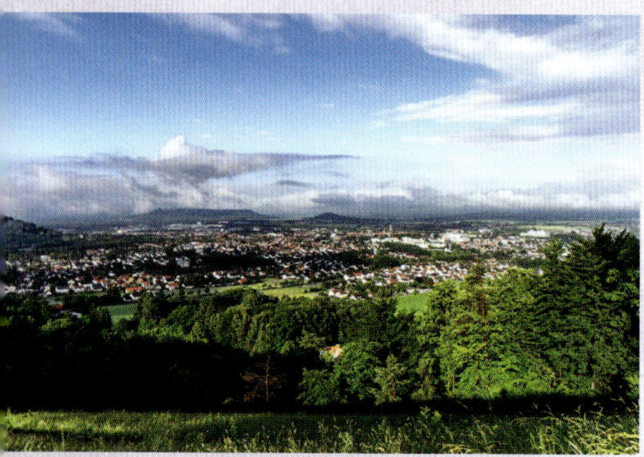

Aussicht auf Neumarkt

Wiesenweg links ab. Fortan halten wir uns an die rot-gelbe Beschilderung der Zeugenbergrunde. Mit einem Blick zurück folgen wir dem schattigen Feldweg entlang des Hangs. Schließlich erreichen wir erneut einen gut ausgeschilderten Knotenpunkt nahe der Straße, die hinab nach Ottosau führt ❻ (kleines Bild links). Hier biegen wir scharf nach links talwärts ab und bleiben auf der Zeugenbergrunde und wenden uns im Tal nach rechts (kleines Bild rechts), um der bereits bekannten grünen „4" nach Ottosau zu folgen.

Der Krähentisch

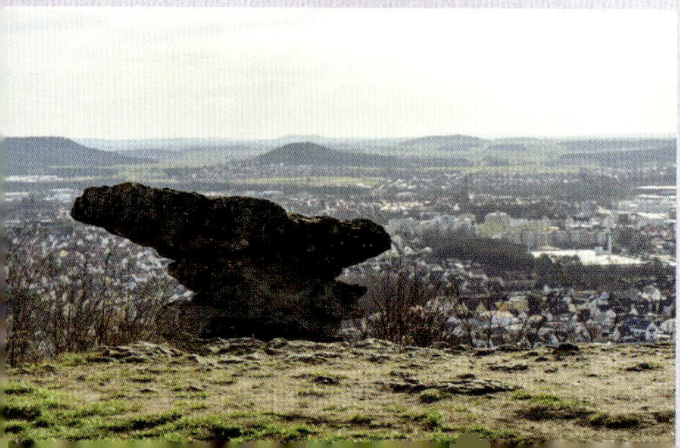

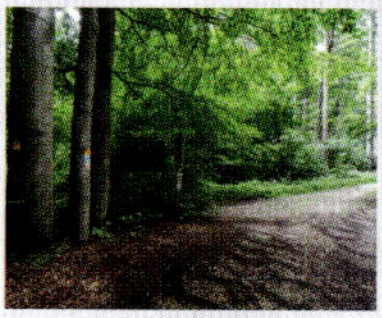

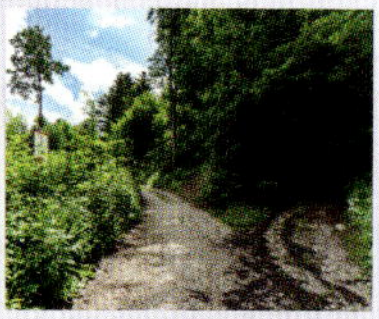

Am Ortsausgang ist nach etwa 300 Metern aus der Straße ein Feldweg geworden. Wir folgen diesem gerade weiter und biegen nicht, wie es die Markierung „4" vorschlagen würde, nach links ins Tal ab.
Der Feldweg mündet in einen Wiesenweg, welcher an einem Hochsitz (folgendes kleines Bild links) vorbei, wenige Meter dahinter rechts in einen Waldweg führt ❼ (folgendes kleines Bild rechts). Dieser Abschnitt ist unmarkiert, dennoch kann man sich hier kaum verirren, wenn man dem malerischen Waldweg in östlicher Richtung folgt.

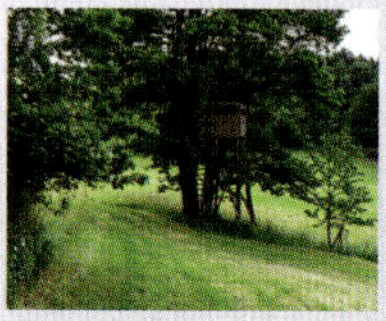

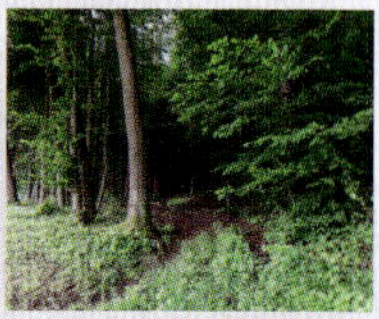

Dies ist der letzte Anstieg, bevor man das Ziel Pelchenhofen erreicht hat. An einer Weggabelung gehen wir oberhalb von zwei Baumstümpfen östlich weiter und erkennen eine Markierung, eine „blaue 4“ an einem Baum ❽. Es geht vorbei an einer geheimnisvollen Ruine und schon hat man nach wenigen Minuten den Ausgangspunkt erreicht.

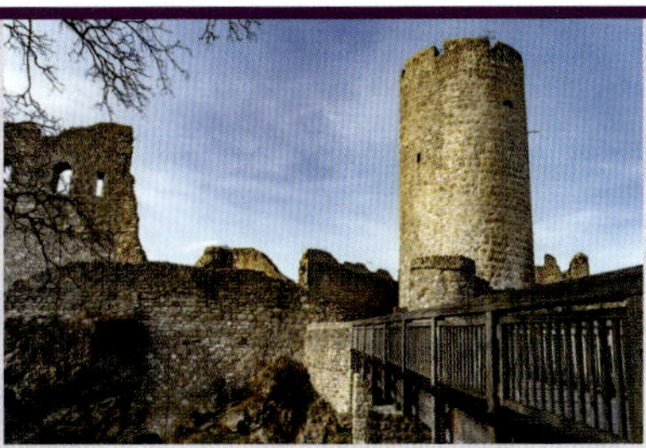

Lohnenswerter Abstecher zur Burgruine Wolfstein

Essen/Einkehren:

Berggasthof Sammüller
Schafhofstr. 25
92318 Neumarkt i. d. Opf.
Tel. 09181 40570
https://www.sammueller.de
Öffnungszeiten: siehe online

Wanke – Die Metzgerei – Das Gasthaus
Sudetenstraße 1 - 3
92318 Neumarkt-Wolfstein
Tel. 09181 43826
http://www.wanke-wolfstein.de
Öffnungszeiten: Siehe online

Leicht

10,6 km

↓↑ 130 m

ca. 3 Std.

Voggenthal – Hubertuskapelle – Zankelweiher – Lengenbach – Höhenberg

Eine idyllische Wanderung von der Quelle der Weißen Laber durch das wundervolle Lengenbachtal.

Markierung:
Wanderzirkus Neumarkt: Velburger Weg (gelb-weißes Rechteck); blaue 4, grüne 6; Jurasteig (Mariahilf-Schlaufe); Jurasteig (Wasser- & Mühlenweg); Main-Donau-Radweg (MD)

Parken:
Direkt am Parkplatz des Skibergs in Voggenthal
NAVIGATION: Skiverein Voggenthal e.V.,
Zum Zankelberg 8,
92318 Neumarkt

VOGGENTHAL

Auf und ab rund um und durchs Lengenbachtal

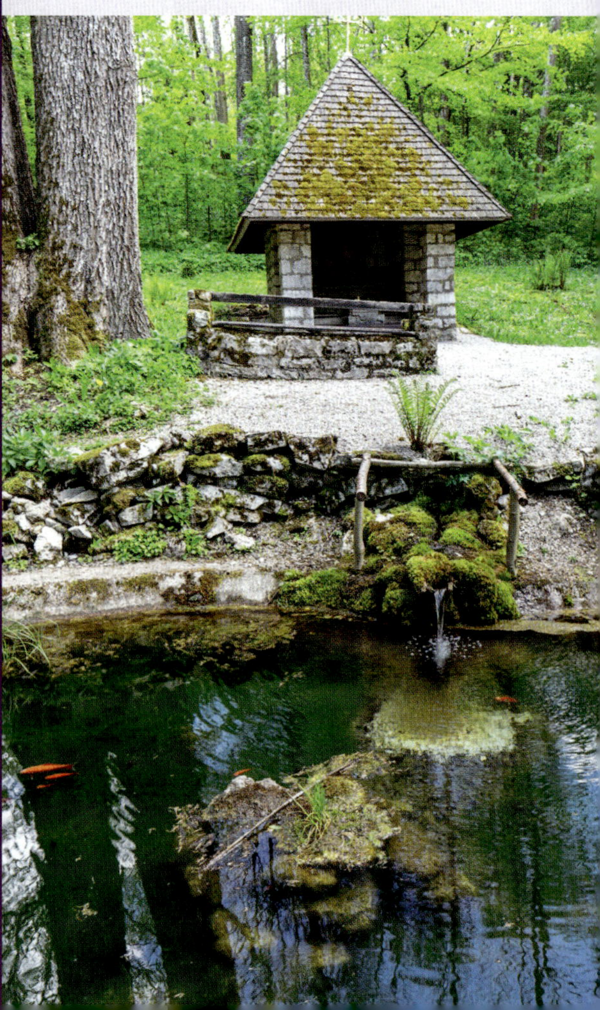

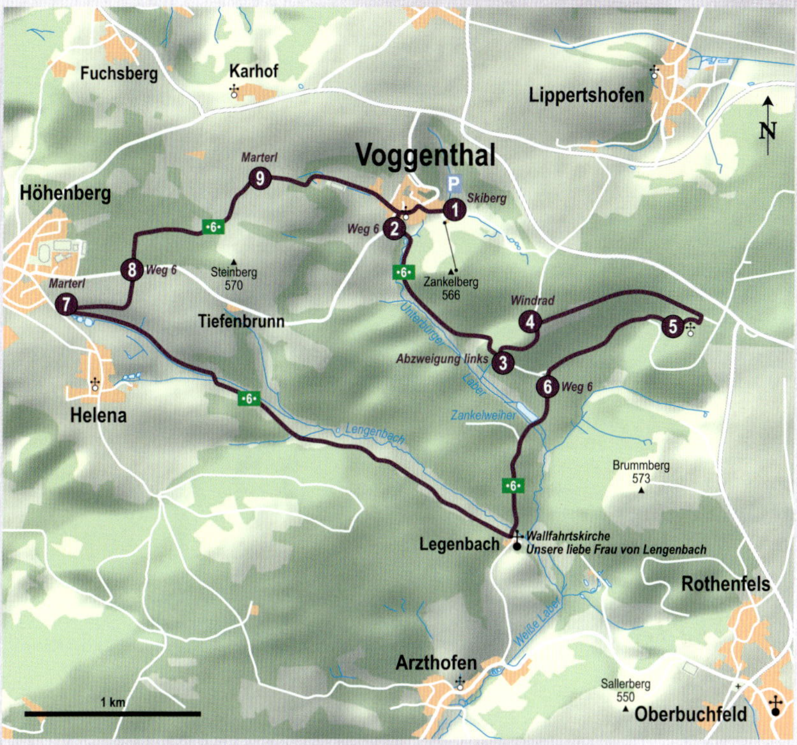

❶ Skiberg – Start/Ziel
❷ Weg 6
❸ Abzweigung links
❹ Windrad
❺ Hubertuskapelle
❻ Weg 6
❼ Marterl
❽ Weg 6
❾ Marterl

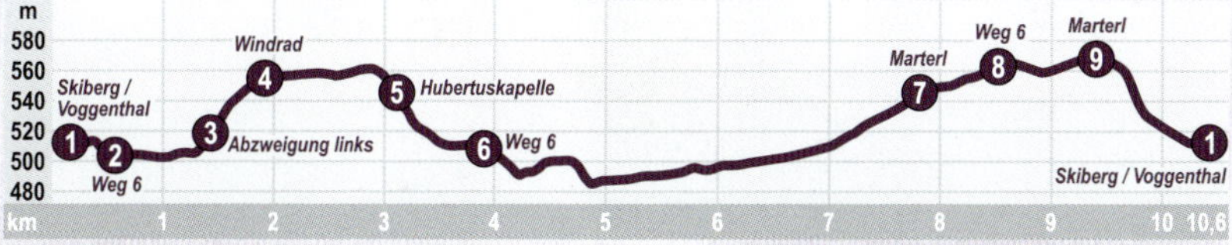

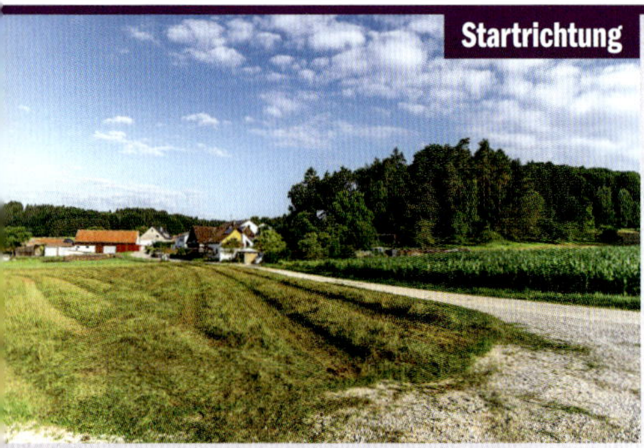

Startrichtung

Wir beginnen unsere Runde am Parkplatz des Skihügels Voggenthal ❶ am Zankelberg und begeben uns in Richtung Ortsmitte (Markierung: blaue 4) des kleinen, verschlafenen Dorfes. Kurz nach der kleinen Kapelle biegen wir links ab in die Straße „Im Voggenthal“. Hier orientieren wir uns nach wenigen Metern an der weiß-gelben Beschilderung des „Velburger Wegs“ bzw. der „grünen 6“ ❷.

Bereits einen Moment später auf dem Lengentalbachweg/Velburger Weg bekommen wir einen Vorgeschmack auf das malerische, sumpfige und verschlafene Landschaftsbild der vor uns liegenden Strecke. Kurz darauf passieren wir die unscheinbare Quelle der Weißen Laber/Unterbürger Laber, die dieses Gebiet durchzieht.

Auf den folgenden 800 Metern schlendern wir auf dem idyllischen Wanderweg entlang des Zankelbergs, bis wir nach einem kleinen Anstieg (kleines Bild links) an eine Weggabelung gelangen (kleines Bild rechts).

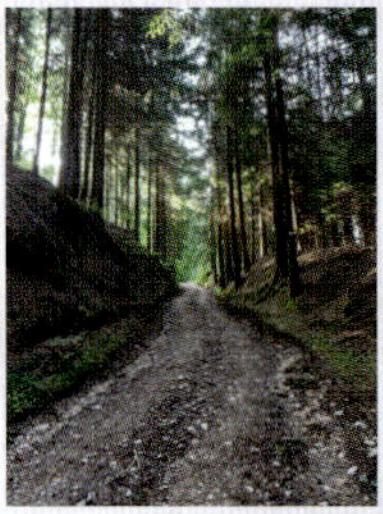

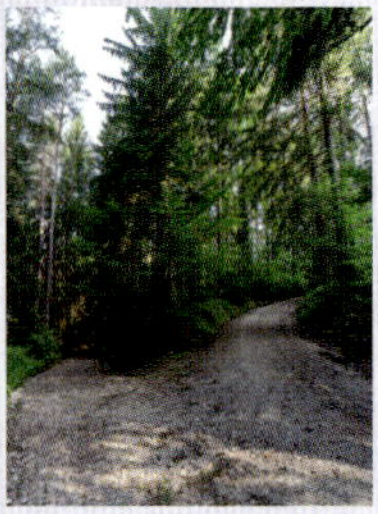

Hier verlassen wir die markierten Pfade für einen Moment und biegen scharf nach links

Kapelle in Voggenthal

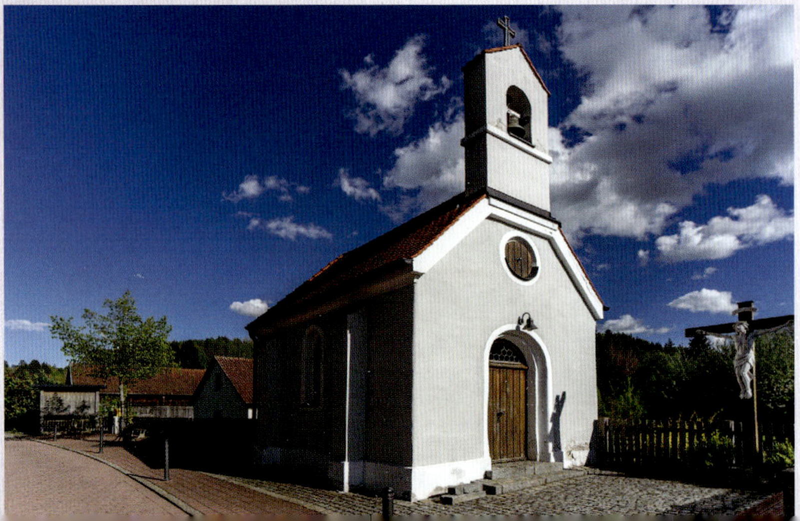

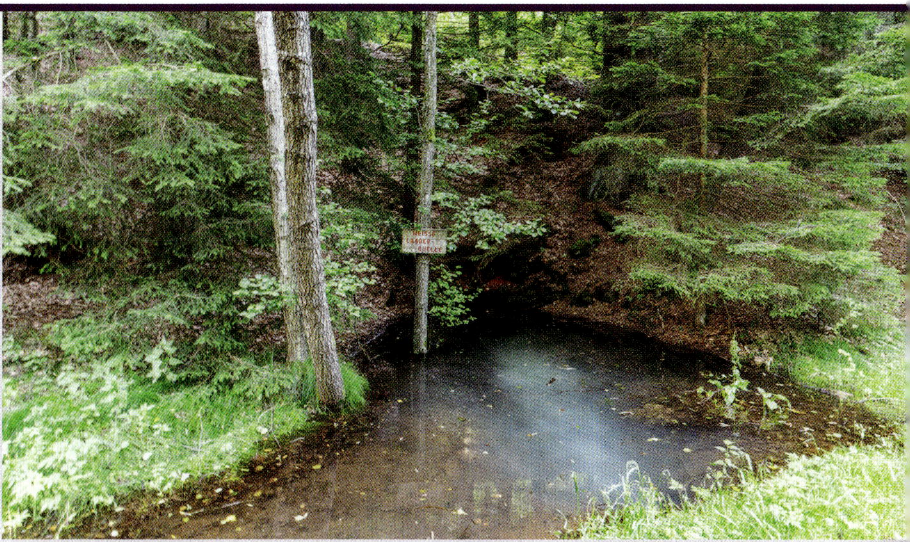

Quelle der Weißen Laber

bergauf in nordöstlicher Richtung ab ❸ und folgen dem Klang des Rauschens des eindrucksvollen Windrades, welches sich über uns in den Himmel erhebt. Am ersten von drei Windrädern biegen wir auf dem breiten Schotterweg rechts ab ❹ und bleiben auf dem Weg in Richtung Osten bis zum dritten Windkraftwerk. Wir befinden uns auf einem großen geschotterten Platz und biegen einmal um das Windrad (NR: WEA03 GE-28130184) herum. Dort finden wir erneut die bekannte weiß-gelbe Markierung des Velburger Weges.

Diesem folgen wir westwärts am abschüssigen Waldweg und erreichen kurz darauf ein wundervolles Kleinod inmitten des Lärms des Windrads. Die Bank an der kleinen Hubertuskapelle und dem idyllischen Goldfischteich lädt zum Innehalten und Verweilen ein ❺.

Zwischen Baum und Goldfischteich windet sich ein schmaler, verwunschener Trampelpfad talwärts (kleines Bild links). So erreichen wir erneut den breiten, geschotterten Forstweg, welchem wir rechts, westwärts, folgen. Unser nächstes Etappenziel ist der Zankelweiher. Auf dem Weg dorthin kommen wir nach 600 Metern an eine Weggabelung (kleines Bild rechts). Hier orientieren wir uns links talwärts an der „grünen 6“ ❻.

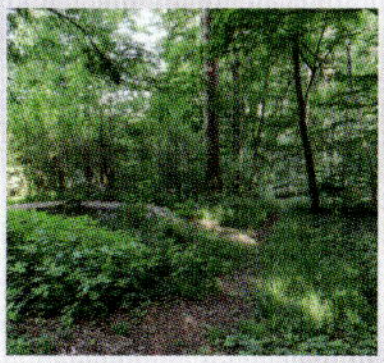

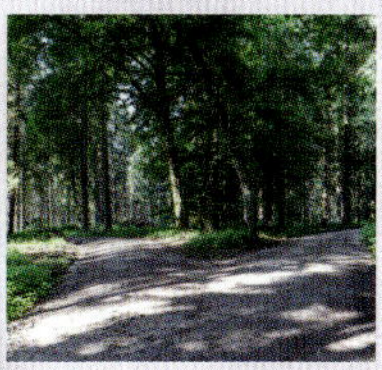

Während der Begriff „Weiher“ eher kleine, beschauliche Assoziationen weckt, beeindruckt der Zankelweiher durchaus mit seiner ausladenden Größe. Während sich links vom

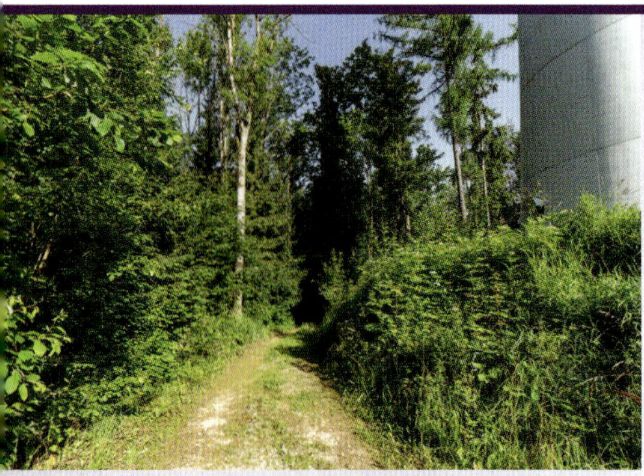

← Einmal um das Windrad herum

Damm sumpfiges Gebiet der Kalk-Quellmoore bestaunen lässt, durch welches sich die Weiße Laber schlängelt, setzen wir unseren Weg südlich durch den Wald fort. Schließlich erreichen wir das Kleinod Lengenbach. Mit der kleinen Wallfahrtskirche Maria Lengenbach ist sie ein beliebtes Ausflugsziel und Startpunkt zahlreicher Wanderwege.

TIPP: Ein Blick in die Kapelle ist immer lohnend.

Wir folgen rechts den vielen Markierungen („MD", „grüne 6", Jurasteig) auf den Lengenbachtalweg. Hierbei handelt es sich um einen äußerst beliebten und bisweilen belebten Wanderweg im Raum Neumarkt. Unser Ziel ist Höhenberg in etwa 3 Kilometern. Wir passieren einige Sitzbänke sowie ein kleines Mühlenrad (kleines Bild links) und kurz vor dem Ausflugsparkplatz bei Höhenberg links einen erhöhten, hölzernen Panoramasessel (kleines Bild rechts).

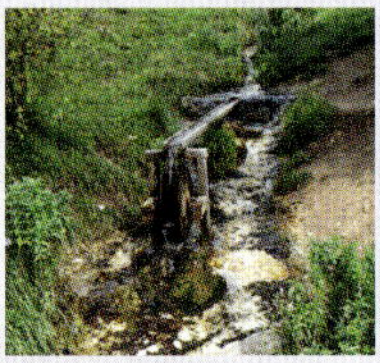

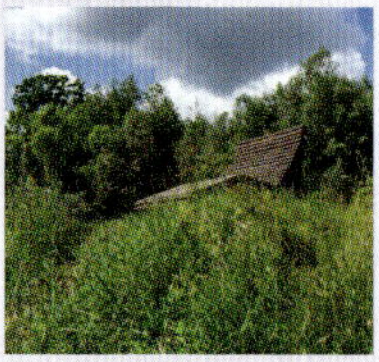

Kurz darauf biegen wir auf Höhe des Parkplatzes scharf nach rechts ab und folgen dem Trampelpfad, vorbei an einem Marterl in nordöstlicher Richtung ❼.

Hubertuskapelle

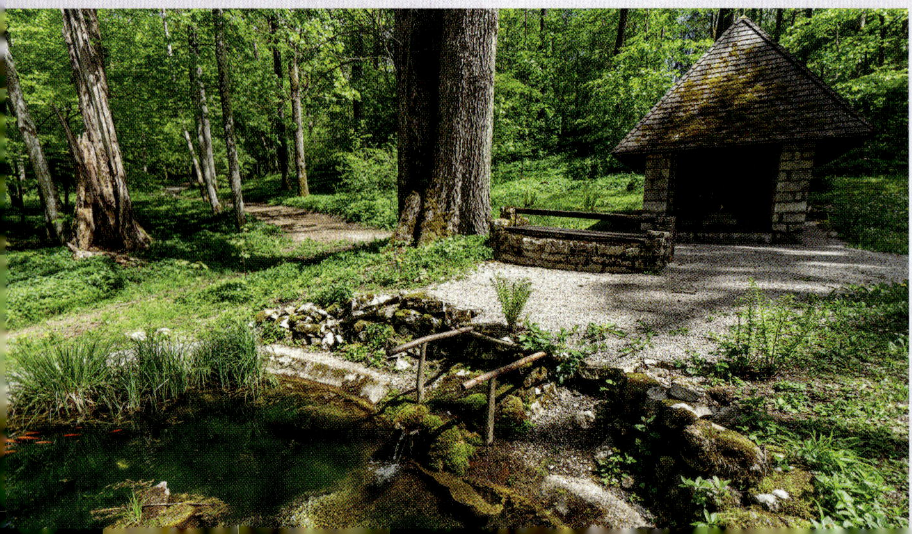

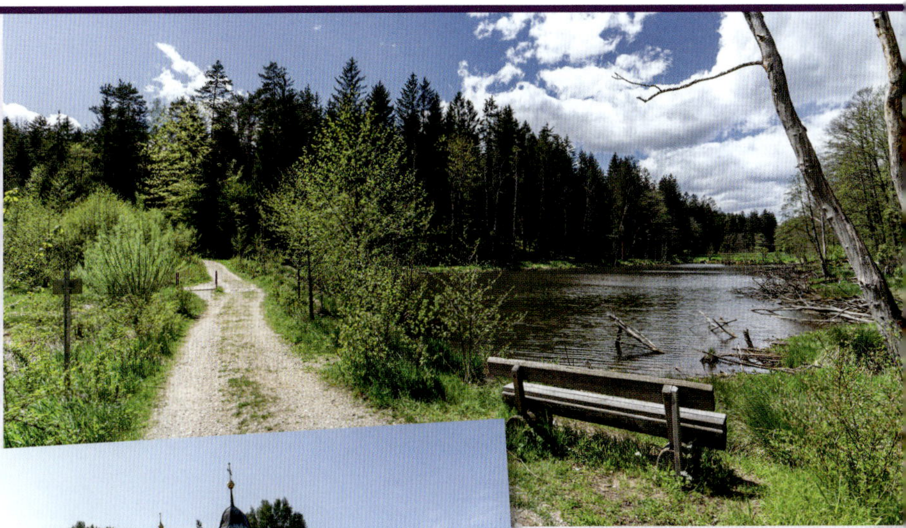

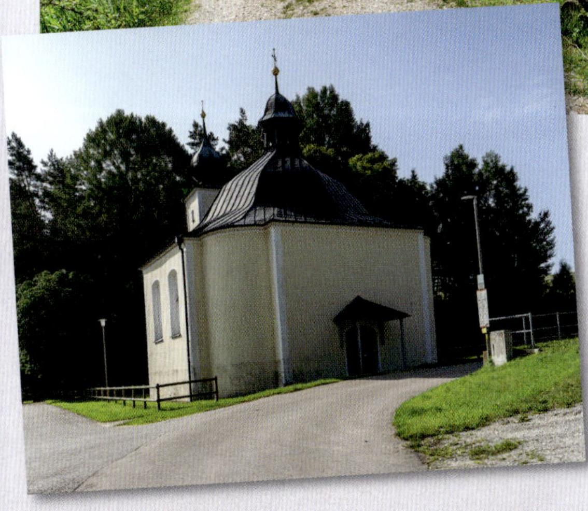

↑ Rastbank mit Blick auf den Zankelweiher

← Kirche in Lengenbach

Wir verlassen das Tal, überqueren kurz darauf die Straße und folgen dem sandigen Weg in den Wald hinein. Dort finden wir die bereits bekannte Markierung „6" ❽.
Nach etwa 1100 Metern passieren wir ein Marterl unter einem Baum ❾. Der letzte Abschnitt der Wanderung führt uns entlang der Markierung über eine Wiese durch den Wald hinab nach Voggenthal, welches malerisch vor uns ins Tal eingebettet liegt.

Essen/Einkehren:

Tagungs- & Seminarhotel Schönblick
Am Höhenberg 12
92318 Neumarkt
Tel. 09181 4749-10
www.tagungshotel-schoenblick.de
Öffnungszeiten: siehe online

DEUSMAUER

Rund um den Eichelberg, Haselnussberg und Plankenstein

Mittel

11 km

↓↑ 130 m

ca. 3 Std.

Deusmauer – Unterweickenhof – Oberwiesenacker – Richthof – Bogenhof

Von Deusmauer aus gehen wir nach Oberwiesenacker und umrunden dabei drei bewaldete Berge.

Markierung:
Schwarze-Laber-Radweg; Jurasteig König-Otto-Schlaufe; Velburger-Weg (gelb-weißes Rechteck)

Parken:
Vor der Filialkirche St. Margaretha an der NM 37 in Deusmauer

NAVIGATION: Filialkirche St. Margaretha, Deusmauer, Hammerstraße 3, 92355 Deusmauer

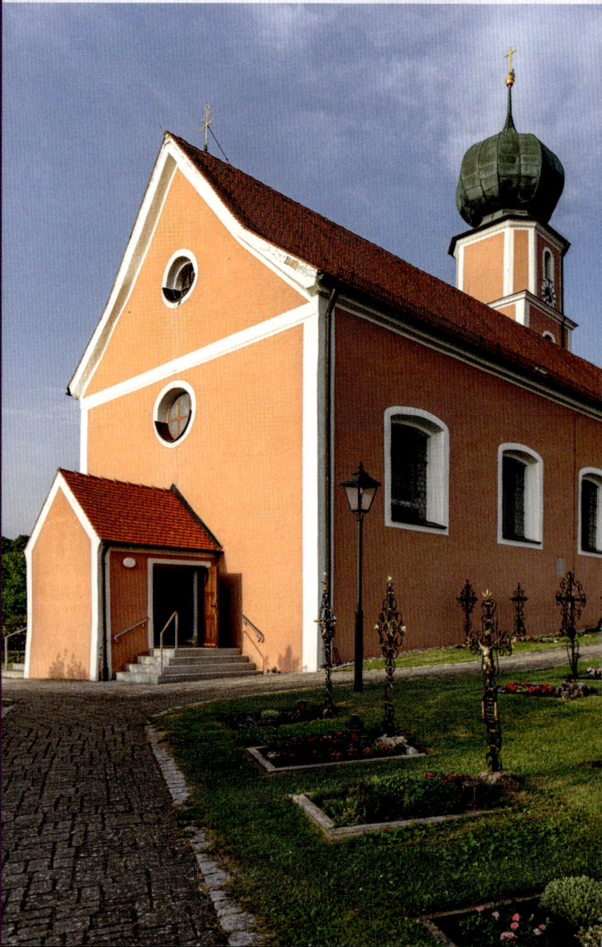

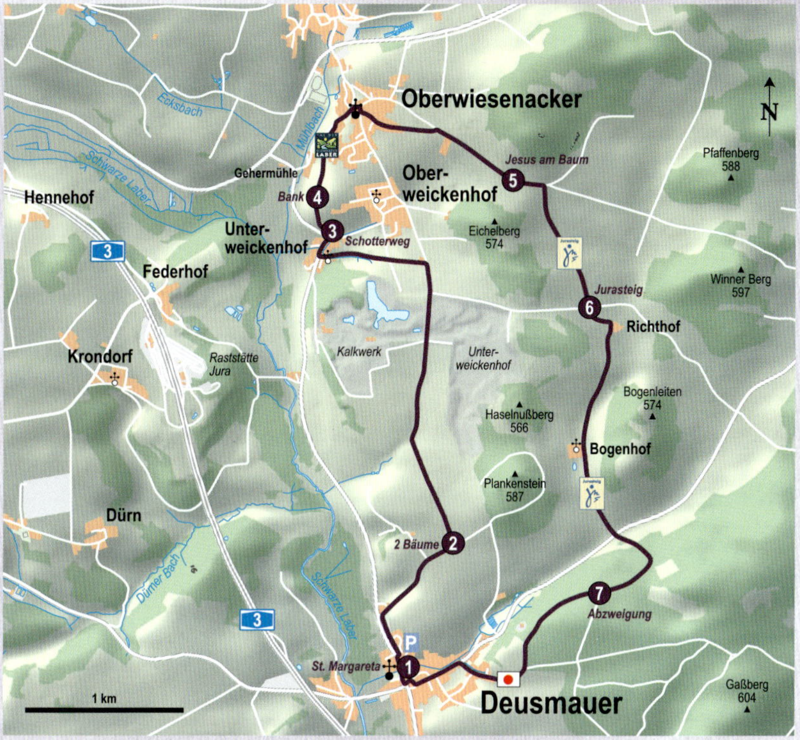

❶ Kirche St. Margaretha - Start/Ziel

❷ 2 Bäume

❸ Schotterweg

❹ Bank

❺ Jesus am Baum

❻ Jurasteig

❼ Abzweigung

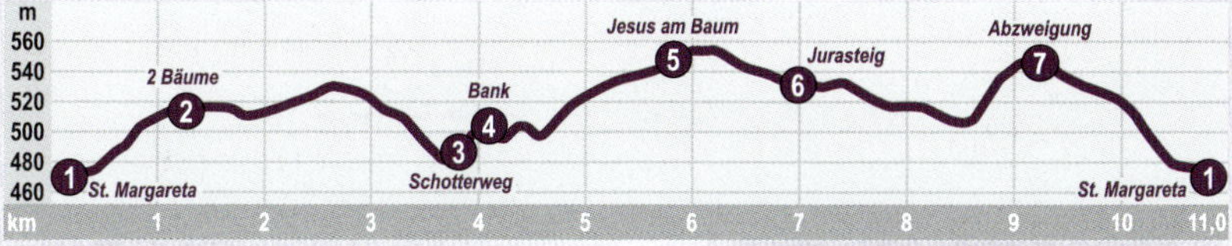

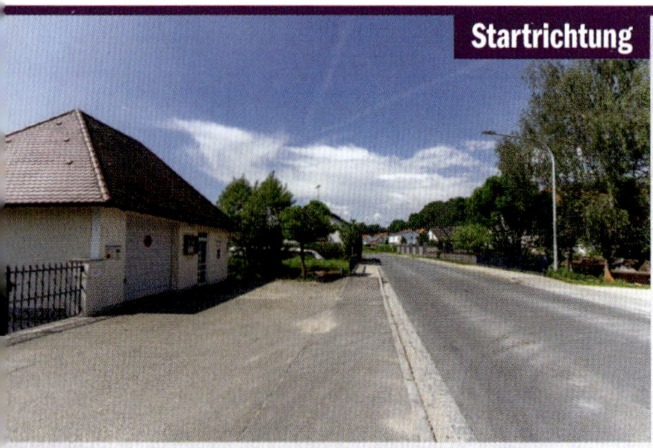

Diese Runde beginnt hoffentlich mit göttlichem Beistand direkt an der Filialkirche St. Margaretha in Deusmauer ❶. Während wir etwa 350 Meter auf der Hammerstraße in Richtung Ortsausgang auf dem Schwarze-Laber-Radweg wandern, werfen wir zu unserer Linken einen Blick auf das geheimnisvolle Deusmauer Moor.

Nach den Tennisplätzen des TC Deusmauer biegen wir rechts ab und folgen der schmalen Straße einen kleinen Anstieg hoch. Wir passieren ein malerisches und zugleich eindrucksvolles Marterl (kleines Bild links) und biegen nach 300 Metern in den zweiten Schottwerweg nach links in nordwestlicher Richtung (kleines Bild rechts). Unser Fixpunkt ist der Feldweg, der zwischen zwei gut erkennbaren Bäumen hindurchführt ❷.

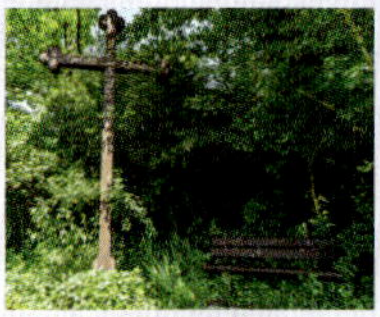

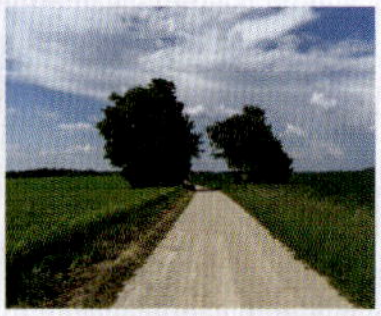

Zu unserer Rechten erhebt sich das Waldgebiet Plankenstein und zu unserer Linken erkennen wir die Autobahnbrücke Krondorf.

Deusmauer Moor

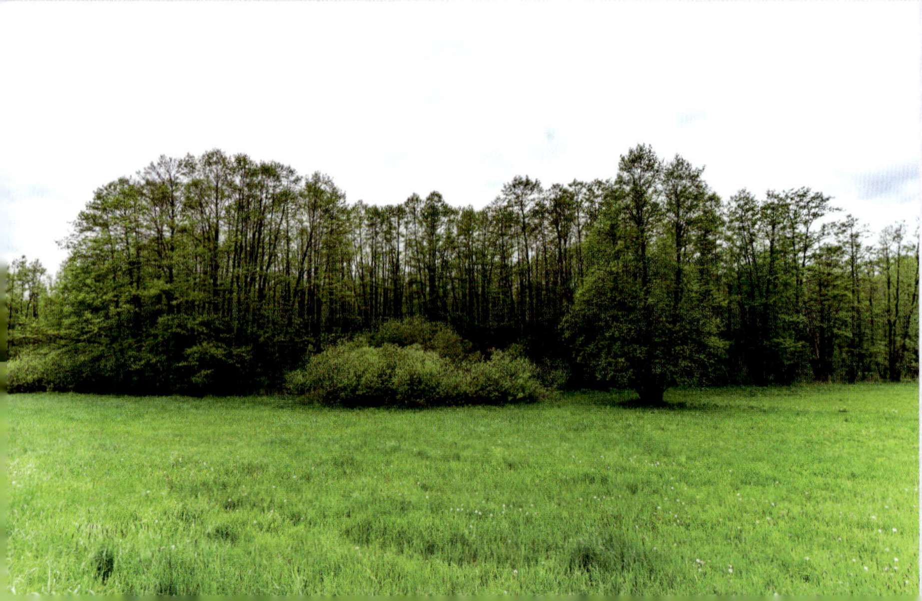

Nach etwa 700 Metern gelangen wir an eine Y-Gabelung (kleines Bild links). Wir halten uns rechts und blicken auf den Steinbruch und die eiserne Materialförderbrücke (kleines Bild rechts), unter welcher wir wenige Minuten später hindurchgehen, und blicken in den Steinbruch und das Schotterwerk im Steinigter Berg.

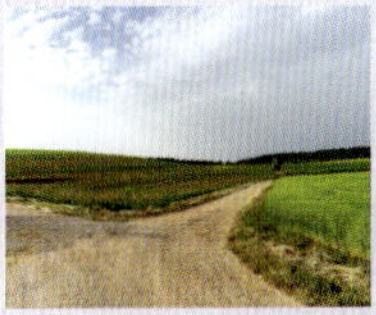

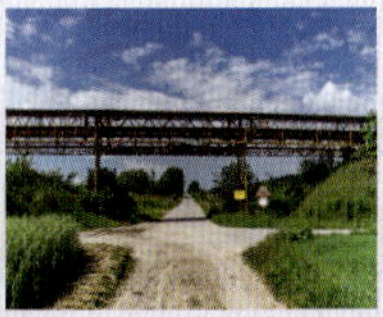

Wir lassen das Schotterwerk hinter uns und treffen an einer Weggabelung auf die Markierung des Jurasteigs König-Otto-Schlaufe. Die Beschilderung leitet uns talwärts in westlicher Richtung nach Unterweickenhof. **GEHEIMTIPP:** Unten an der Hauptstraße gegenüber der Kapelle St. Laurentius befindet sich ein Biergarten mit einem ganz besonderen Charme und einer speziellen Überraschung: die Grüne Auszeit (http://grueneauszeit.de).
Hier wenden wir uns nach rechts und wählen den Schotterweg mit Höchstgeschwindigkeit 10 km/h ❸ in der Mitte der Weggabelung. Nach wenigen Metern wählen wir die linke Abzweigung und gehen dem Tal zugewandt parallel zur Straße weiter. Wir halten an einer kleinen Bank kurz inne und genießen die Weitblicke über die hügelige Landschaft des Oberpfälzer Jura ❹ (Bild 10).
In Oberwiesenacker biegen wir in nördlicher Richtung links auf die Straße „Am Bierweg“,

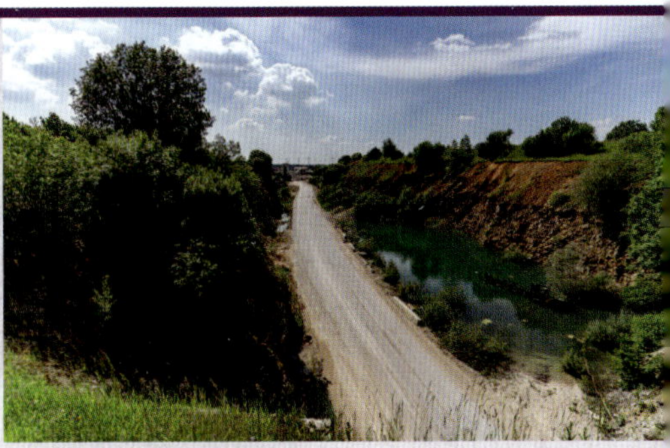

Schotterwerk im Steinigter Berg

auf den „Gehermühlweg“, auf den „Vierbrunnenweg“, scharf nach rechts in die „Weickenhofer Straße“ und dann sofort links gegenüber der Kirche in den „Hofweg“.
TIPP: Eine eindrucksvolle Abkürzung ist über den Friedhof mit prunkvollen schmiedeeisernen Kreuzen an der erhöhten Pfarrkirche St. Willibald.
Wir bleiben für einen halben Kilometer auf dem Hofweg in östlicher Richtung und kommen an einen großen Baum mit Informationen zu Wandermöglichkeiten des Jurasteigs. Mit einem großartigen Blick auf die Wallfahrtskirche am Habsberg gehen wir in derselben Richtung weiter. Nach weiteren 500

Weg ins Tal vor Unterweickenhof

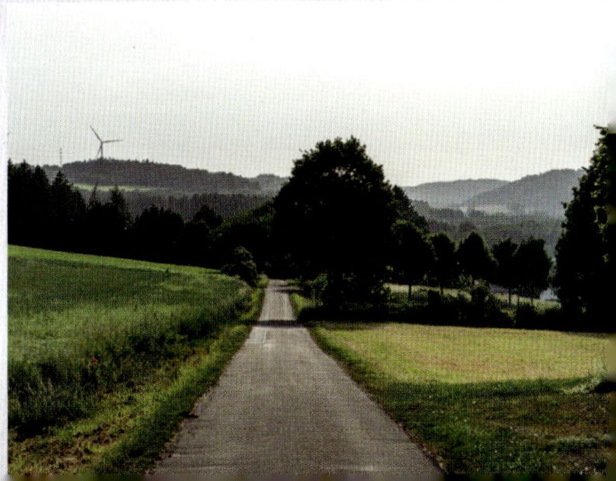

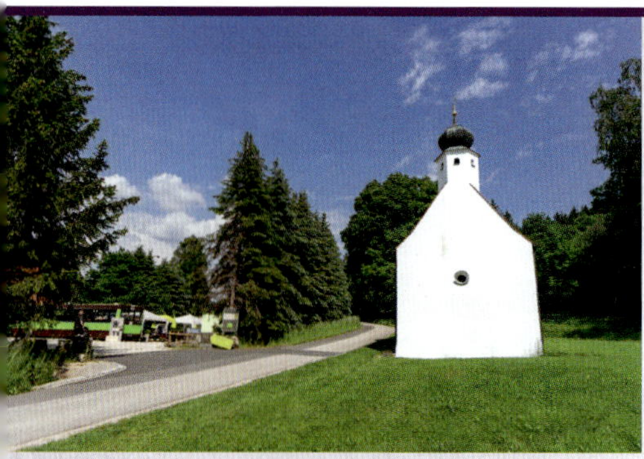

← Kapelle mit Biergarten „Grüne Auszeit“

Metern erkennen wir ein großes Bildnis Jesu an einem Baum ❺.

Nach 200 Metern nehmen wir die erste Abzweigung rechts und wandern in südöstlicher Richtung unterhalb des Eichelbergs (rechts) in Richtung der Einöde Richthof. Wenige Meter vorher treffen diverse Wege des Jurasteigs aufeinander. Wir gehen jedoch gerade weiter und orientieren uns an den Markierungen der König-Otto-Schlaufe ❻.

Die nächsten 2 Kilometer bleiben wir auf dem Jurasteig und lassen den Haselnussberg, den Bogenhof und den Plankenstein rechts liegen, sowie die Bogenleiten links,

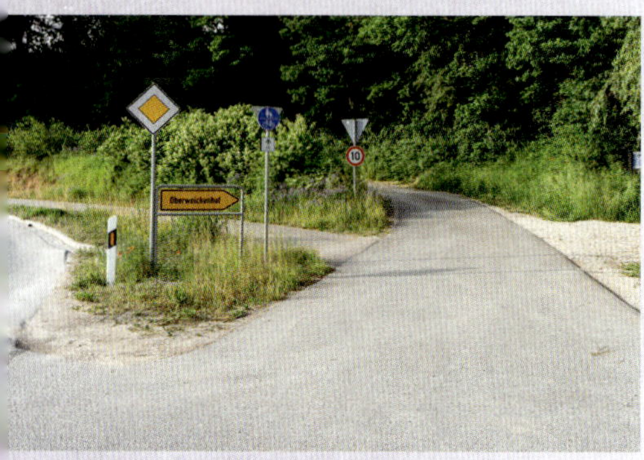

Weggabelung „10 km/h“ ↑

Hügellandschaft des Oberpfälzer Jura ↓

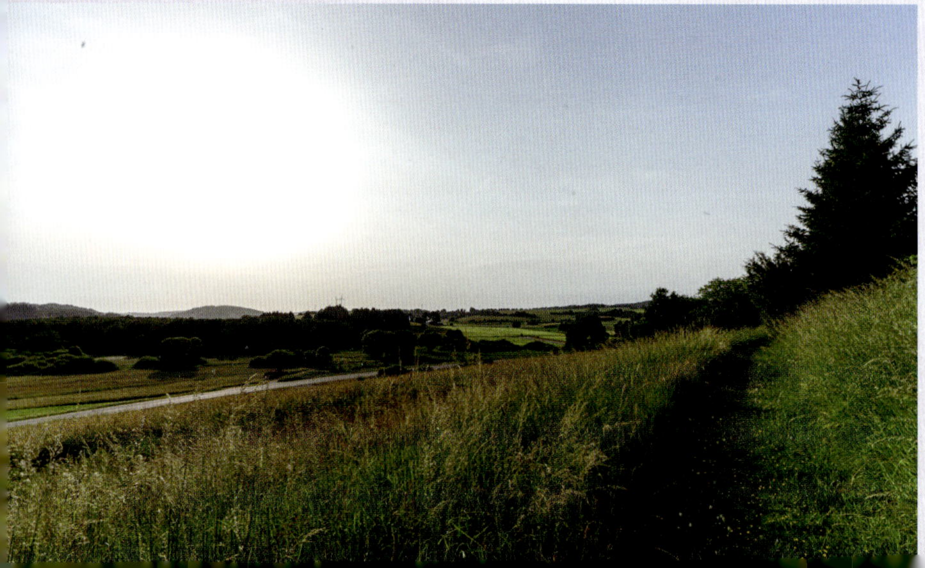

überqueren eine Straße und gehen geradeaus weiter einen kleinen Anstieg hoch ins Brunnholz (kleines Bild links). Zuerst halten wir uns an den Jurasteig und bleiben auf ihm, indem wir auch rechts abbiegen ins Waldgebiet „Wiege“. Nach 400 Metern gehen wir an einer Abzweigung ❼ geradeaus

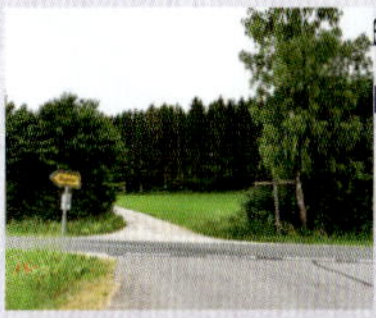

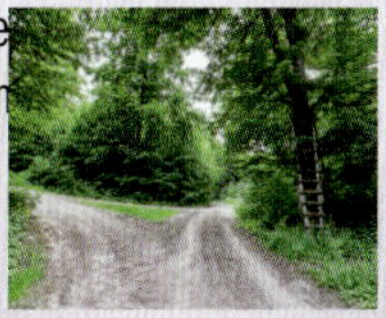

Nach knapp einem Kilometer mündet der geschotterte Forstweg in den Brunnenholzweg in Deusmauer. An dessen Ende biegen wir nach links ab in die Kirchenwinner Straße und erreichen schon bald unseren Ausgangspunkt.

Essen/Einkehren:

Dorfladen Deusmauer
Lengenfelder Str. 8
92355 Deusmauer
Tel. 09182 3549856
www.dorfladen-deusmauer.de
Öffnungszeiten: siehe online

Landgasthof Feihl
Kirchweg 13
92355 Oberwiesenacker
Tel. 09182 396
www.landgasthof-feihl.de
Öffnungszeiten: siehe online

GROSSALFALTERBACH

Durch nahezu unberührte Natur entlang der Weißen Laber

(Abschnitt Unterbürger Laber)

Mittel

10 km

↓↑ 165 m

ca. 3 Std.

Großalfalterbach – Labermühle – Ulrichskapelle – Sipplmühle – Sternberg

Eine Runde auf dem Jurasteig entlang der Weißen Laber, Abschnitt Unterbürger Laber, durch nahezu unberührte Natur mit fantastischen Weitblicken.

Markierung:
Jurasteig
(Wasser- & Mühlenweg)

Parken:
Direkt bei der Kirche am Dorfplatz von Großalfalterbach

NAVIGATION: Kreuzung Batzhauser Weg – Pirkacher Weg, 92364 Deining (Großalfalterbach)

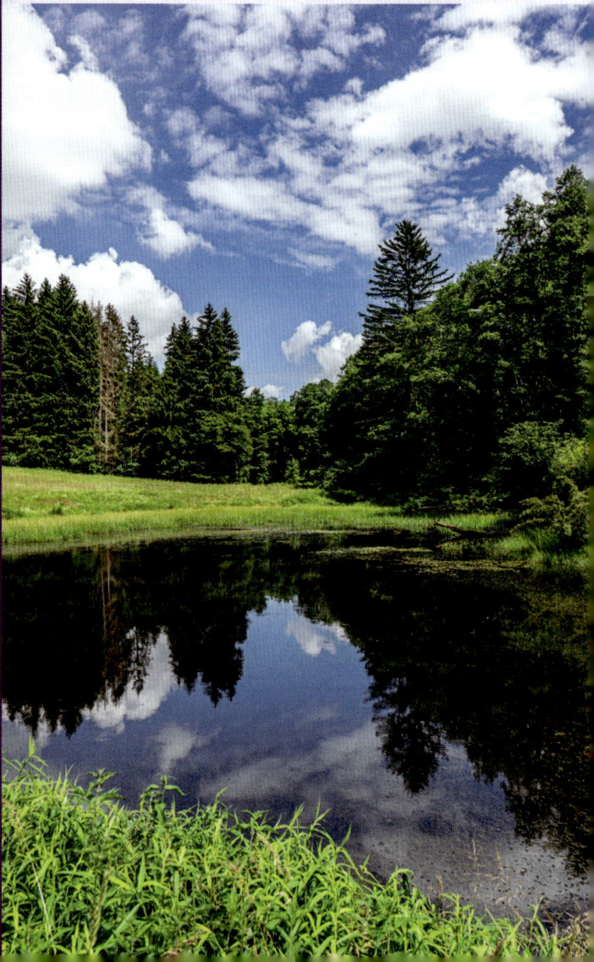

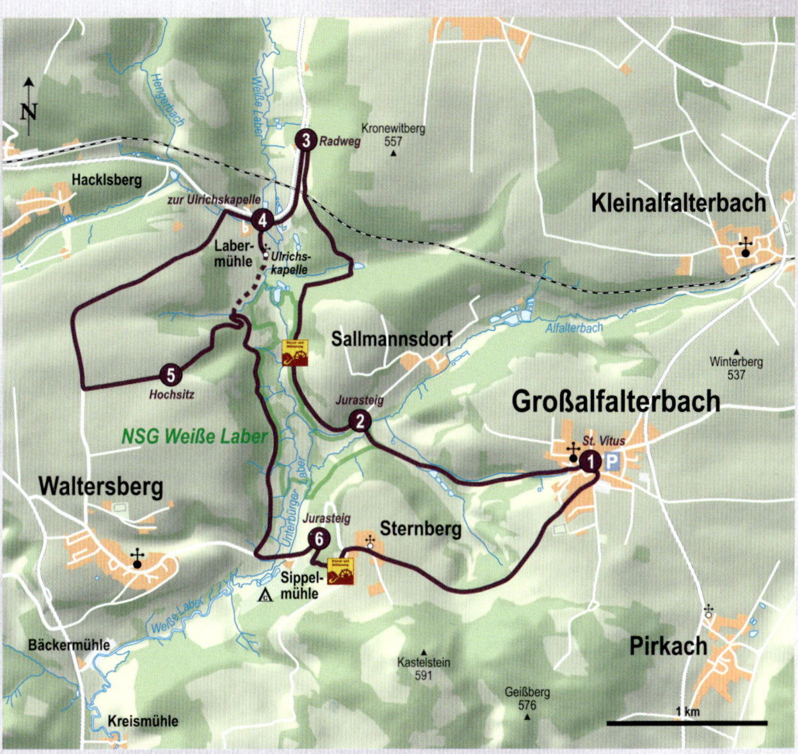

❶ St. Vitus – Start/Ziel
❷ Jurasteig
❸ Radweg
❹ Ulrichskapelle
❺ Hochsitz
❻ Jurasteig

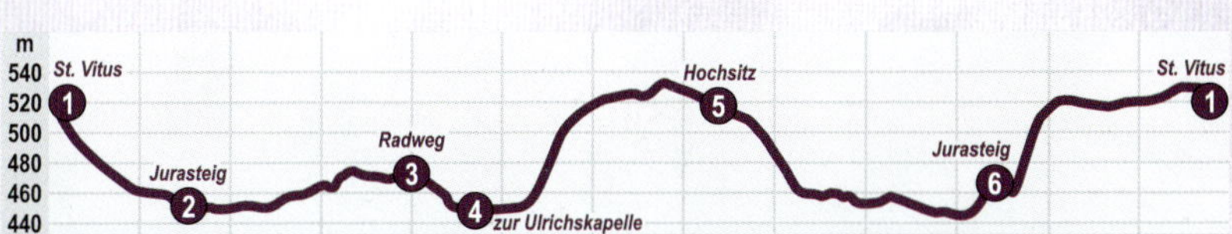

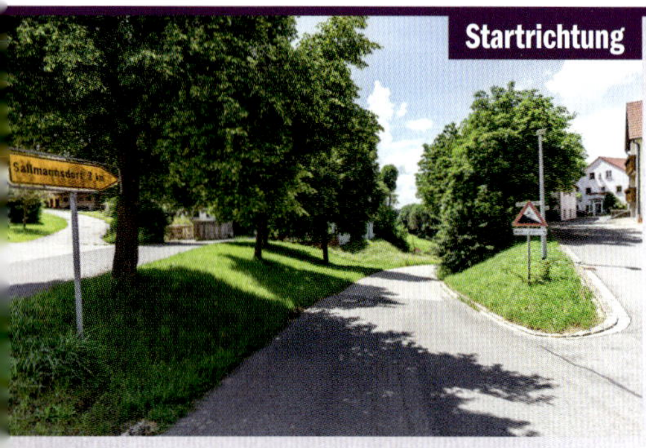

Wir beginnen unsere Wanderung am Dorfplatz von Großalfalterbach unterhalb der Pfarrkirche St. Vitus ❶ in westlicher Richtung auf dem Sallmannsdorfer Weg.

Die schmale, geteerte Straße führt entlang eines kleinen Wasserlaufs talwärts. Es geht vorbei an kleinen Seen, die sich malerisch in die Landschaft einbetten, und nach etwa 1300 Metern kreuzt von links der Jurasteig-Wanderweg (Wasser- & Mühlenweg).

Wir überqueren den Altfalterbach, biegen kurz danach links ab auf den Jurasteig ❷ und folgen ihm für die nächsten 2,5 Kilometer. Die festen Wald- und Feldwege führen zum Teil durch nahezu unberührte Natur entlang der Weißen Laber. Wir passieren verwilderte Wurzeln und einen schmalen, hölzernen Steg, der vermutlich stabiler ist, als er aussieht. Wenige Kurven nach einem idyllischen Teich zu unserer Rechten (siehe unten) erkennen wir in der Ferne die mächtige Stahlkonstruktion einer beeindruckenden Eisenbahnbrücke der Bahnstrecke Regensburg-Nürnberg.

Pfarrkirche St. Vitus

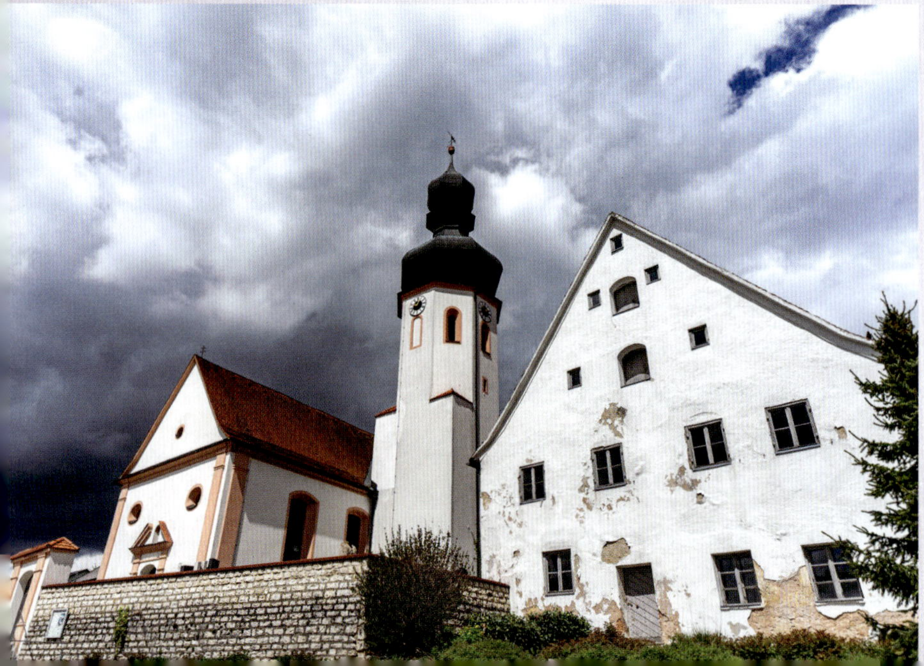

Etwa 300 Meter nach der Brücke verlassen wir den Jurasteig und biegen scharf nach links auf den Radweg in südlicher Richtung ❸ (kleines Bild links). Wir wandern nur ein kurzes Stück entlang der St 2220 in Richtung Deining-Bahnhof.

Nach der Kläranlage überqueren wir die Weiße Laber bzw. Unterbürger Laber und folgen dem Wegweiser links zur Ulrichskapelle ❹. Dieser idyllische Abstecher zur beschaulichen Kapelle lohnt sich in jedem Fall für eine Rast. Wir erreichen sie über den Hengerbach (kleines Bild rechts), einen Zufluss der Unterbürger Laber, und verweilen etwas an diesem abgelegenen Ort.

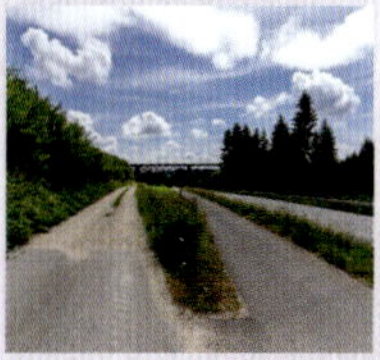

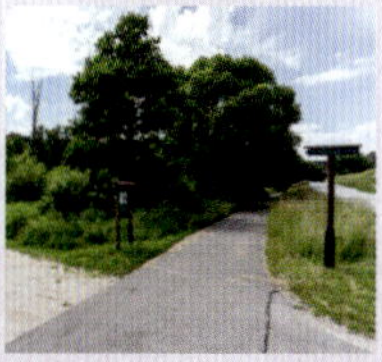

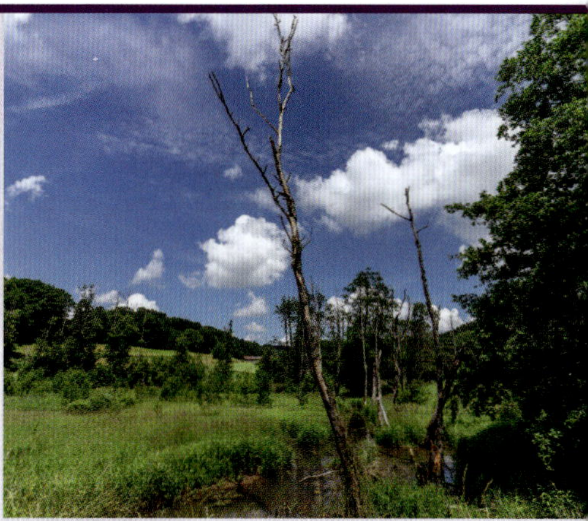

Unberührte Natur entlang der Weißen Laber

ALTERNATIVE: Etwas verdeckt in südlicher Richtung geht ein schmaler Weg neben dem Fluss und über eine Wiese. Hier könnte man unberührte Natur genießen. Allerdings ist dieser Weg wirklich nur bei sehr trockenen Bodenverhältnissen zu empfehlen, da der Untergrund schon recht matschig und sumpfig werden kann.

Wir gehen wieder zurück auf den Radweg und biegen nach der Laabermühle nach links ab nach Waltersberg. Die 15 % Steigung können durchaus in die Beine gehen, dennoch wird man oben mit wundervollen Weitblicken belohnt. Hier befindet sich auch

Wird der Steg wohl halten?

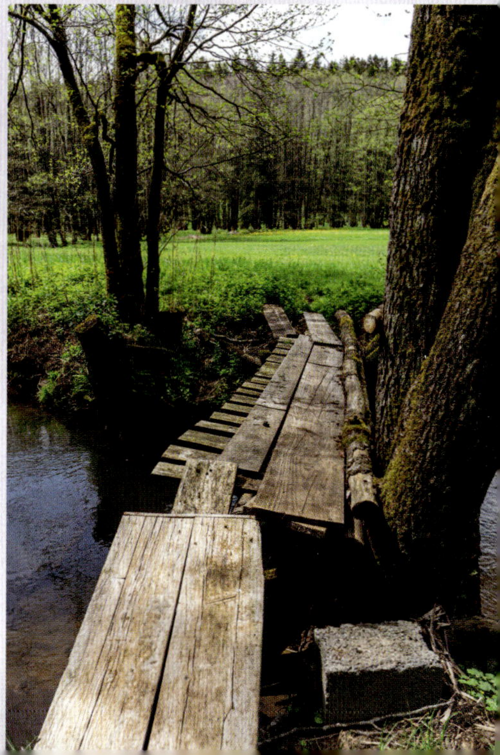

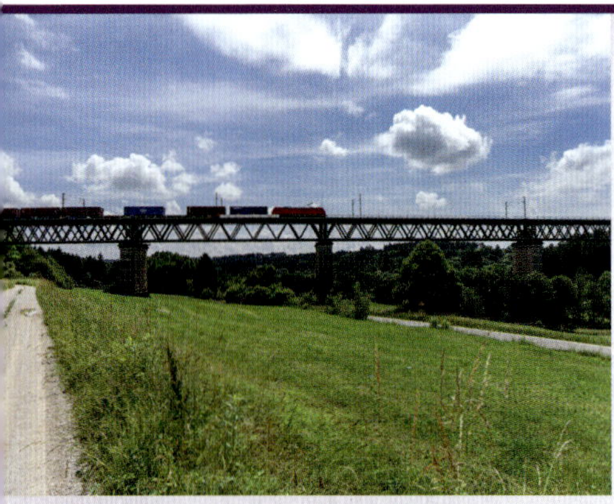

Blick zurück zur Eisenbahnbrücke

die Start- und Landezone der Gleitschirmflieger.
Nach einer 90-Grad-Linkskurve nehmen wir die zweite Abzweigung links (kleines Bild links). Am Ende der schnurgeraden schmalen, geteerten Straße zwischen Wiesen erkennen wir in 600 Metern vorm Wald einen eindrucksvollen Hochsitz in südöstlicher Richtung ❺ (kleines Bild rechts). An diesem gehen wir links vorbei hinab ins Tal.

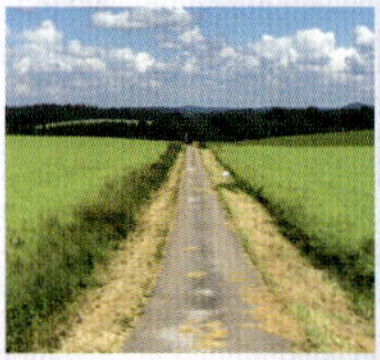

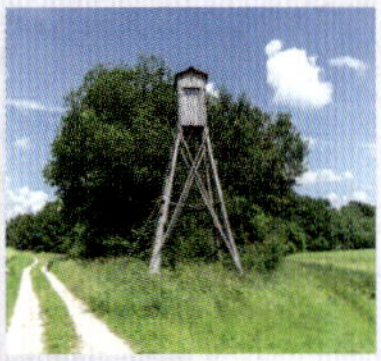

Wir sehen einen winzigen Bachlauf an einer rot-weißen Schranke. Unser Weg führt jedoch am Waldrand herum in östlicher Richtung (kleines Bild links), vorbei an Hochsitzen, bemoosten Wurzeln und kleinen Quellen (kleines Bild rechts).

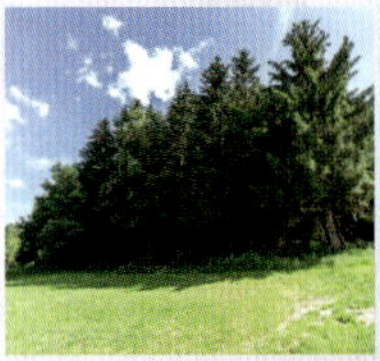

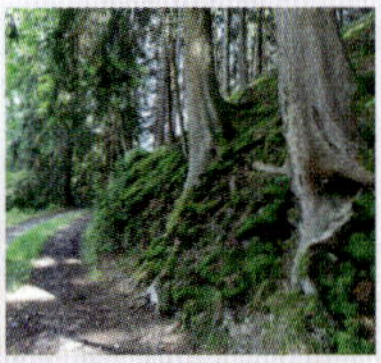

Ulrichskapelle

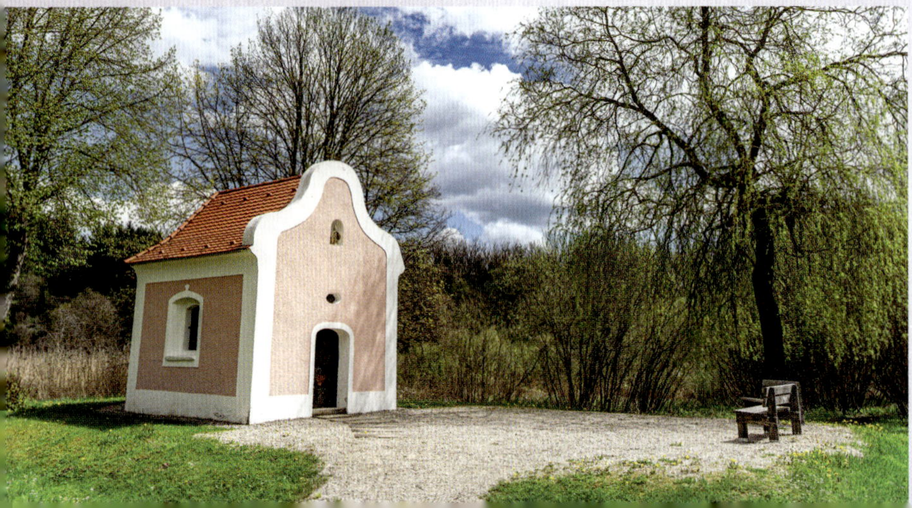

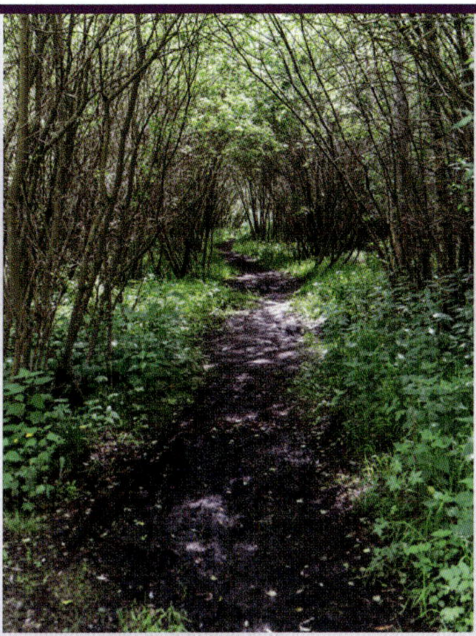

Der alternative Weg ist nur bei Trockenheit zu empfehlen.

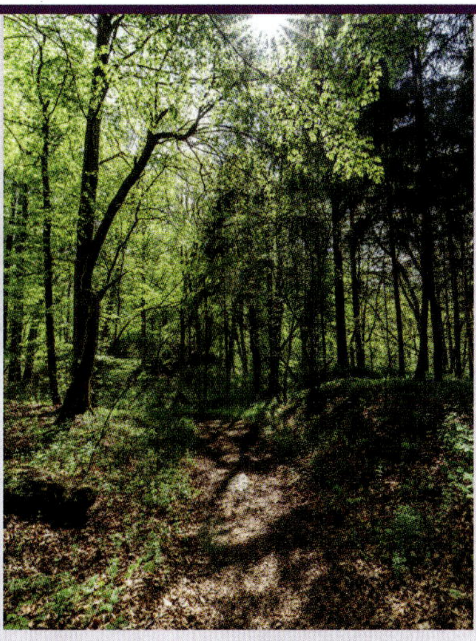

Steiler Anstieg auf dem Jurasteig

Nach 1,5 Kilometern erreichen wir die Straße von Waltersberg und biegen links ab zum Campingplatz Sipplmühle. Wir überqueren das letzte Mal die Weiße Laber, ehe wir die Sipplmühle rechts liegen lassen und der Straße bergauf für wenige Meter folgen. Nach 200 Metern finden wir erneut die Beschilderung des Jurasteigs (Wasser- & Mühlenweg) ❻. Wir folgen den Markierungen rechts in den Wald. Der Pfad schlängelt sich durchaus steil den Berg hoch durch die grüne Wildnis.
Vor Sternberg endet der Jurasteig an einem mächtigen Baum mit einer Bank. Man erhält einen wunderbaren Blick über das Tal nach Waltersberg. Wir halten uns auf der Straße rechts und durchqueren das beschauliche Örtchen mit seiner kleinen Herz-Jesu-Kapelle in der Mitte.

Unser Ziel ist in 2 Kilometern Entfernung. Von Sternberg erhält man einen herrlichen Blick über die Weite der Landschaft und nach Großalfalterbach. Wir folgen dem Thanner Weg, biegen links ab auf den Pirkacher Weg und erreichen unseren Ausgangspunkt.

Essen/Einkehren:

Gasthaus Diepold
Hauptstraße 33
92358 Batzhausen
Tel. 09497 902065
www.gasthaus-diepold.de
Öffnungszeiten: siehe online

FINSTERWEILING

Zwischen Schwarzer Laber und Lupenbach

Leicht

10,6 km

↓↑ 135 m

ca. 3 Std.

Finsterweiling – Oberweiling – Vogelbrunn – Mantlach

Eine einfache Runde entlang der Schwarzen Laber an einem gut ausgebauten Radweg sowie an idyllischen Waldwegen entlang des versteckten und verwunschenen Lupenbachs.

Markierung:
Vier-Bacherl-Weg, Schwarze-Laber-Radweg, Bayernnetz für Radler, Tal der Schwarzen Laber

Parken:
Parkplatz am Schützenhaus „von der Adelburg", Oberweiling. Zwischen Lengenfeld und Hollerstetten bei Finsterweiling nach rechts ins Labertal abbiegen (1 km, Schild: Terrassenhof an der Schwarzen Laber); Schützenstraße hoch zum Schützenhaus. NAVIGATION: Adelsburg Schützen Oberweiling, Schützenstraße 19, 92355 Velburg

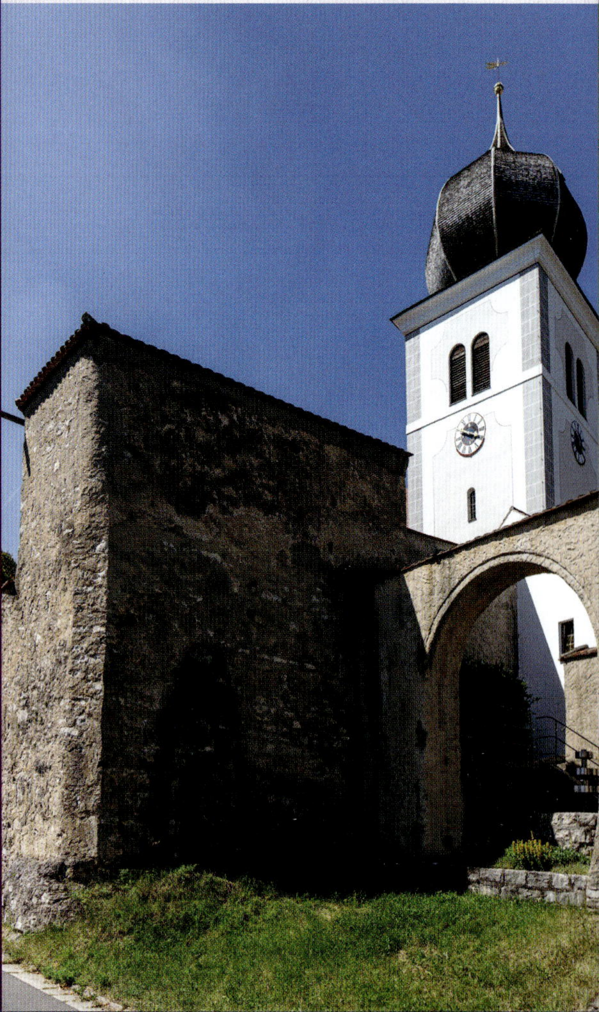

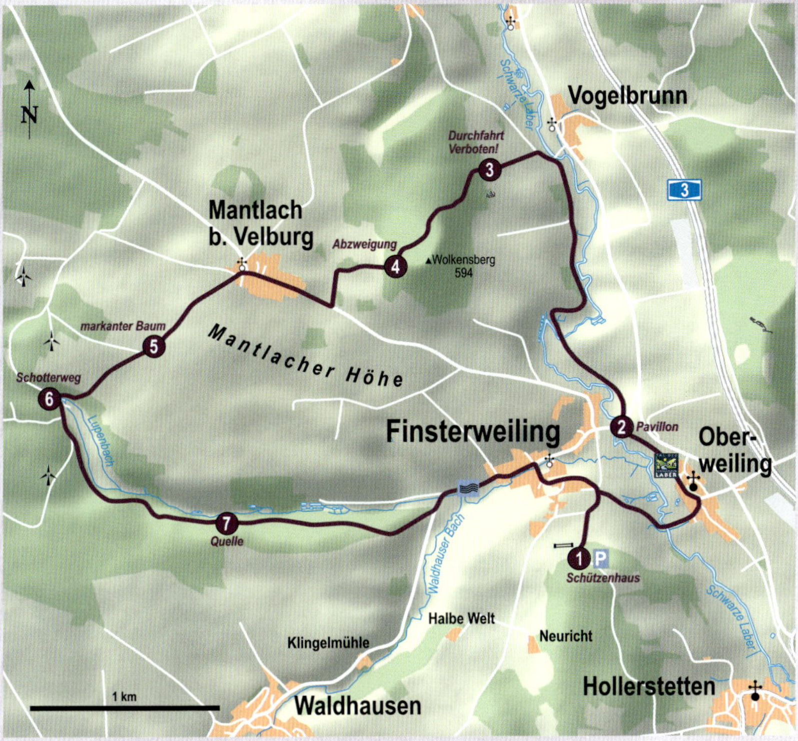

❶ Schützenhaus – Start/Ziel

❷ Pavillon

❸ Durchfahrt verboten

❹ Abzweigung

❺ markanter Baum

❻ Schotterweg

❼ Quelle

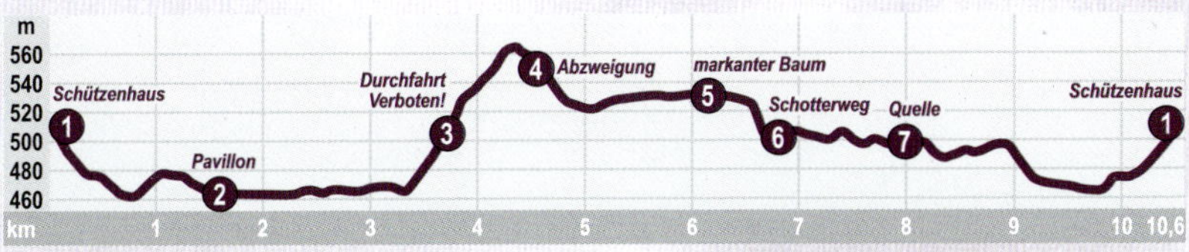

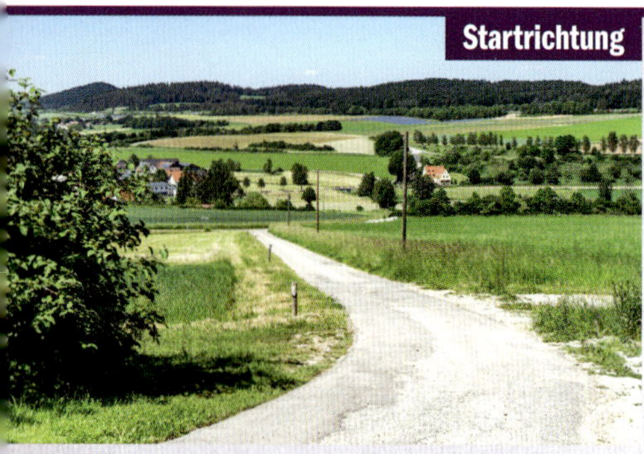

Startrichtung

Unser Parkplatz befindet sich oben am Fuße des Fuchsschlagbergs beim Schützenhaus über dem Tal der Schwarzen Laber ❶. Während wir bergab in nördlicher Richtung marschieren, liegt vor uns im Tal der Ort Finsterweiling. Nach einem Waldstück rückt auf unserer rechten Seite der Ort Oberweiling, unser erstes Ziel, in unser Blickfeld.

Wir folgen der ersten Abbiegung rechts auf den Schotterweg und schlendern oberhalb der Schwarzen Laber in südöstlicher Richtung talwärts geradewegs nach Oberweiling.

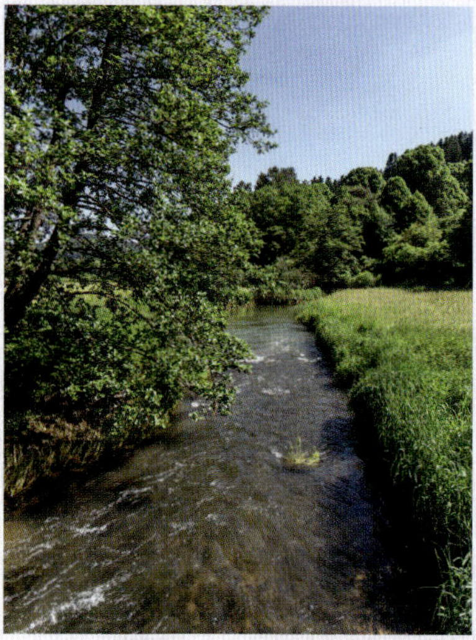

Die Schwarze Laber

Blick nach Oberweiling

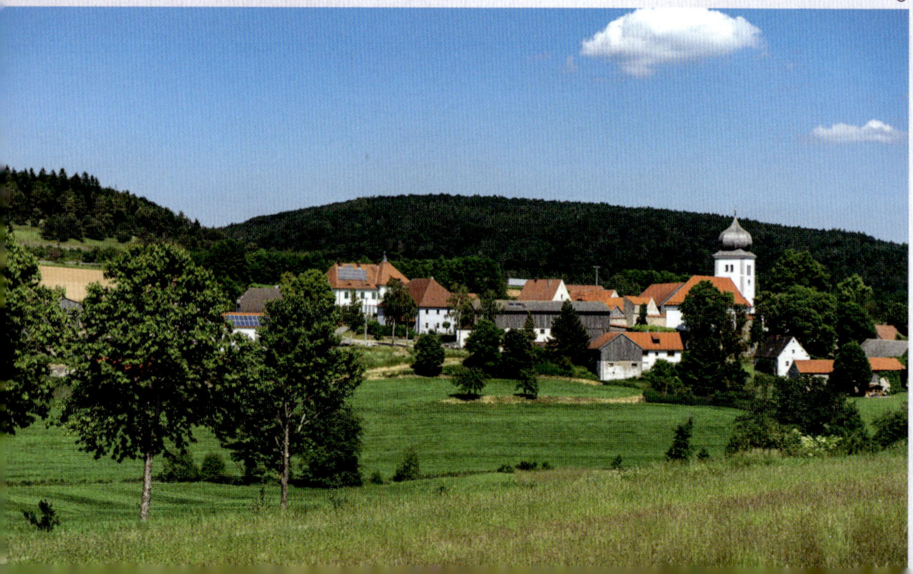

Nachdem wir den Fluss überquert haben, folgt ein kleiner Anstieg zur Ortsmitte. Dort findet man die imposante Wehrkirche St. Mariä Geburt.

Wir wandern unterhalb des Gotteshauses auf der Straße „An der Wehrmauer" westwärts in Richtung Finsterweiling. Im Tal erreichen wir vor der Kreuzung einen eindrucksvollen Pavillon aus Eiche mit Granitdach sowie rechts ein kleines, schwarzes Wegkreuz ❷. Kurz danach biegen wir rechts ab in den fein geschotterten Radweg im Tal der Schwarzen Laber. Unser Ziel ist der kleine Ort Vogelbrunn in etwa 1,7 Kilometern. Bis dorthin genießen wir die Atmosphäre dieser wunderschönen Landschaft entlang des Flusslaufes.

Nun befinden wir uns vor der kleinen Ortschaft Vogelbrunn an einer Brücke. Wir biegen nach links ab (kleines Bild links), bergauf in westlicher Richtung, und halten uns wenige Meter weiter erneut links. Wir folgen dem geschotterten Anstieg in südwestlicher Richtung (kleines Bild rechts), der geradewegs in den Wald (in ca. 240 Metern) hineinführt. Am „Durchfahrt-verboten"-Schild ❸ gehen wir geradewegs westlich, quer durch den Wald auf dem schattigen Mantlachtrail.

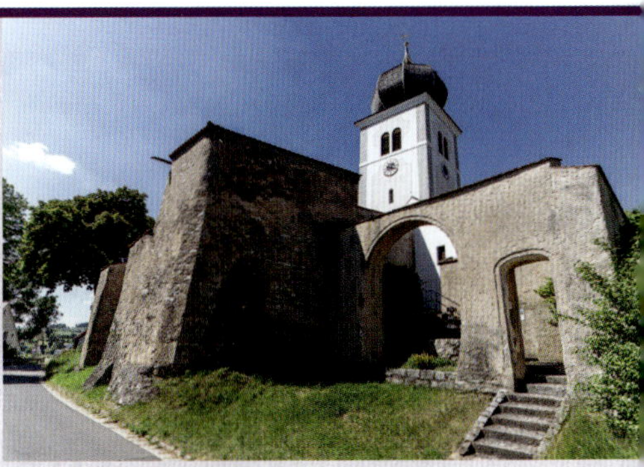

Wehrkirche St. Mariä Geburt

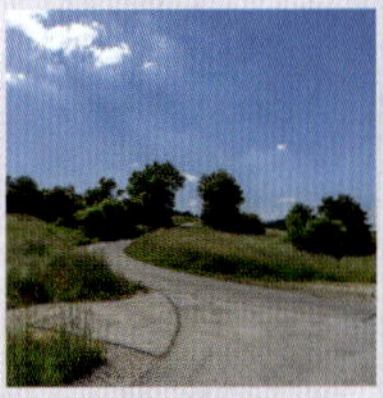

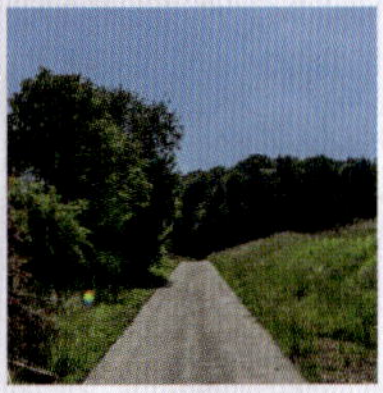

Nach etwa 800 Metern gelangen wir im Wald an eine Abzweigung ❹, an welcher wir uns rechts halten und dem abschüssigen

Blick übers Labertal nach Finsterweiling

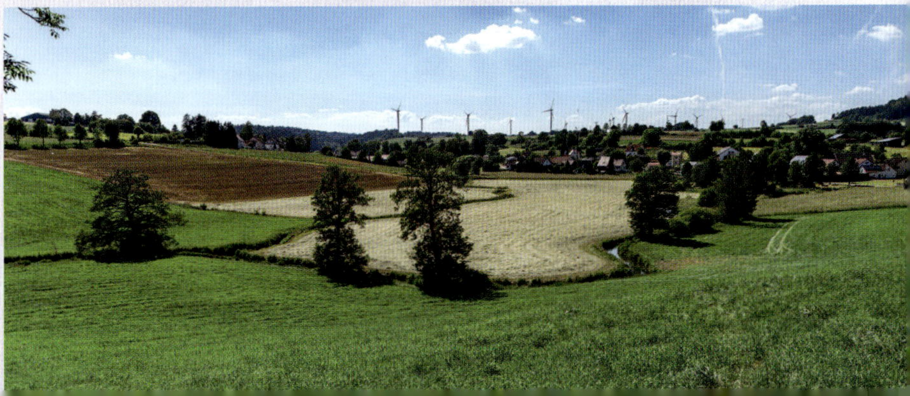

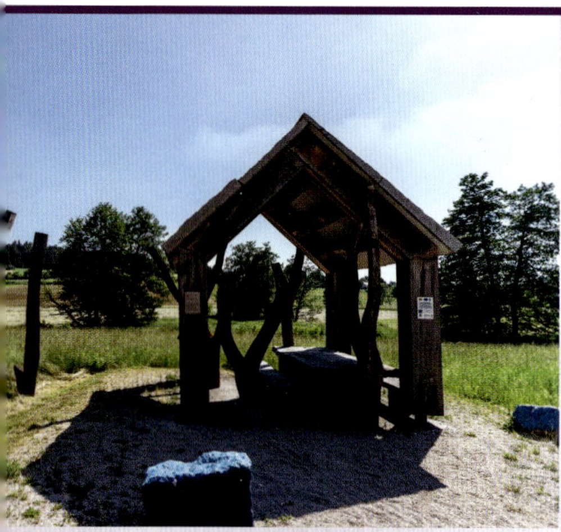

Eichenpavillon mit Granitdach

Weg aus dem Wald hinaus folgen. Im Hintergrund können wir die zahlreichen modernen Windräder hinter Mantlach erkennen.
Am Ende des Schotterwegs biegen wir rechts ab auf die schmale Teerstraße, halten kurz an einem wunderschönen Wegekreuz inne

Holzbrücke über die Laber

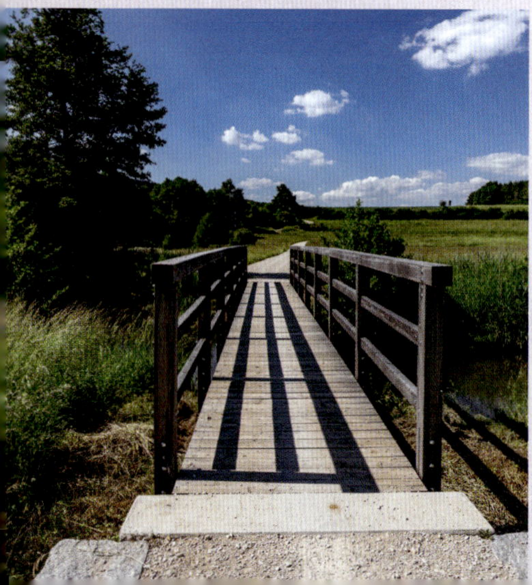

(kleines Bild links) und erreichen Mantlach. Am Ortsausgang finden wir eine kleine, rechteckige Kapelle. Wir gehen links vorbei, passieren einen kleinen Spielplatz und halten uns an der Gabelung danach ein weiteres Mal links (kleines Bild rechts) in südwestlicher Richtung.

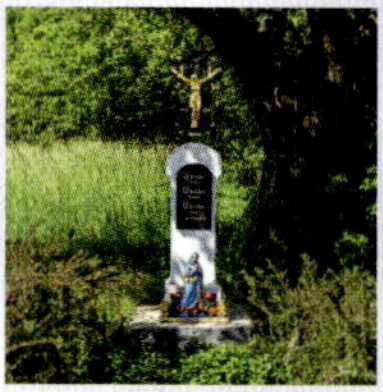

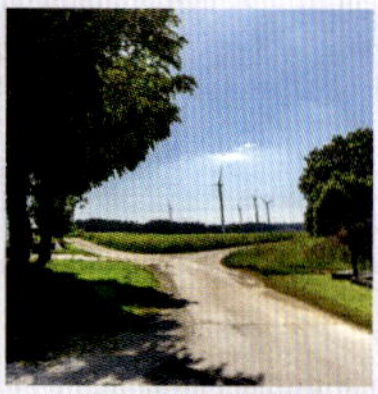

Während wir entlang der zahlreichen Windräder auf der schmalen Straße für etwa 500 Meter in Richtung Wald schlendern, orientieren wir uns in südwestlicher Richtung an einem hohen, markanten Baum, der frei auf weiter Ebene steht und sehr gut zu erkennen ist (kleines Bild links) ❺. Wir gehen am Baum geradeaus weiter und zweigen erst wenige Meter danach links auf einen Feldweg in südwestlicher Richtung ab und spazieren auf das Waldgebiet in 350 Metern Entfernung zu. Der Weg hinab ins Tal geht geradeaus weiter und ist etwas verwildert und teilweise steinig (kleines Bild rechts).

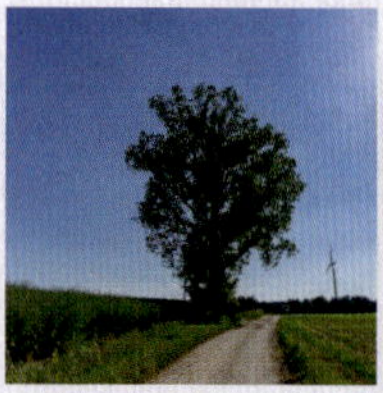

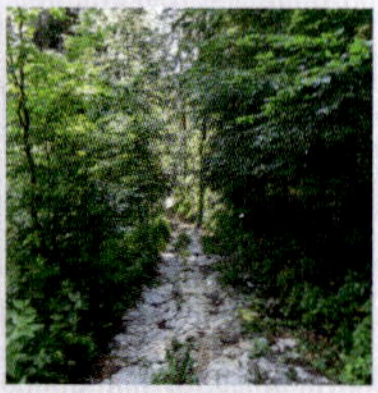

Nach wenigen Minuten erreichen wir ein nahezu vergessenes Kleinod. Es handelt sich um die Quelle des Lupenbachs, ein menschenverlassenes Idyll, wie man es vermutlich nur noch selten findet ❻. Wir gehen einmal rechts herum auf den Schotterweg und in südöstlicher Richtung weiter, um dann bei erster Gelegenheit nach wenigen Metern die Abzweigung links zu nehmen.

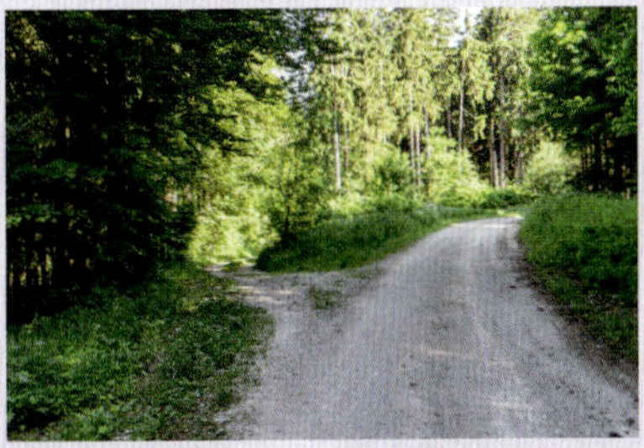

Der Weg führt uns für knapp 2 Kilometer südöstlich oberhalb des verwunschenen Bächleins durch das Waldstück Birger. Auf halber Strecke können wir uns an einer kleinen Quelle am Wegesrand erfrischen ❼. Sobald der Waldweg auf eine geteerte Straße trifft, halten wir uns links talwärts und können schon bald vor uns Finsterweiling erkennen und links unseren Blick in die Weite des Lupenbachtals schweifen lassen. Wir passieren eine besondere Stelle vor der Ortschaft, wenn der Waldhauser Bach in Lupenbach mündet. Im Ort biegen wir rechts in die Schützenstraße, erblicken links die beschauliche Kapelle von Finsterweiling und erkennen, dass unser Ziel, das Schützenhaus, noch etwa 500 Meter den Berg hoch entfernt ist.

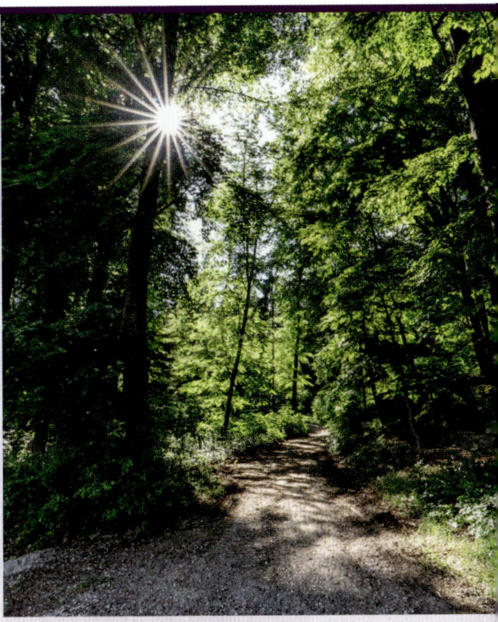

Der schattige Mantlachtrail

Essen/Einkehren:

Gutshofhotel Winkler Bräu
St.-Martin-Straße 6
92355 Velburg/Lengenfeld
Tel. 09182 170
www.winkler-braeu.de
Öffnungszeiten: immer offen (da Hotel)

Terrassenhof Schwarze Laaber
Bachstraße 4
92355 Velburg-Finsterweiling
Tel. 09182 440
http://www.terrassenhof-finsterweiling.de
Öffnungszeiten: bitte erfragen

Mittel

13,6 km

↓↑ 115 m

ca. 3 ½ Std.

Darshofen – Klapfenberg – Polstermühle – Haumühle – Hollerstetten – Krappenhofen – Willmannsdorf – (Hennerloch) – Bogenmühle – Kerschhofen

Malerische Wanderung durch das idyllische Tal der Schwarzen Laber mit herrlichen Fernblicken über den Oberpfälzer Jura.

Markierung:
Malerweg Parsberg-Lupburg, Mühltal, Tal der Schwarzen Laber, Bayernnetz für Radler, Ritter Wonnebold (Burgensteige); „MD" (Main-Donau-Weg), Schwarze-Laber-Radweg, 4-Bacherl-Weg

Parken:
Von Parsberg kommend auf der Velburger Straße nach Velburg etwa 400 m links nach Darshofen abbiegen.

Direkt im Tal befindet sich auf der rechten Seite am Startpunkt der Wanderung ein kleiner Parkplatz für Wanderer. NAVIGATION: Parsberger Straße 9, 92331 Darshofen

DARSHOFEN

Luftige Höhen, malerische Täler und ein Bach

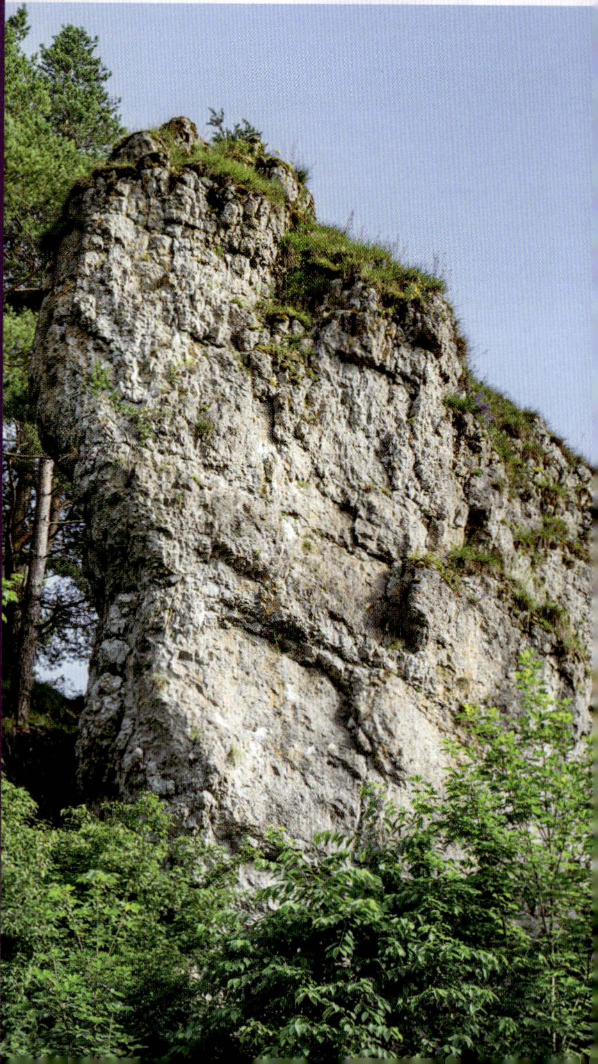

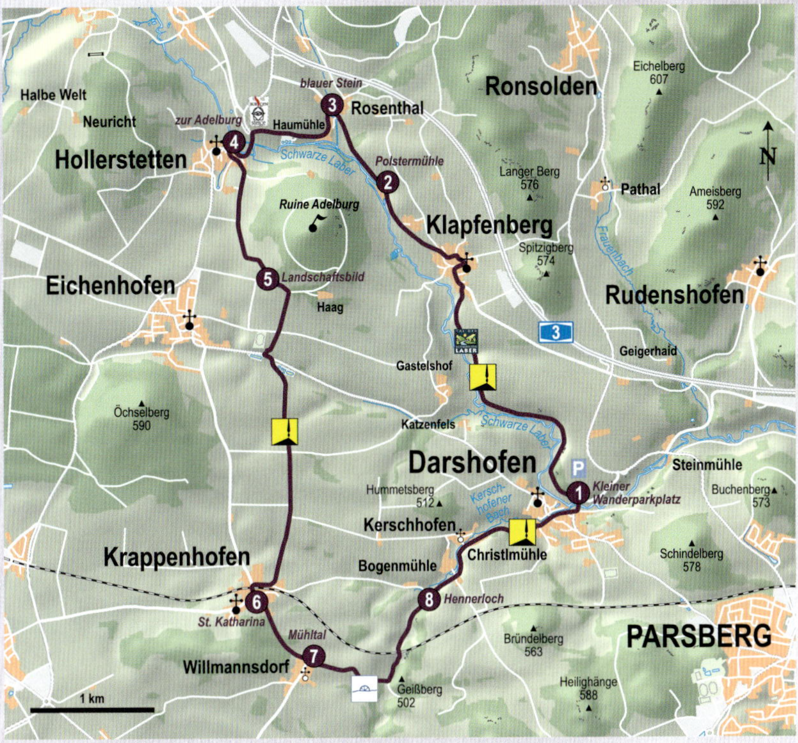

❶ Wanderparkplatz – Start/Ziel

❷ Polstermühle

❸ blauer Stein

❹ Zur Adelburg

❺ Landschaftsbild

❻ Kirche

❼ Mühltal

❽ Hennerloch

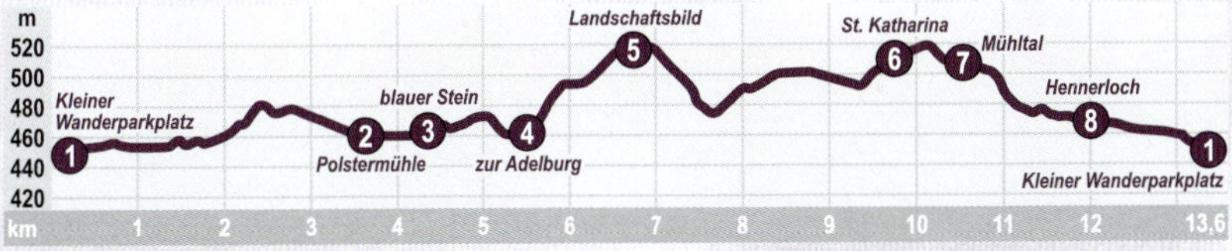

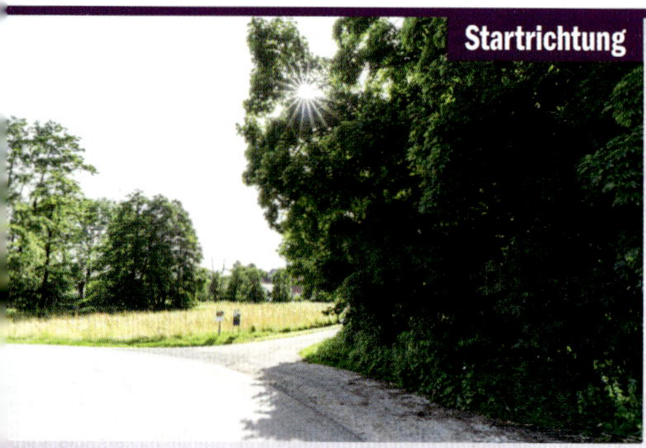

Startrichtung

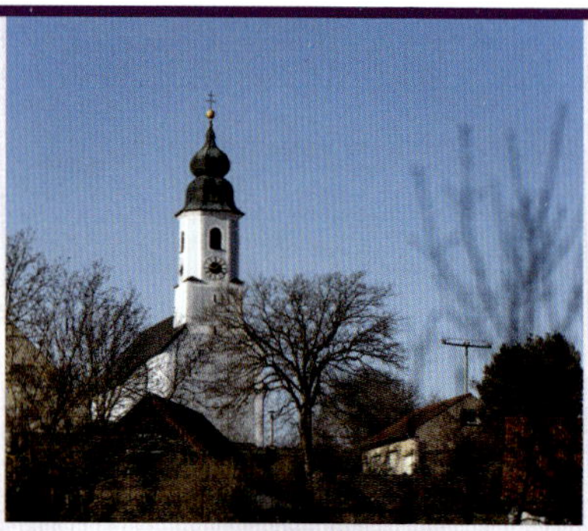

Pfarrkirche „Allerheiligen“

Wir starten unsere Runde direkt beim kleinen Wandererparkplatz in Darshofen ❶, einem Ortsteil von Parsberg im Tal der Schwarzen Laber. Die ersten zweieinhalb Kilometer bis nach Klapfenberg kann man sich nicht verirren, folgt man stets der Beschilderung des Malerwegs, auf dem Radweg im „Tal der Schwarzen Laber“. Bereits vom Start aus bildet die über dem Tal thronende Pfarrkirche „Allerheiligen“ von Darshofen einen Fixpunkt unserer Wanderung. Nun lassen wir uns von der einzigartigen Bilderbuchlandschaft des Tals der Schwarzen Laber mit eindrucksvollen, schroffen Felsformationen zu unserer Rechten und der verwunschenen Flusslandschaft zu unseren Linken verzaubern.

Nach einem kurzen Anstieg erreichen wir die kleine Ortschaft Klapfenberg. Hier wenden wir uns nach links und orientieren uns am „MD“ des Main-Donau-Wegs. In der Ortsmitte halten wir uns stets auf der Polstermühlstraße, die sich kurvig um die Häuser windet. Die Kirche des Patrons Sankt Martin, welche

Flusslandschaft zur Linken

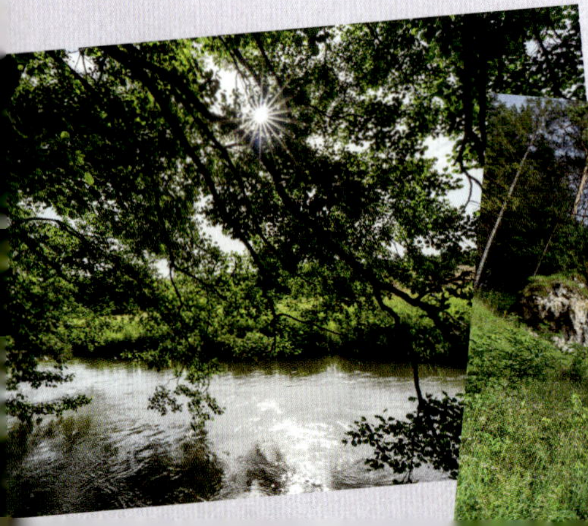

Felsformationen zur Rechten

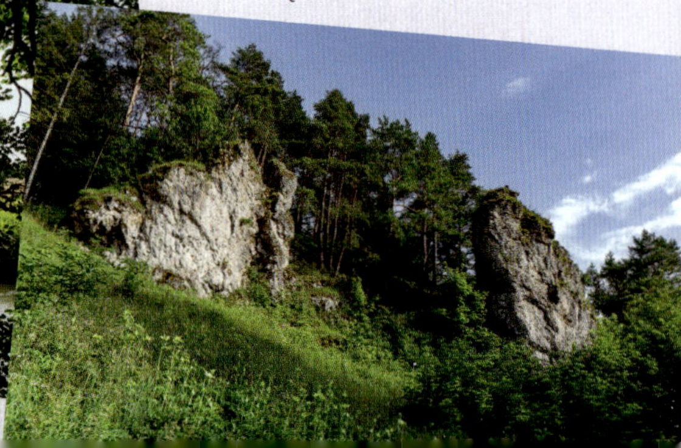

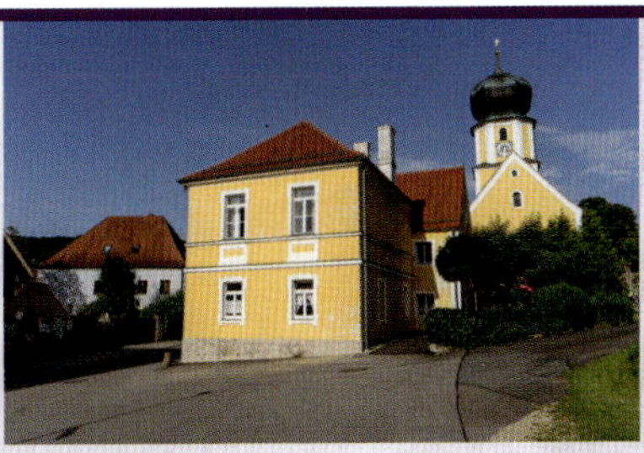

Kirche in Klapfenberg

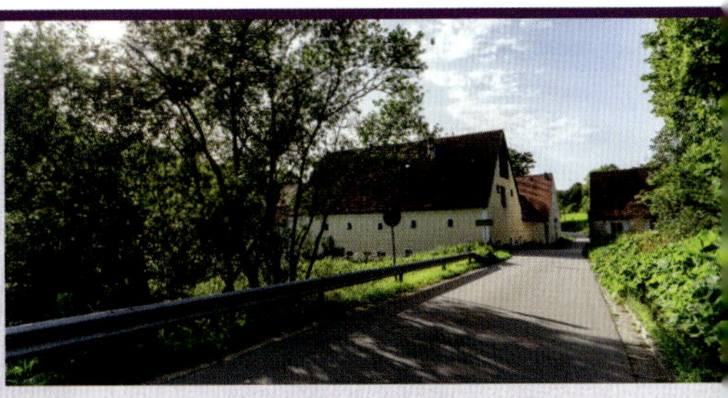

Einöde Polstermühle

in der Mitte des 14. Jahrhunderts bereits errichtet wurde, lassen wir rechts liegen. Unser Ziel ist die Polstermühle in einem Kilometer **2** Entfernung. Wir bleiben auf der Polstermühlstraße und folgen der Beschilderung des Schwarze-Laber-Radwegs in westlicher Richtung.

Nach etwa 700 Metern passieren wir die Einöde Polstermühle und biegen wenig später an der Haumühle links auf den fein geschotterten Weg ab. Unsere Markierung ist ein blauer Stein, der typisch für den Main-Donau-Radweg ist **3**.

Wir umrunden weiter den Kellerberg zu unserer Linken, auf welchem sich auch die Burgruine Adelburg befindet. Achtung! Nach etwa 800 Metern erreichen wir die vielbefahrene Staatsstraße 2251. Leider gibt es hier keinen Fuß- oder Radweg, weshalb wir auf der Brücke in Richtung Hollerstetten besonders aufmerksam sein sollten. Glücklicherweise verlassen wir die Hauptstraße am Hinweisschild des Gasthauses „Zur Adelburg" und biegen scharf nach links dem Schild folgend nach Südosten ab **4**.

Abzweigung an der Haumühle mit dem blauen Stein als Markierung für den Main-Donau-Radweg

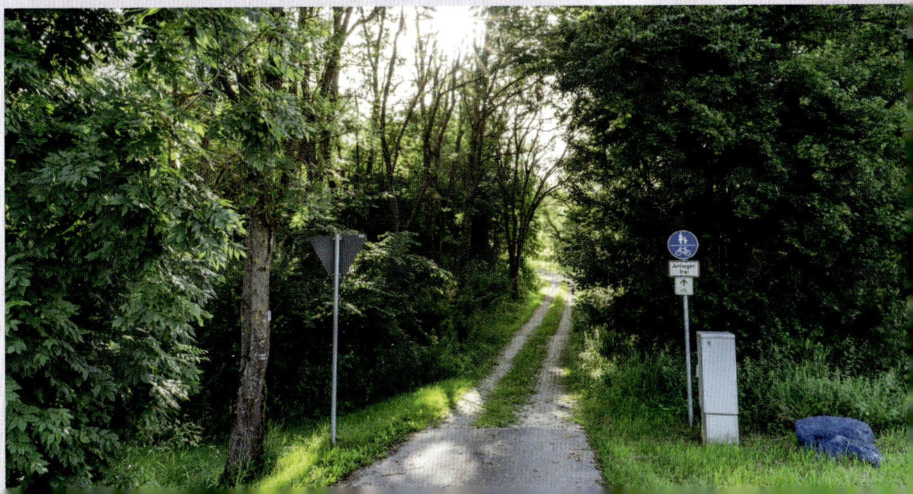

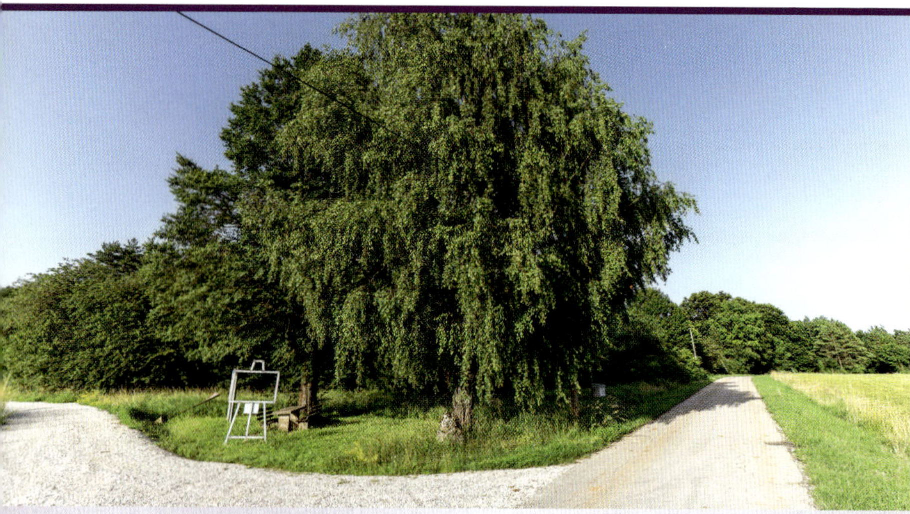

Rastplatz mit „Bilderrahmen"

Nun lassen wir das Tal der Schwarzen Laber vorerst hinter uns und machen uns auf einen kurzen, steilen Anstieg. Am Ortsende von Hollerstetten folgen wir dem Schotterweg in südlicher Richtung. Nach etwa einem Kilometer erscheint in unserem Blickfeld der Ort Eichenhofen. An dieser Stelle finden wir neben einem Wegkreuz, einer Infotafel, einer Sitzgelegenheit auch ein Kunstwerk. Es handelt sich um einen eisernen Bilderrahmen, der dem Betrachter den Blickwinkel eines Künstlers ermöglichen soll ❺.

Nun wenden wir uns nach links und nehmen nach 180 Metern die erste Abzweigung nach rechts. Unser nächstes Ziel ist das Dorf Krappenhofen, welches wir bereits am Horizont

Krappenhofen

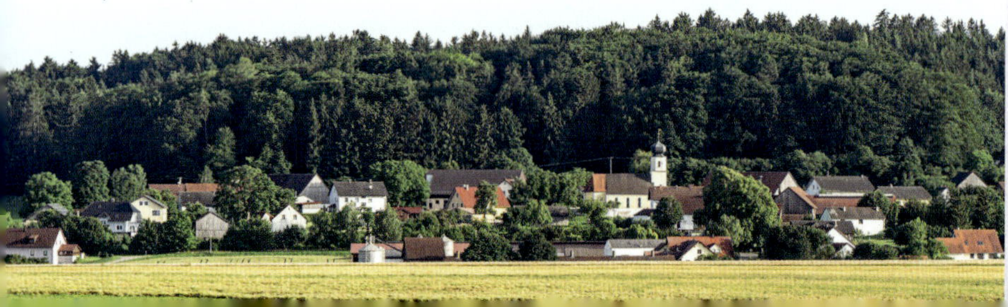

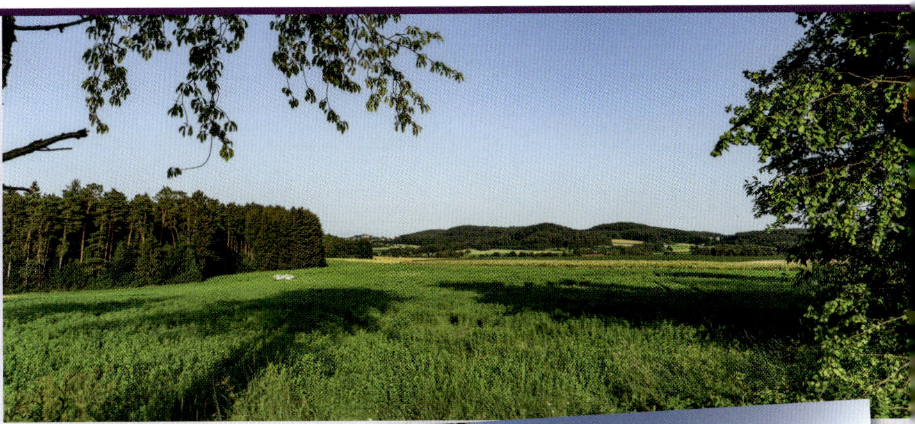

Herrlicher Ausblick in den Oberpfälzer Jura

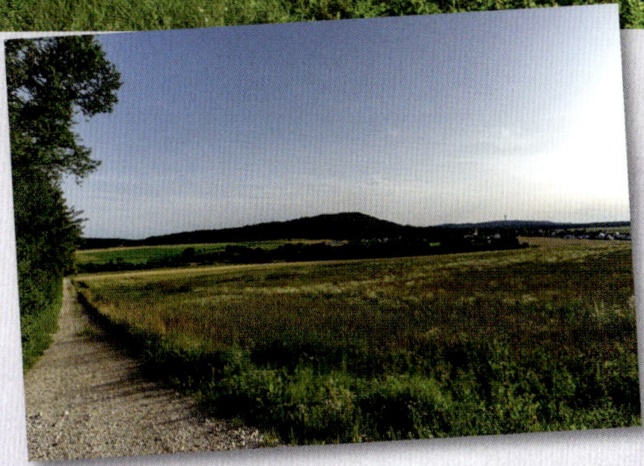

Schotterweg ins Tal

erkennen. Hier folgen wir dem Malerweg Variante 2, dem Schotterweg, hinab ins Tal. Wir erreichen die Straße NM 32. Sie führt von Eichenhofen nach Darshofen. Wir überqueren sie nach etwa 80 Metern und biegen vor dem Klärwerk nach rechts auf die schmale Straße. Auf dieser Etappe kann man einen herrlichen Blick über die wunderbare Landschaft des Oberpfälzer Jura erhalten.

Pfarrkirche Krappenhofen

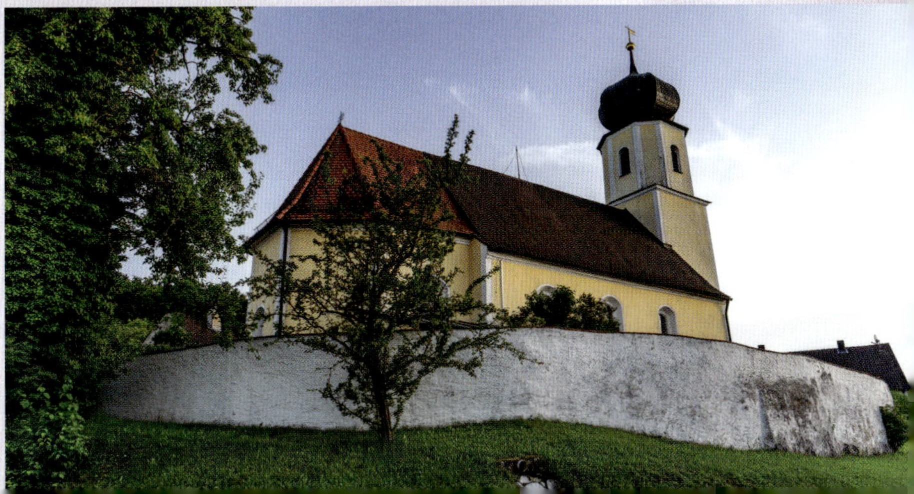

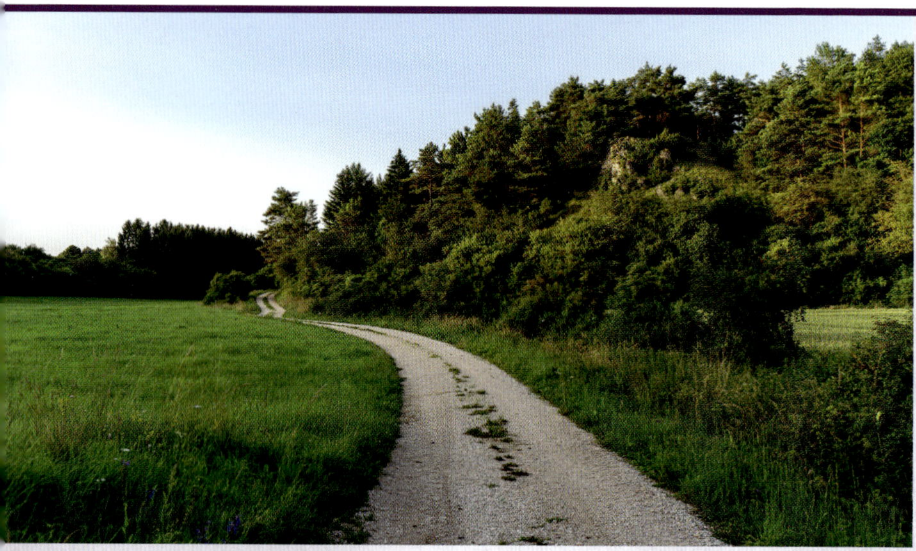

Weg vor Kerschhofen

In Krappenhofen verlassen wir den Malerweg und biegen rechts in Richtung Ortsmitte ab. Nachdem wir die Bahnstrecke Regensburg-Nürnberg überquert haben, stehen wir in der Ortsmitte vor der Pfarrkirche der Heiligen Katharina ❻.

Unser Wegweiser ist das blaue Mühlrad des „Mühltal"-Schildes, welchem wir etwa einen Kilometer im Schatten des Waldes auf der Kathreinstraße nach Willmannsdorf folgen. Nach einer 90-Grad-Kurve finden wir links am Weg den Hinweis „Mühltal" ❼.

Quelltopf des Kerschbachs

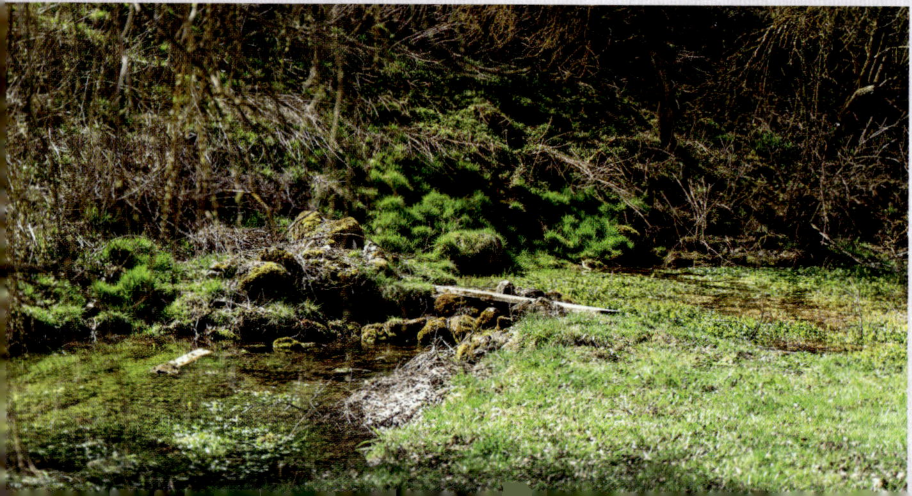

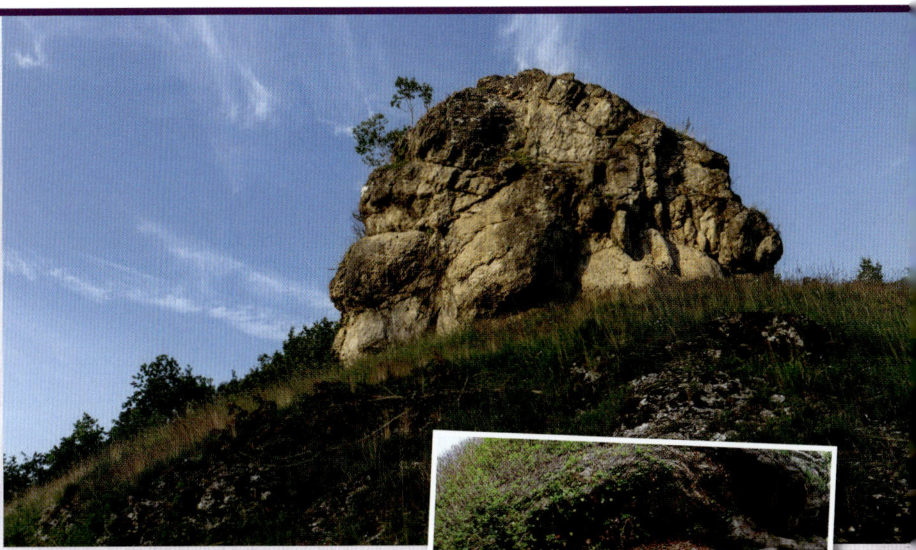

Felsen bei Kerschhofen ↑

Marienfigur bei Darshofen →

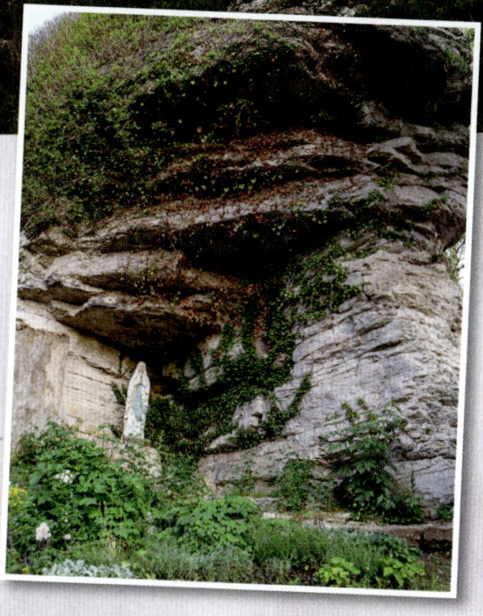

Nach der Bahnunterführung erreichen wir das idyllische Kerschbachtal. Etwa 500 Meter danach zweigt der Weg ab ❽.

TIPP: Möchte man den Quelltopf des Kerschbachs besichtigen, wendet man sich hier etwa 200 Meter nach links nach Hennerloch.

Wir wandern weiter entlang des idyllischen und beschaulichen Kerschbachs, erreichen wenig später die Bogenmühle, durchqueren Kerschhofen und kommen nach ein paar Minuten in nordöstlicher Richtung nach Darshofen. Am Ende der Parsberger Straße biegen wir nach links ab und befinden uns wieder am Eingang zum malerischen Labertal.

Essen/Einkehren:

Gasthaus Zur Adelburg
Zur Adelburg 4
92355 Velburg / Hollerstetten
Tel. 09497 403
www.gasthaus-adelburg.de
Öffnungszeiten: siehe online

HOHENFELS

6 Einöden, 5 Mühlen und ein Forellenbach

Mittel

15,4 km

↓↑ 160 m

ca. 4 Std.

Hohenfels – Holzheim – Effenricht – Kleinmittersdorf – Ammelacker – Ammelhof – Lauf – Baumühle – Blechmühle – Fuchsmühle – Friesmühle – Winklmühle

Eine längere, idyllische Runde rund um Hohenfels auf schönen, abgelegenen Waldwegen durch verschiedene Einöden im Oberpfälzer Jura und entlang einiger Mühlen sowie entlang des malerischen Forellenbachs.

Markierung:
Naab-Altmühl-Radweg; Panoramaweg; Mühlenweg

Parken:
Direkt am Parkplatz des TSV Hohenfels am Galgenbergweg. NAVIGATION: Parkplatz, Galgenbergweg 10, 92366 Hohenfels

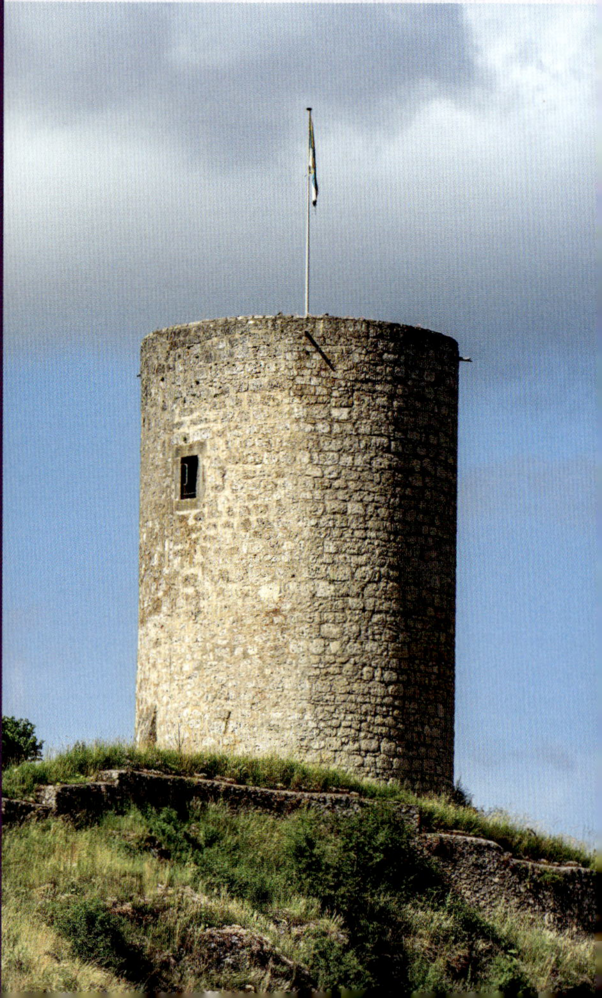

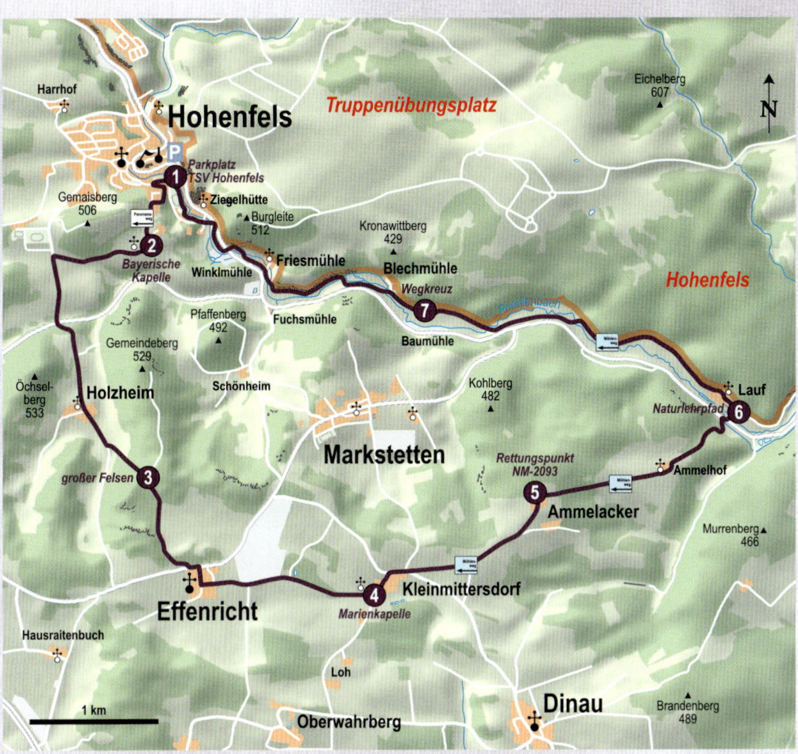

❶ Parkplatz TSV Hohenfels – Start/Ziel

❷ Bayerische Kapelle

❸ Großer Felsen

❹ Marienkapelle

❺ Rettungspunkt NM-2093

❻ Naturlehrpfad

❼ Wegekreuz

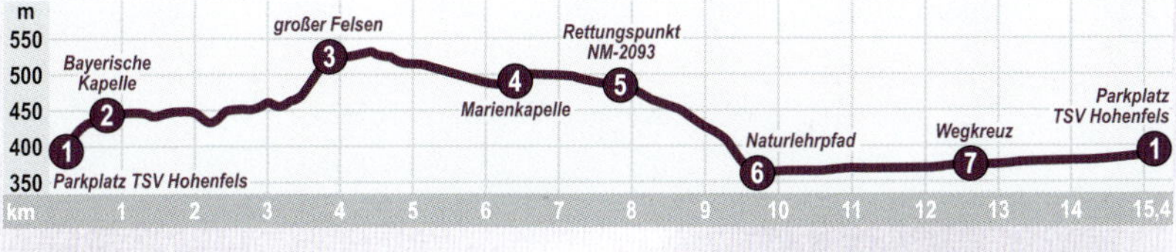

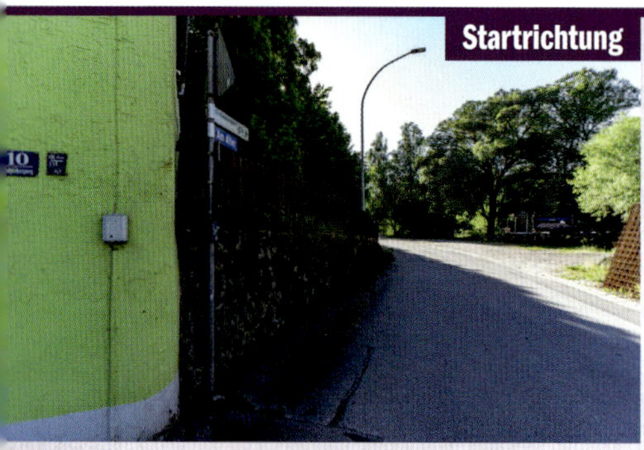
Startrichtung

Unsere Runde beginnt direkt am Parkplatz ❶ des TSV Hohenfels am Galgenbergweg. Der etwas verschlafen wirkende Markt mit seinen etwa 2200 Einwohnern befindet sich am Rande des gleichnamigen Truppenübungsplatzes. Wir folgen dem „Naab-Altmühl-Radweg" in Richtung Großbissendorf auf der Straße „Am Alter" in Richtung Ortsmitte.

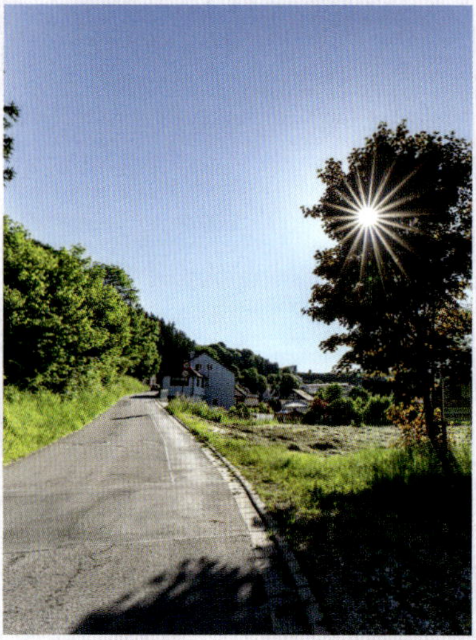
Richtung Ortsmitte

Bereits nach wenigen Metern nehmen wir die erste Abzweigung scharf nach links in die Straße „Am Gmaisberg", von wo aus man einen guten Überblick über den Marktflecken erhält. Wenige Meter nach dem Ortsausgang kommen wir an einen mächtigen Baum mit

Blick über Hohenfels
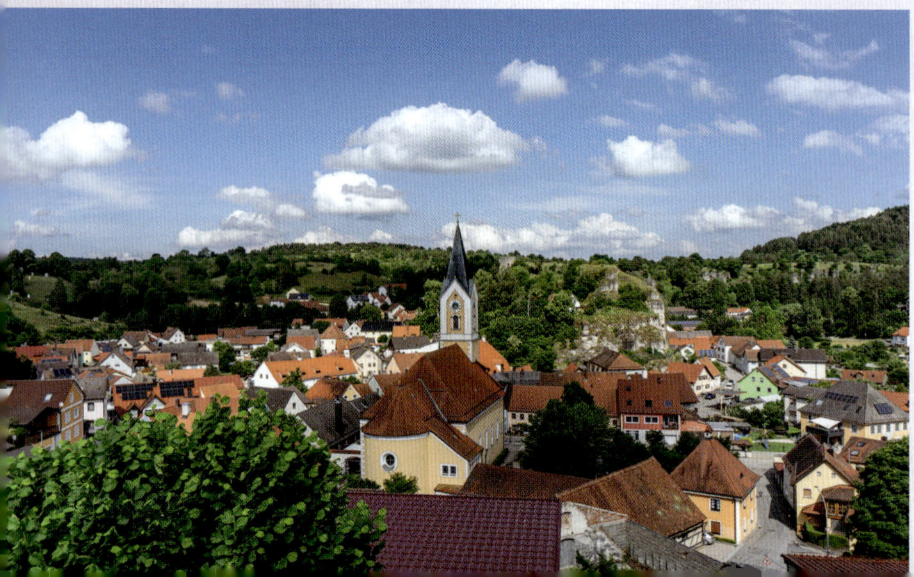

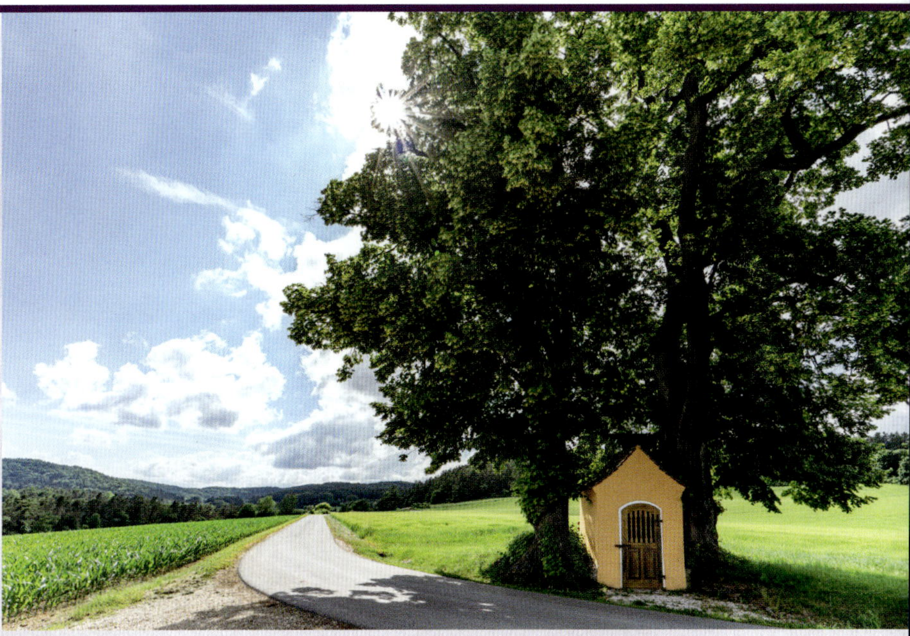

Kleine Kapelle unter einem mächtigen Baum

einer kleinen Kapelle ❷. Wir folgen der schmalen Teerstraße und biegen an deren Ende an der T-Kreuzung links ab.

Nach etwa 550 Metern überqueren wir die befahrene Kreuzung der Hauptstraße NM 33 in Richtung Holzheim. Diese Einöde ist einer von 42 Gemeindeteilen mit einer kleinen Kapelle in der Ortsmitte.

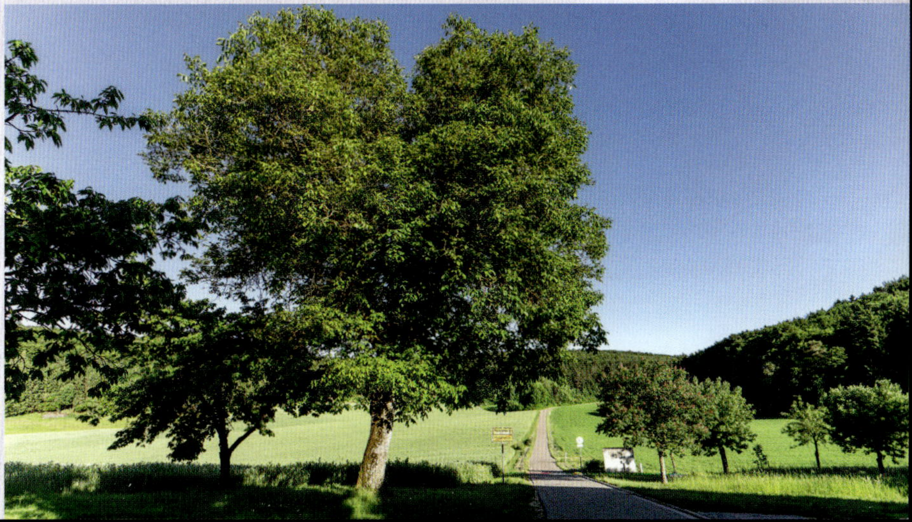

Ortsausgang Holzheim

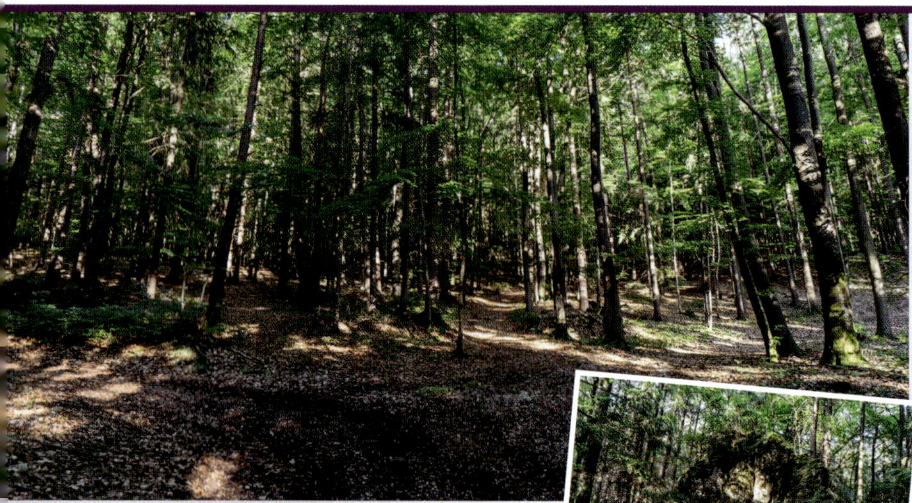

Steiler Aufstieg ↑

Großer Felsen →

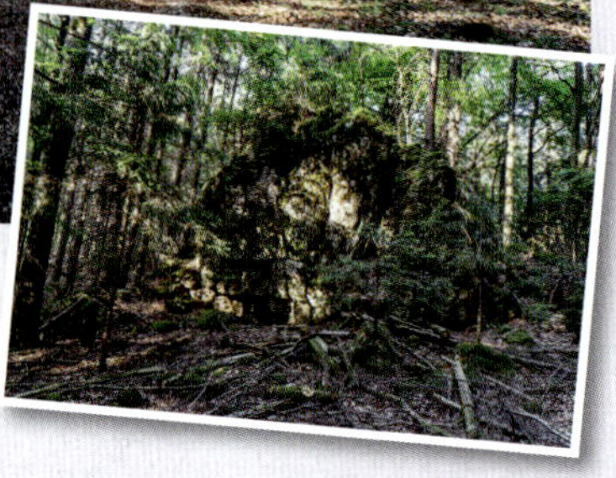

Wir durchqueren den Ort und biegen nach 350 Metern links ab auf einen geschotterten Feldweg, welcher wenig später in einen ansteigenden Waldweg mündet. Nun folgt ein idyllischer, aber etwas steiler Aufstieg. Ein großer Felsen am Wegesrand an einer Kreuzung zeigt uns, dass wir oben angelangt sind ❸. Hier halten wir uns rechts in Richtung Waldrand, welcher sich in etwa 150 Metern befindet. Dort wandern wir in südlicher Richtung entlang des Waldes geradeaus weiter, bis wir nach etwa 750 Metern das kleine Dorf Effenricht erreichen.

In der Ortsmitte befindet sich erneut eine kleine Kapelle, welche dem Heiligen Dionysius gewidmet ist. Wir entscheiden uns jedoch dafür, kurz vorher links abzubiegen, denn unser Ziel ist in 2 Kilometern in östlicher Richtung die nächste Einöde: Kleinmittersdorf.

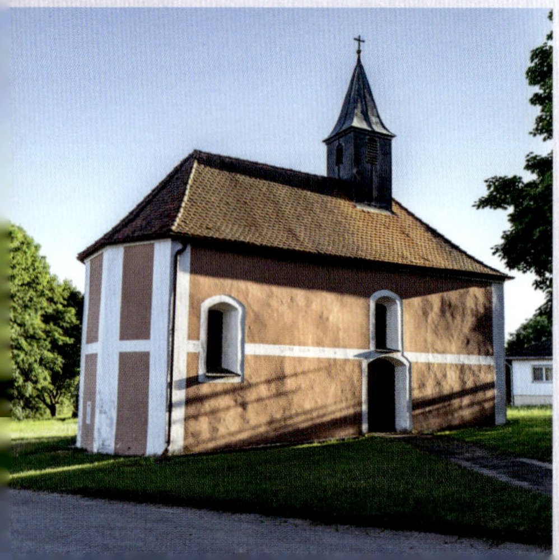

← Dionysius-Kapelle in Effenricht

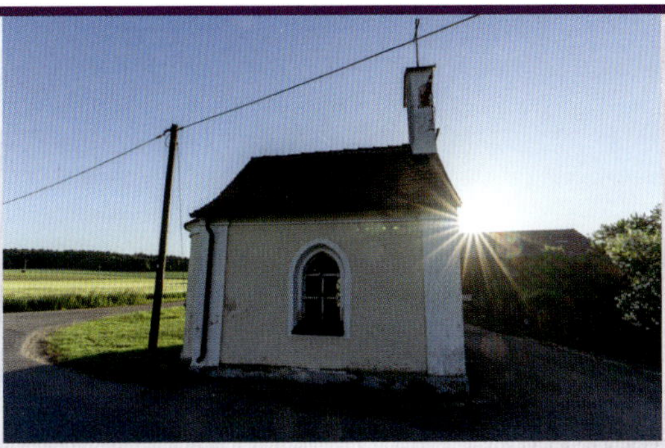

Marienkapelle in Kleinmittersdorf

Auch hier werden wir von einer noch kleineren Marienkapelle begrüßt ❹. An dieser gehen wir links vorbei durch den Ort und biegen an der T-Kreuzung rechts in östlicher Richtung ab. Unser Ziel ist der winzige Ort Ammelacker.

Auf dem Weg dorthin genießen wir auf der schmalen Teerstraße die Stille und Weite der Landschaft und lassen das Panorama auf uns wirken. An der Abzweigung vor der Einöde halten wir uns links und passieren die wenigen Häuser ❺. Am Rettungstreffpunkt NM-2093 folgen wir in der scharfen Rechtskurve der Straße und lassen schon bald das abgeschottete Anwesen Ammelhof links liegen.

Abzweigung links vor Ammelacker

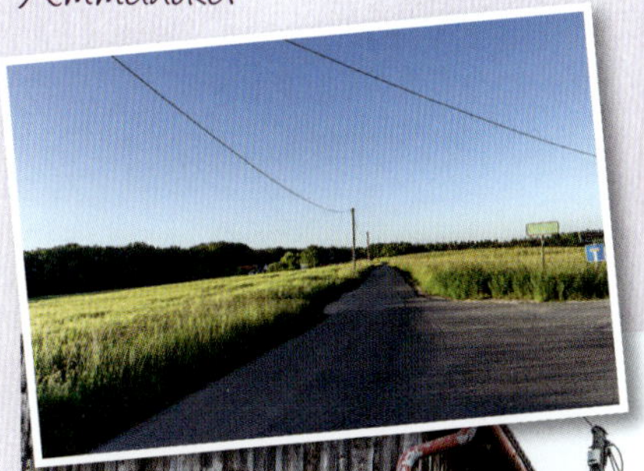

Ammelhof

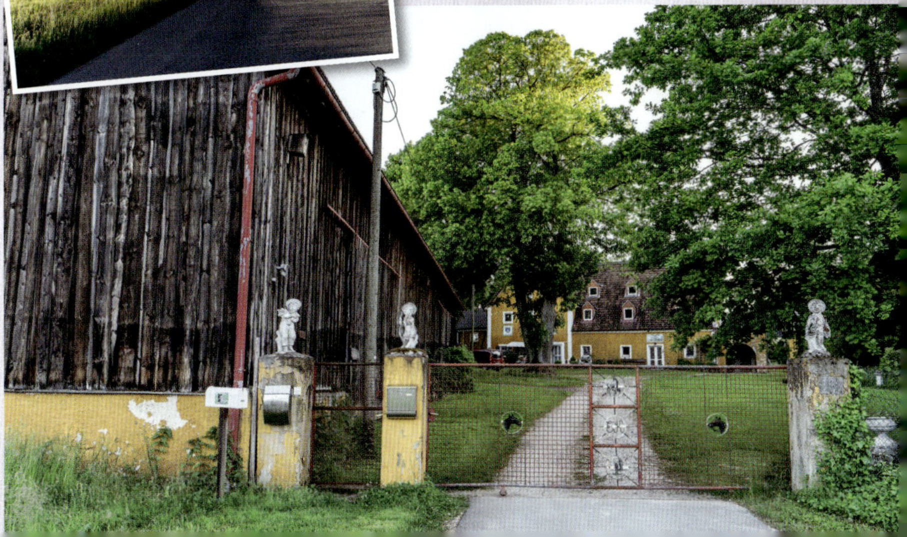

Unser Ziel ist die sechste Einöde der Wanderung, nämlich das Örtchen Lauf im Tal des Forellenbachs in etwa 800 Metern Entfernung. Ein Schild weist uns darauf hin, dass es nun recht steil mit 14 % Gefälle hinab ins Tal geht. Wir überqueren die vielbefahrene St 2234 sowie den verschlafenen Forellenbach und erfahren, dass wir uns auf einem hölzernen Naturlehrpfad befinden ❻ (kleines Bild links).

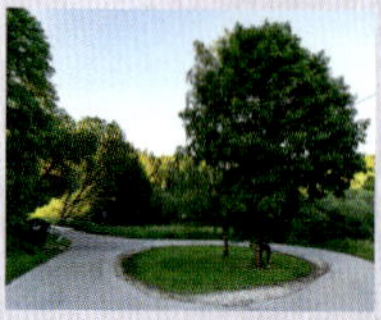

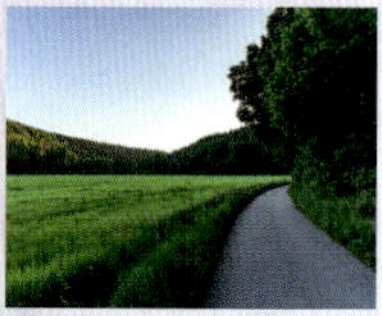

Wir folgen dem Naab-Altmühl-Radweg westlich für 6 Kilometer bis nach Hohenfels und lassen Lauf hinter uns (kleines Bild rechts).

Der Radweg schlängelt sich mal links, mal rechts neben dem verspielten Forellenbach. Hierbei handelt sich um einen etwa 9 Kilometer langen rechten Zufluss der Vils, in die er bei der Ortschaft Rohrbach mündet. Nie waren uns die USA näher. Teilweise befinden wir uns direkt an der Grenze zum Truppenübungsplatz, sprich US-amerikanischem Hoheitsgebiet. Bis zu unserem Ausgangspunkt passieren wir mit etwas Abstand fünf Mühlen: die Baumühle, die Blechmühle, die Fuchsmühle, die Friesmühle und die Winklmühle direkt vor Hohenfels.

Immer wieder überqueren wir das kleine Flüsschen und lassen das unnachahmliche Ambiente des Tals auf uns wirken. In einiger Distanz erkennen wir die Baummühle und halten an einem beeindruckenden Wegekreuz kurz inne ❼.

Brücke über den Forellenbach

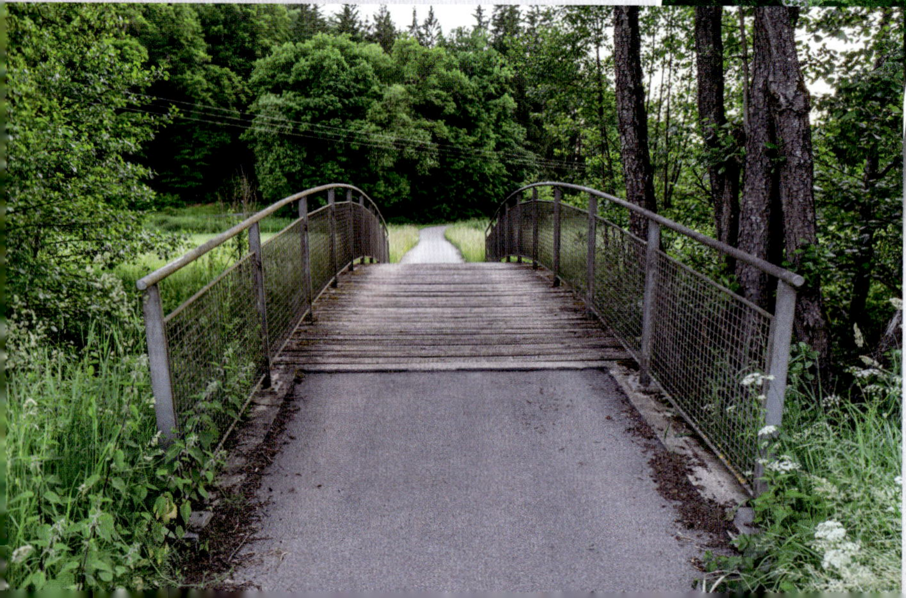

Wegkreuz

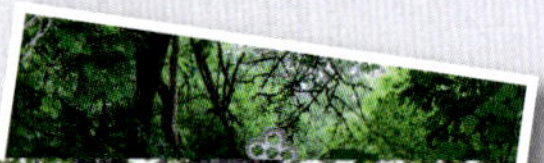

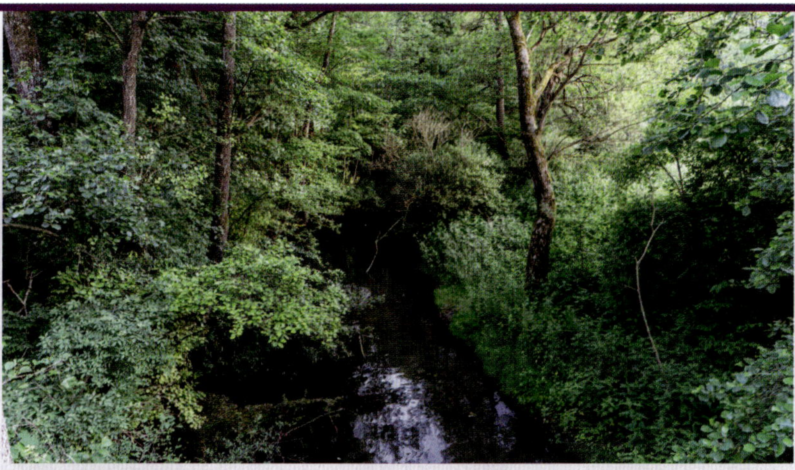

Forellenbach bei Blechmühle

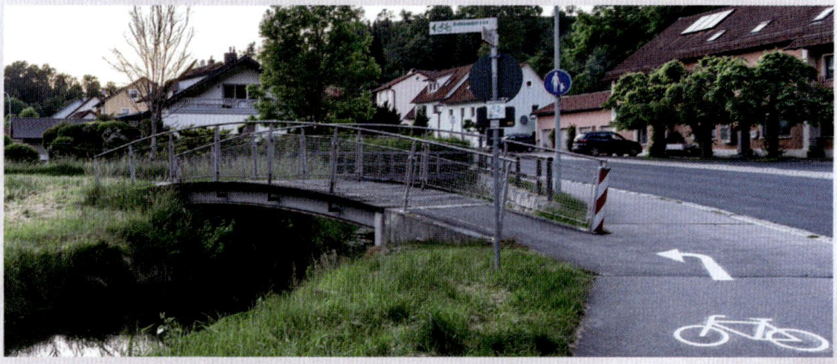

Radweg vor Hohenfels

Wenig später passieren wir die Blechmühle und erkennen nur verschwommen die Fuchsmühle. Der Radweg mäandert wie der Bach durch das Tal und so passieren wir am Ende zuerst rechts die Friesmühle und wenig später das Sägewerk der Winklmühle. Kurz darauf erreichen wir den Markt Hohenfels und folgen dem Radweg. Dieser bringt uns schon bald zu unserem Ausgangspunkt beim Sportplatz zurück.

Essen/Einkehren:

Landhotel Schöll
Hauptstr. 32
92331 Parsberg
Tel. 09492 94310
https://hotel-schoell.de/gastronomie/
Öffnungszeiten: siehe online

PARSBERG

Rundherum und einmal darüber und durch die Stadt

Mittel

16,5 km

↓↑ 300 m

4½ – 5 Std.

Hammermühle – Bienmühle – Buchberg – Burg Parsberg – Keyhüll – Spitzberg

Eine lange, aber äußerst abwechslungsreiche Runde rund um und durch Parsberg vom Tal der Schwarzen Laber zur Parsberger Burg und dem Staatsforst und wieder zurück.

Markierung:
Schwarze-Laber-Radweg, Main-Donau-Radweg (MD), G'schichtenweg, Malerweg, Mauritiusweg, Lehmeiersteig, Schlachtschüsselweg, Vier-Bacherl-Weg, Burgensteige, braun-gelbe Hinweise im Staatsforst, grün-weiße 3

Parken:
Wanderparkplatz am Klärwerk der Stadt Parsberg bei der Hammermühle

NAVIGATION: Klärwerk der Stadt Parsberg, Hammermühle 22 (oder: Labertalstraße 4), 92331 Parsberg

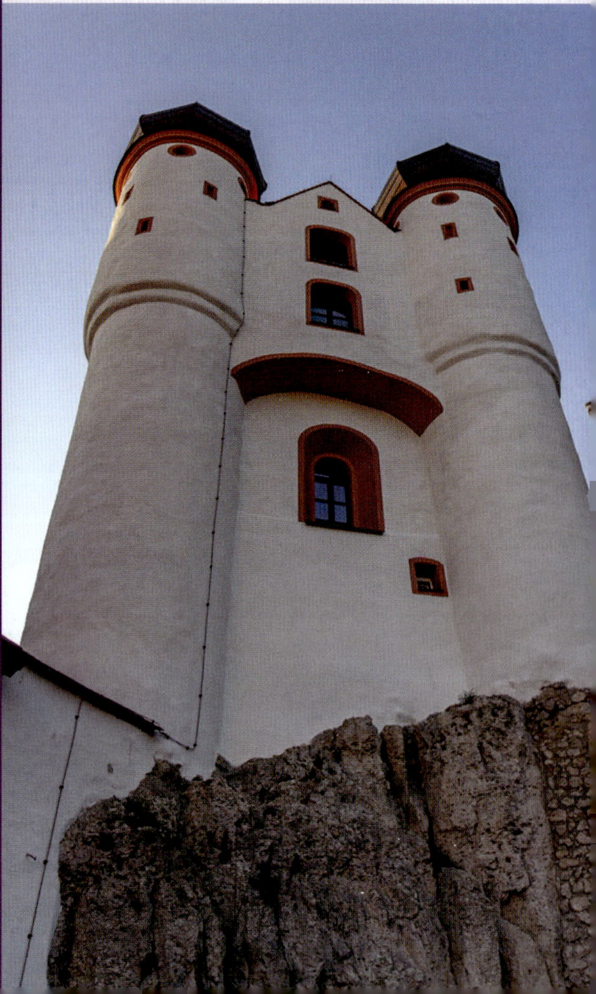

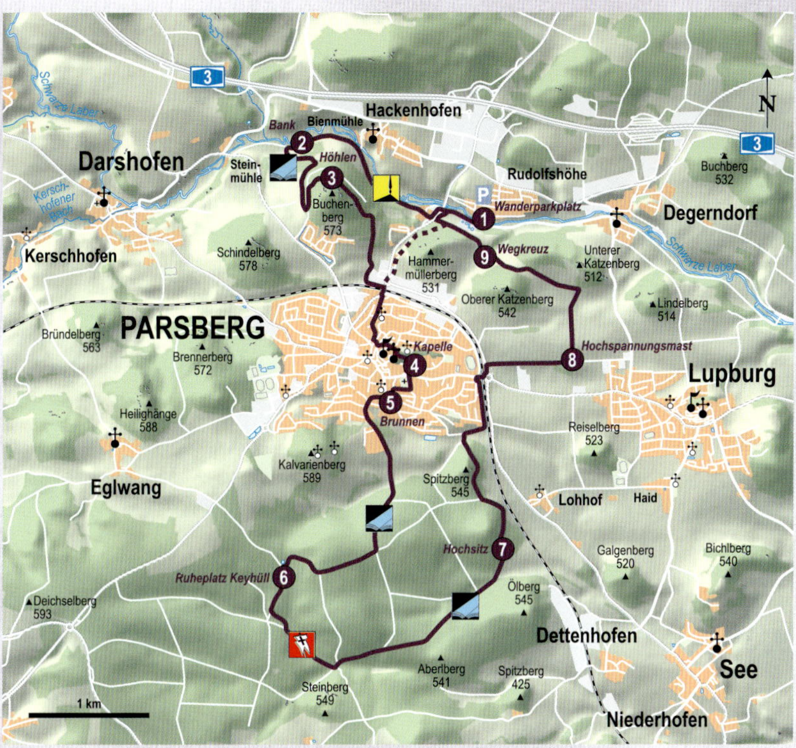

❶ Wanderparkplatz – Start/Ziel

❷ Bank

❸ Höhlen

❹ Kapelle

❺ Brunnen

❻ Ruheplatz Keyhüll

❼ Hochsitz

❽ Hochspannungsmast

❾ Wegkreuz

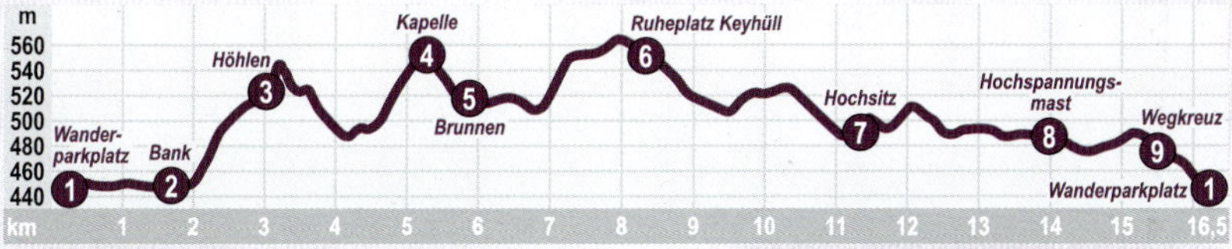

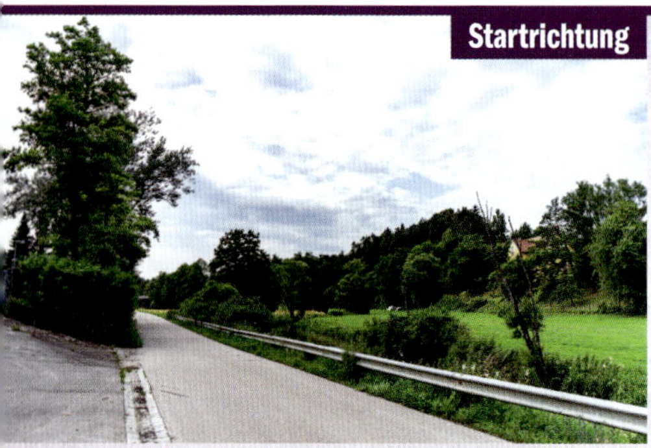

Startrichtung

Wir starten unsere Runde ganz unromantisch am Wanderparkplatz beim Klärwerk der Stadt Parsberg direkt an der Schwarzen Laber ❶ in nordwestlicher Richtung zur Hammermühle entlang des Flusses. Es geht unter der Straße hindurch auf dem Schwarze-Laber-Radweg bzw. Main-Donau-Weg.

Unser erstes Ziel ist die idyllische Bienmühle in etwa 900 Metern. Bis wir dort ankommen, schlendern wir entspannt entlang der Schwarzen Laber im Schatten der Bäume des Buchbergs. Auf einem ebenen Schotterweg geht es weiter und schließlich sehen wir in der Ferne über der Bienmühle thronend die St.-Laurentius-Kapelle von Hackenhofen. Der Weiler Bienmühle, westlich davon an der Schwarzen Laber, geht zurück ins 16. Jahrhundert.

Entlang der Laber

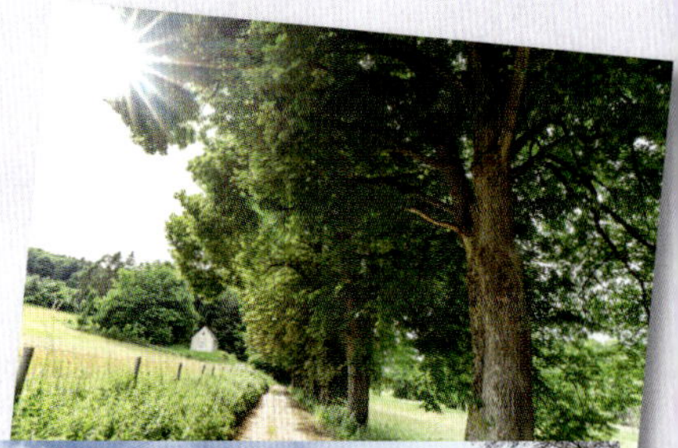

Bienmühle mit St.-Laurentius-Kapelle

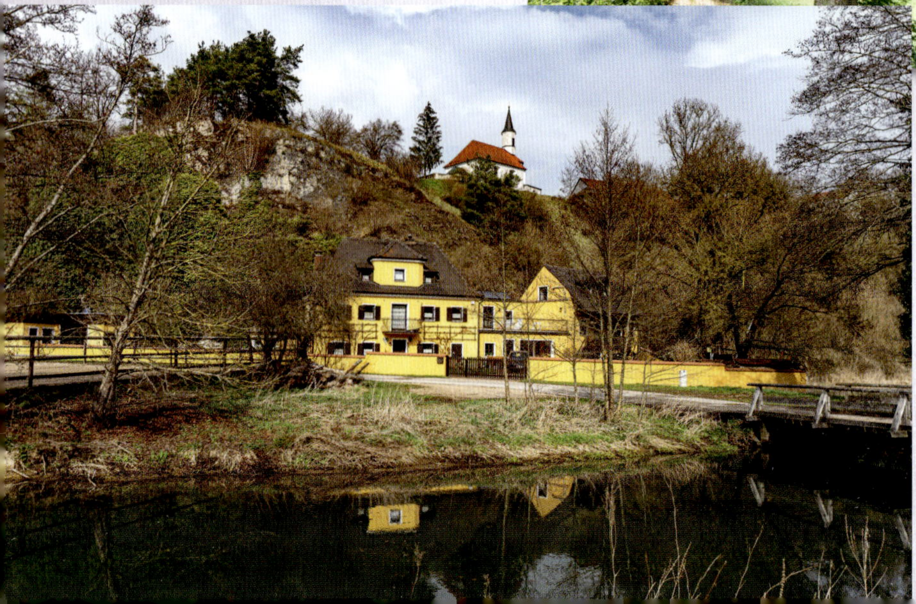

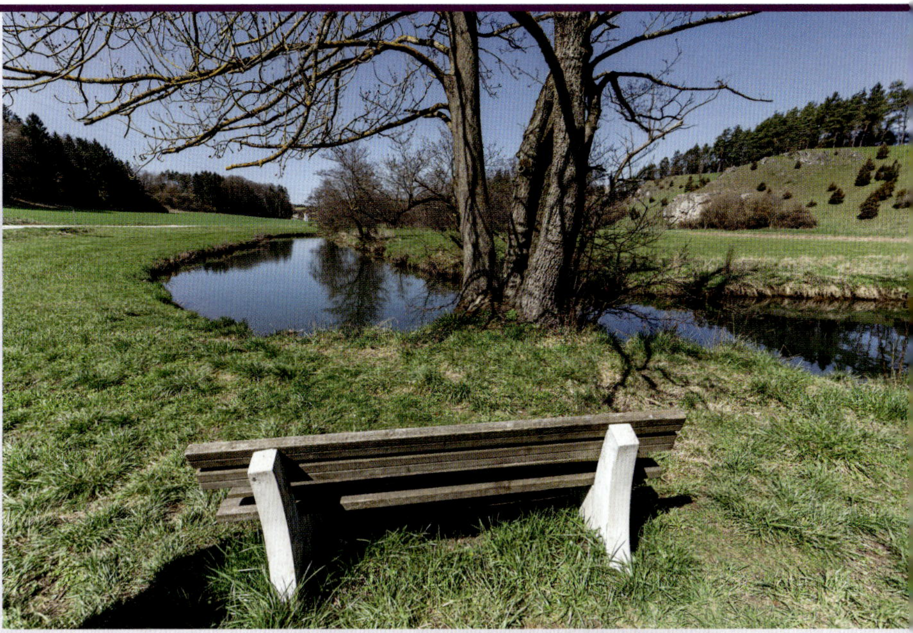

Nach weiteren 600 Metern gelangen wir an eine malerische Bank vor einem mächtigen Baum direkt an der Schwarzen Laber ❷. Nur wenige Meter weiter verlassen wir den Radweg und biegen links auf einen ansteigenden Feldweg ab, der südlich gerade in den Wald führt. Nach einem kurzen Aufstieg biegen wir scharf nach rechts ab (Markierung: grün-weiße 3) und folgen dem Waldweg entlang des Buchenbergs in südlicher Richtung. Nach etwa einem weiteren halben Kilometer entlang des Waldrandes befinden wir uns kurz vor der Parsberger Siedlung „Auf der Breiten".

Hier wenden wir um nahezu 180 Grad (siehe kleines Bild links) und finden einen sehr breiten Forstweg mit einer Infotafel „Der Buchberg". Wir folgen ihm nördlich, hinein in den Wald für 200 Meter, und wenden uns dann nach rechts, der Beschilderung „G'schichtenweg" bzw. „Lehmeiersteig" (kleines Bild rechts) folgend.

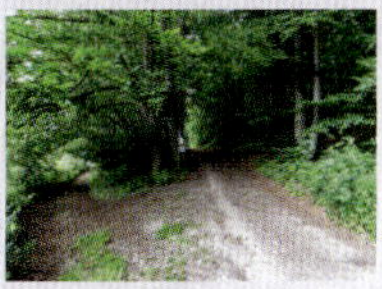

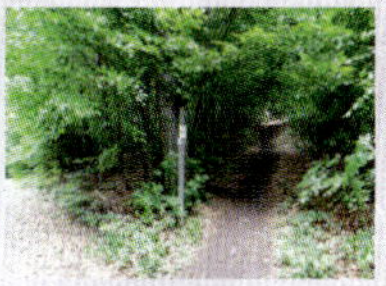

Der nun folgende Abschnitt auf dem „Lehmeiersteig" erfordert etwas Trittsicherheit. Es geht vorbei an einem eindrucksvollen, schroffen Felsmassiv und beachtlichen Höhlen ❸. Immer wieder kann man hier auch ambitionierte Kletterer antreffen. Nach einem kurzen Abstieg verlassen wir den „Lehmeiersteig" und orientieren uns an der Beschilderung „Zum Bahnhof" in südlicher

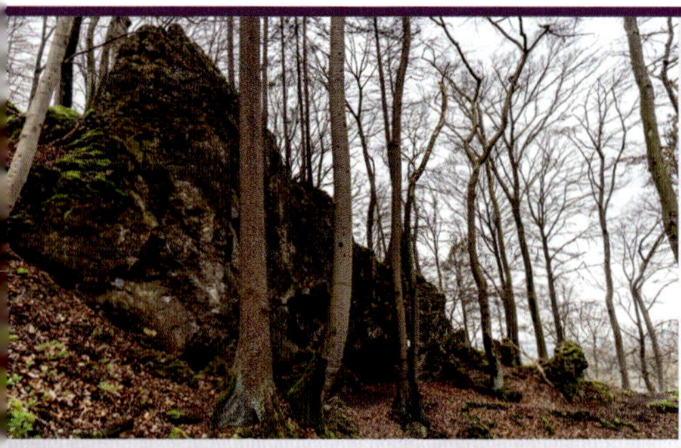

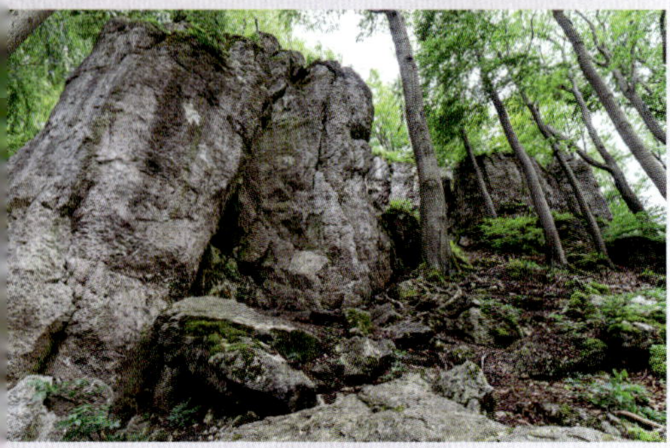

↑ Felsmassiv und Höhlen auf dem Buchberg

Richtung. Nach wenigen Minuten stehen wir am Kreisverkehr vor der Bahnunterführung an der Hohenfelser Straße.

Alternative: An dieser Stelle könnte man die Straße überqueren, in die Industriestraße einbiegen und den Berg hinab entlang des Hammermühlbergs in etwa 800 Metern den Parkplatz erreichen.

Wir gehen durch die Bahnunterführung hindurch und sehen auf der anderen Seite des Kreisverkehrs eine violette Treppe, an welcher uns Ritter Wonnebold von den Burgensteigen erwartet. Unser nächstes Ziel ist die Burg von Parsberg. Wir schlendern den Anstieg auf dem Kiesweg entlang, vorbei an der evangelischen Kirche St. Michael, bis wir die Abzweigung zur Bergstraße erreichen. Diese zweigt nach 80 Metern links ab in die Burgstraße.

↓ St. Michael in Parsberg

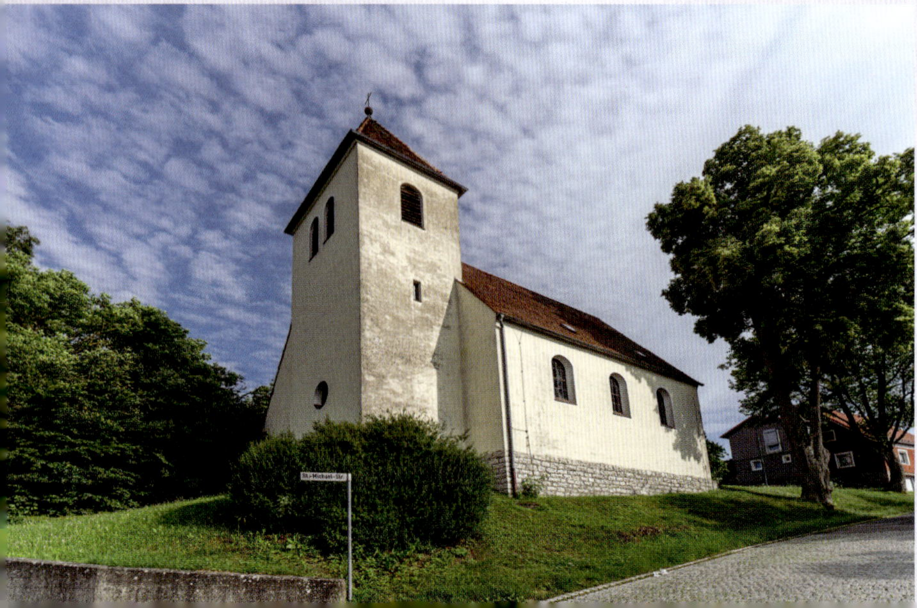

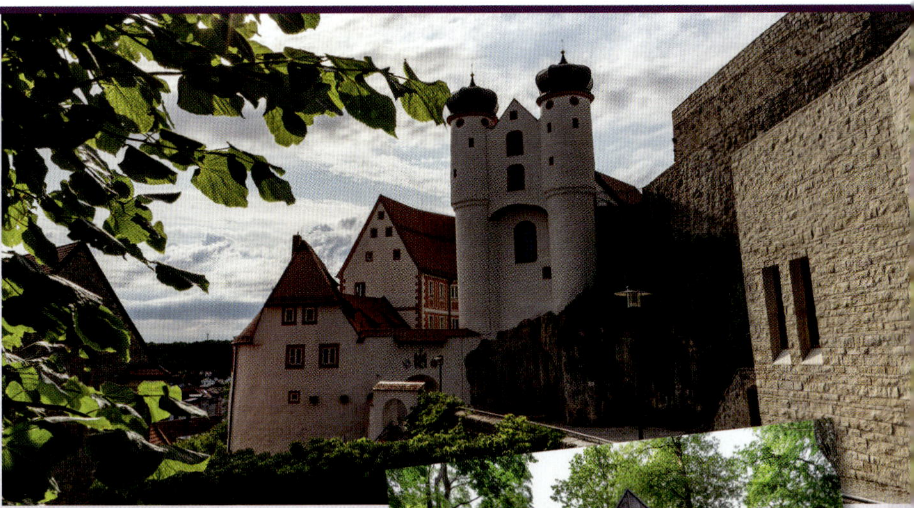

Die Burg kurz vor Sonnenuntergang

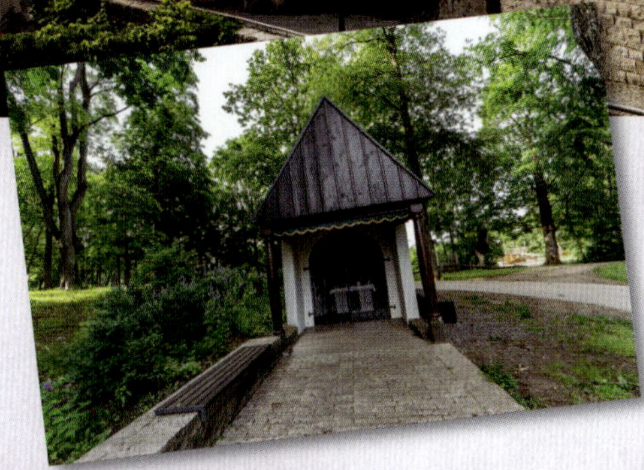

Kapelle im Stadtpark

Nach wenigen Minuten erreichen wir die Parsberger Burg. Hier trifft Historie auf Moderne, denn das Areal wurde vor wenigen Jahren neu gestaltet und ist heute ein beliebter Treffpunkt und Veranstaltungsort für Feste, Konzerte und Theater. Wir lassen unsere Blicke am Turm der katholischen Pfarrkirche St. Andreas vorbei über die Ortschaft und den entfernten Staatsforst gleiten, welcher unser nächstes Ziel ist.

Am Vorplatz der Burg, auf Höhe einer weißen Skulptur, biegen wir gegenüber hinab in südöstlicher Richtung in den Stadtpark von Parsberg. An der kleinen Kapelle ❹ wenden wir uns nach rechts und erreichen die Straße „Am Kapellenberg". Es geht vorbei an der Grundschule, wir überqueren die Aschenbrenner Straße sowie die Lupburger Straße und gehen auf der Ritter-Haug-Straße am Friedhof entlang, um an dessen Ende rechts in die „Sonnentraße" einzubiegen. An deren Ende wenden wir uns nach links in den Forstgartenweg und stehen einen kurzen Moment später auf einem schönen Platz an der Alten Seer Straße. Hier befindet sich ein kleiner Brunnen ❺.

Diesen lassen wir hinter uns und folgen der Beschilderung „Seniorenheim" in die Straße „Am Anger" und „Pfarrer-Fischer-Straße". An deren Ende befindet sich rechts das Bezirkskrankenhaus. Mit einem Blick zurück erhalten wir hier eine großartige Aussicht auf die

Burg und Pfarrkirche, während wir geradeaus weiter in den Staatsforst wandern. Im Waldgebiet orientieren wir uns an den gelb-braunen Beschilderungen. Nach 550 Metern im Wald halten wir uns an einer Weggabelung rechts an das Schild „Parsberg" (Möbelhof). Die Wege im Waldgebiet sind gut ausgebaut und beschildert, so dass man sich kaum verirren kann.

Nach etwa 800 Metern in südwestlicher Richtung erreichen wir ein Idyll. Es handelt sich um den Ruheplatz an der „Keyhüll". Hier kann man wunderbar die Atmosphäre des Waldes aufsaugen und die Stille genießen ❻.

Nun halten wir uns zuerst an die Beschilderung „Mannsdorf/Willenhofen" und dann nach etwa 300 Metern an einer Abzweigung (kleines Bild links) an den Hinweis „Dettenhofen" (3 km).

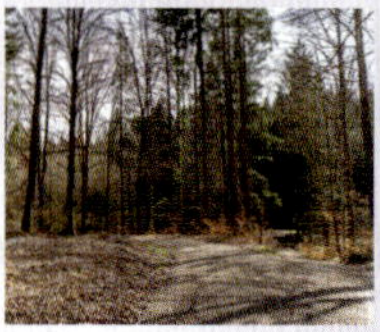

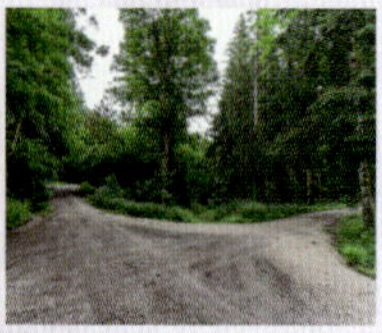

Nach etwa 500 Metern befinden wir uns an einer etwas unübersichtlichen Kreuzung, an der einige Wege aufeinandertreffen (kleines Bild rechts). Wir halten uns zuerst links in Richtung Dettenhofen (2,3 km) und orientieren uns nach etwa 10 Metern an der nächsten Gabelung rechts nordöstlich im Gebiet „Dachsbau". Auf diesem Pfad bleiben wir in nordöstlicher Peilung für etwa 1500 Meter, bis wir an eine Lichtung gelangen. An dieser Weggabelung liegt vor uns die Bahnstrecke Nürnberg-Regensburg und der kleine Ort Lohhof. An der Ansitzvorrichtung halten wir uns links und wandern nach Parsberg – Drogenklinik (1,8 km) ❼.

„Keyhüll" im Sommer

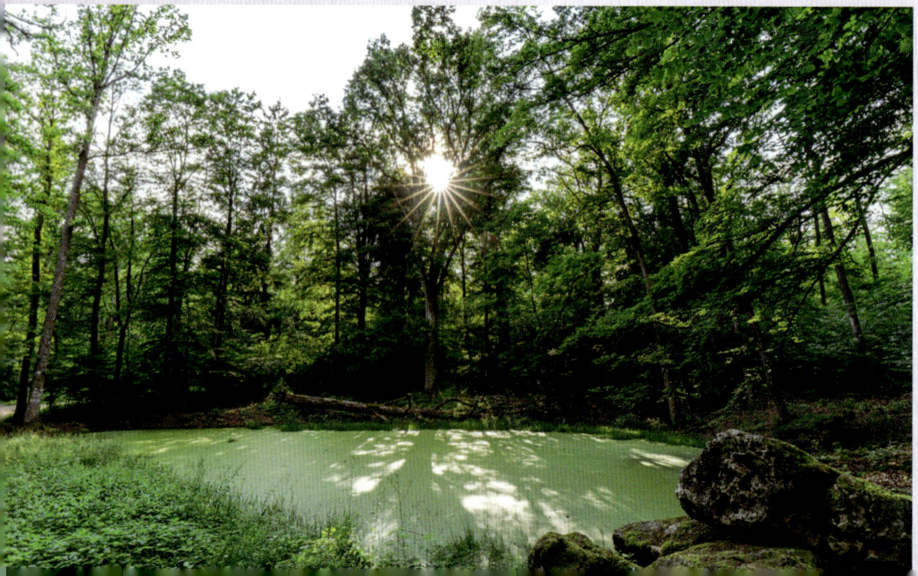

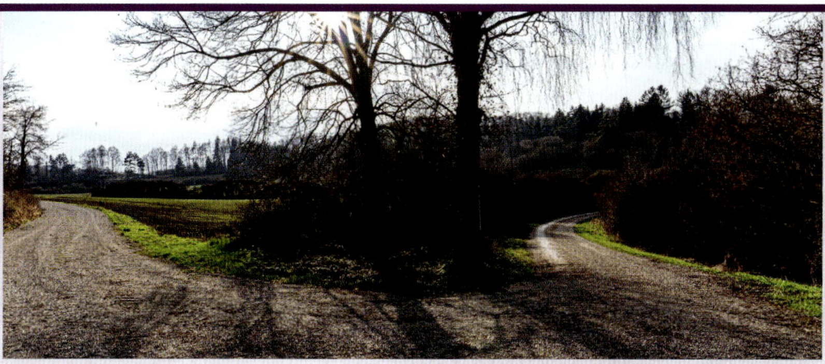

Gabelung mit Wegkreuz

Nach etwa 600 Metern verlassen wir den breiten, ausgebauten Forstweg und biegen rechts, nach einem Zwillingsbaum mit einem „Mauritiusweg“-Hinweis, ab auf einen unbefestigten Pfad. Wir halten uns parallel zur Bahnstrecke entlang bzw. unterhalb von Spitzberg – ein Blick nach oben links erklärt, woher der Berg seinen Namen hat – auf dem „G'schichtenweg“ bzw. weiterhin auf dem „Mauritiusweg“, bis wir vor uns Parsberg erkennen.

Am Ende des Waldes erkennen wir links erneut das Bezirksklinikum. Wir bleiben jedoch auf dem Weg entlang der Bahnstrecke und biegen ein in das Wohngebiet auf die Straße „Zum Spitzberg“. Schließlich erreichen wir die zweite Bahnunterführung in Parsberg. Vor uns liegt rechts der Technologie-Campus, geradeaus Lupburg und links der Skaterpark. Am Ende des Skaterparks biegen wir östlich auf die schmale Straße in Richtung Lupburg (Hinweis: MD) ab und folgen ihr für etwa 700 Meter, bis wir an einem Hochspannungsmasten Ritter Wonnebold sehen ❽. Wir biegen links ab und folgen dem Feldweg in Richtung Tal der Schwarzen Laber. An dessen Ende biegen wir auf einen breiten Schotterweg nach links ab, welcher sich zwischen Oberem und Unterem Katzenberg hindurchschlängelt. Nach weiteren 800 Metern biegt er talwärts ab in Richtung Hammermühle. Wir passieren ein schönes Wegekreuz ❾ (Bild oben) und befinden uns kurz darauf oberhalb des Klärwerks der Stadt Parsberg.

Essen/Einkehren:

Romantik Hotel Hirschen
Marktstraße 1a
92331 Parsberg
Tel. 09492 6060
www.romantikhotelhirschen.de
Öffnungszeiten: siehe Homepage

Zum Goldenen Kreuz
Marktstraße 12
92331 Parsberg
Tel. 09492 905210
https://www.zumgoldenenkreuz.de
Öffnungszeiten: siehe Homepage

Mittel

14,3 km

↓↑ 140 m

3–4 Std.

LUPBURG

Zwischen Burgfried und Saugraben

Reiselberg – Unterer Katzenberg – Degerndorf – Eggenthal – Saugraben – Wieselbruck – Fischerhaus – Seibertshofen – Lupburg

Ein Rundweg hinauf zum höchsten Punkt von Lupburg und hinab zu den entlegensten Wiesen des Saugrabens mit fantastischen Ausblicken.

Markierung:
Burgensteig; Naab-Altmühl-Radweg; Tal der Schwarzen Laber; Bayernnetz für Radler; Labertalradweg; Schwarze-Laber-Radweg; Bet-Staffel; Main-Donau-Wanderweg (blaue Steine)

Parken:
Parkplätze am Sportgelände des SV 1959 Lupburg e. V. (Lohofer Weg, 92331 Lupburg)

NAVIGATION: Lohofer Weg, 92331 Lupburg; Alternative: Reiselbergweg, 92331 (neuer Sportplatz beim Reiselberg; Alternative: Haid 11, 92331 Lupburg, ca. 300 Meter bis zum Sportplatz)

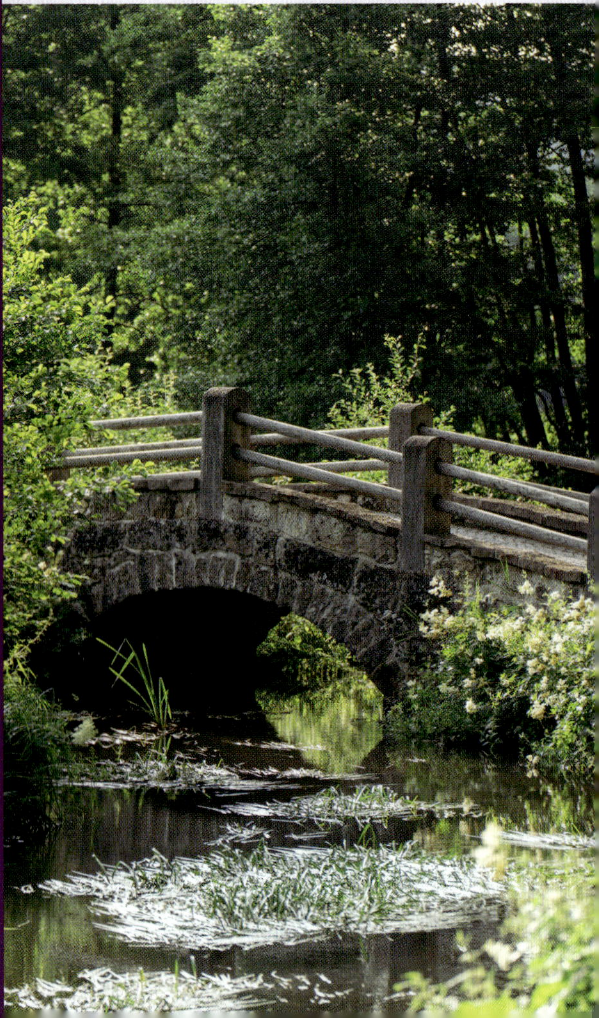

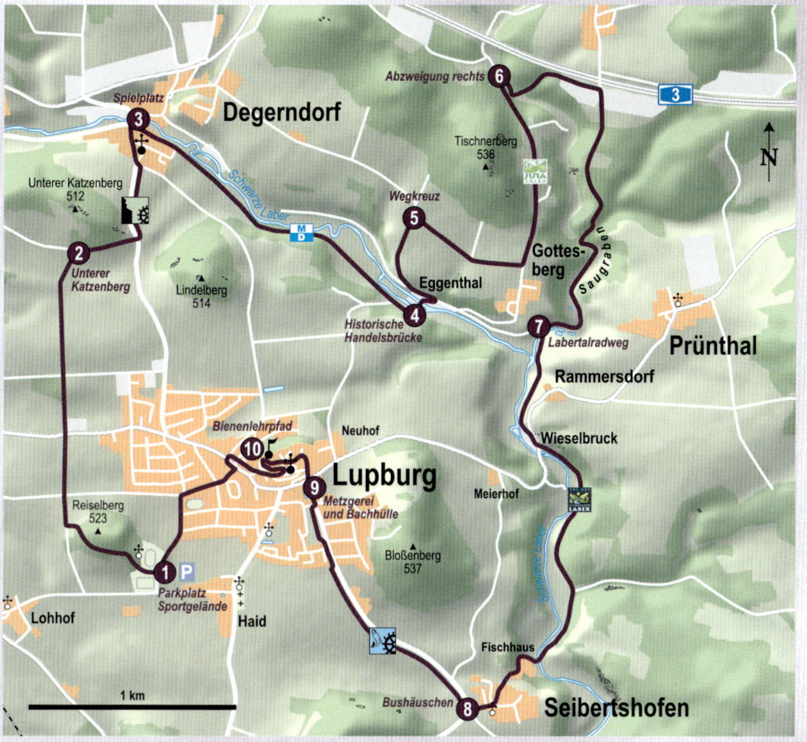

❶ Parkplatz Sportgelände – Start/Ziel

❷ Unterer Katzenberg

❸ Spielplatz

❹ Historische Handelsbrücke

❺ Wegkreuz

❻ Abzweigung rechts

❼ Labertalradweg

❽ Bushäuschen

❾ Metzgerei und Bachhülle

❿ Bienenlehrpfad

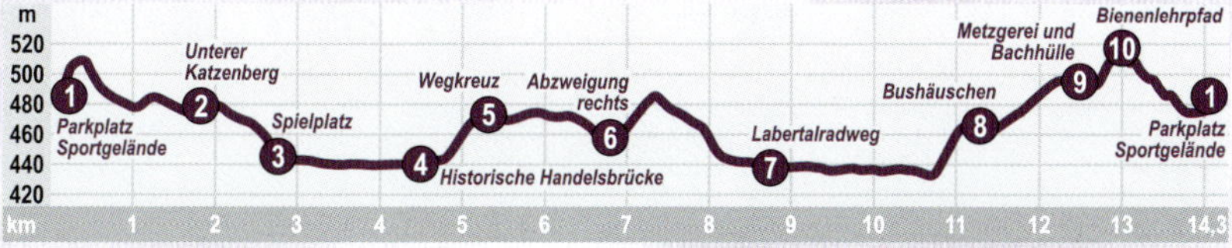

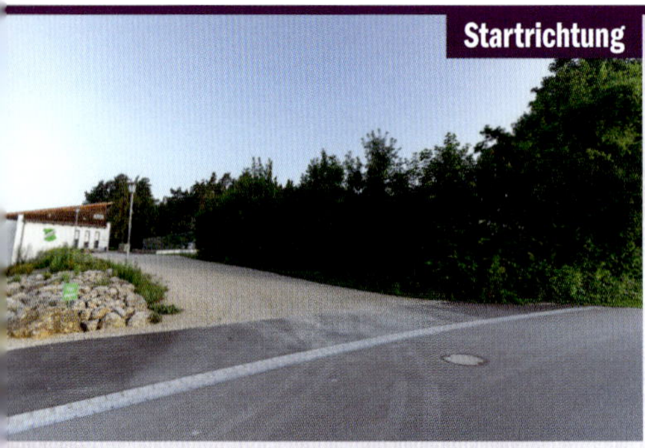

Startrichtung

Der Anpfiff der Wanderung erfolgt am Sportgelände des SV 1959 Lupburg am Reiselberg ❶. Wir wenden dem Ortskern unseren Rücken zu und gehen am Betriebsgebäude des Sportvereins hinein in den Reiselberg. Wir gehen am Marterl mit der Aufschrift: „Herr, segne unsere Heimat!“ rechts vorbei, halten uns sofort links und durchqueren den Lupburger Wald westwärts in Richtung Parsberg. Nach etwa 450 Metern biegen wir links den Schotterweg hinab zur schmalen Teerstraße und blicken in Richtung Parsberg.

An der schmalen Straße wenden wir uns nach rechts und gehen parallel zur Bahnstrecke bei Parsberg den Hügel hinab in nördlicher Richtung. Nach 450 Metern überqueren wir die Hauptstraße NM 32 und spazieren für weitere 900 Meter, zum Teil auf dem Burgensteig, gerade weiter, bis wir unterhalb des „Unteren Katzenbergs“ ❷ an eine geschotterte T-Kreuzung kommen, an wel-

Marterl

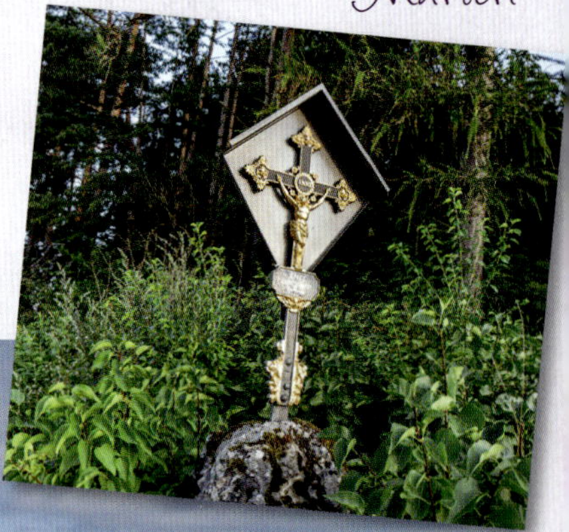

Blick auf Lupburg

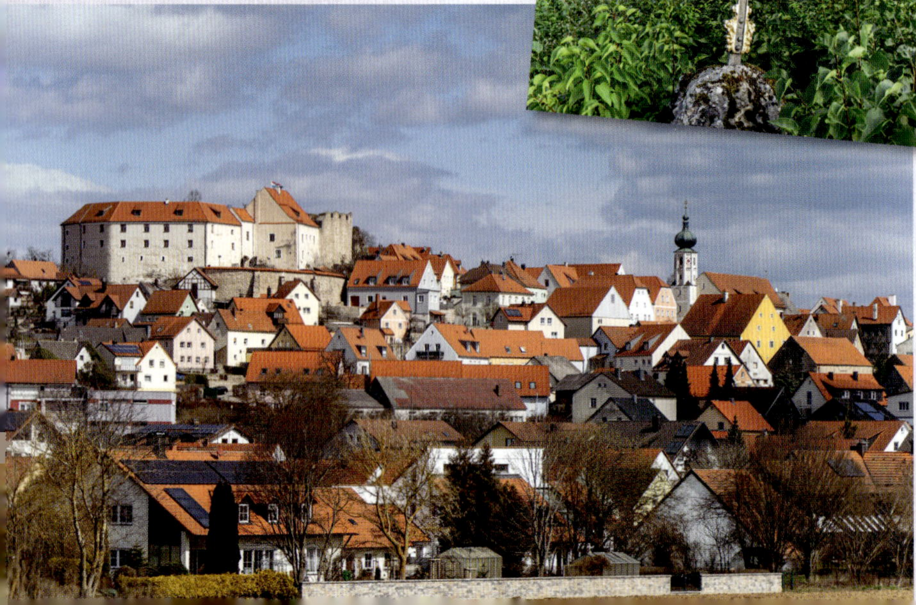

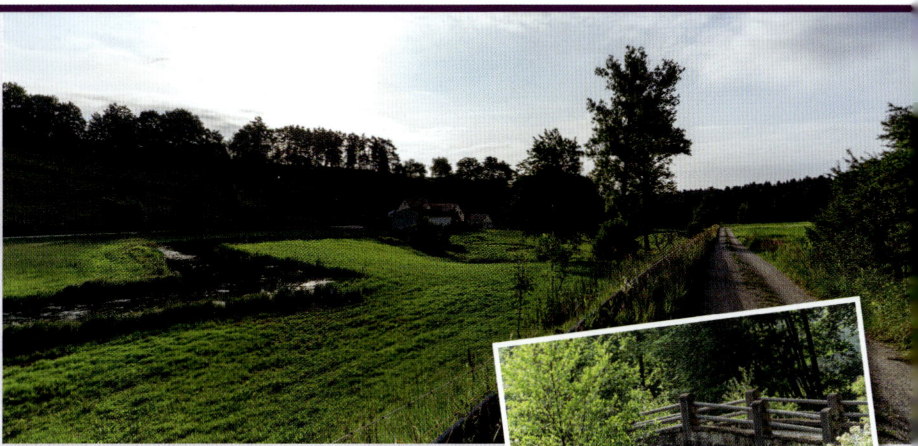

Entlang der Schwarzen Laber

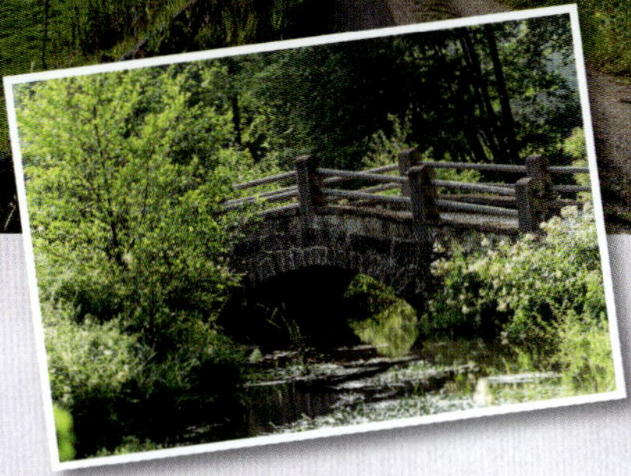

Historische Handelsbrücke

cher wir nach rechts weitergehen. Kurz darauf überqueren wir die Verbindungsstraße Lupburg-Degerndorf. Auf dem Radweg wenden wir uns nach links.

Hier erhalten wir einen herrlichen Blick ins vor uns liegende Tal, passieren die Filialkirche Mariä Himmelfahrt in Degerndorf und biegen zwischen dem Dorfplatz und dem Spielplatz an der Schwarzen Laber rechts ein in die Straße „Degerndorf D“ ❸.

Auf den nächsten 1,6 Kilometern wandern wir auf dem „Main-Donau-Weg (Jura-Linie) Teil 2“ durch das herrliche Tal der Schwarzen Laber in südöstlicher Richtung. Schließlich liegt vor uns in Sichtweite die Einöde Eggenthal mit ihrer historischen Handelsbrücke. Hier handelt es sich um eine steinerne Bogenbrücke. Sie ist vermutlich die älteste Steinbrücke im Labertal ❹.

Wir überqueren die Brücke und biegen bei Eggenthal scharf nach links um 180 Grad ab in Richtung Degerndorf, halten uns aber nach 160 Metern rechts am Hang entlang und gehen den kurzen, aber steilen Anstieg auf der geteerten Straße hoch (siehe kleines Bild links). Hier erhält man ein weiteres Mal einen herrlichen Blick über das Tal der Schwarzen Laber in Richtung Degerndorf. Wenig später nehmen wir an einem Wegkreuz die erste Abzweigung rechts ❺ (kleines Bild rechts).

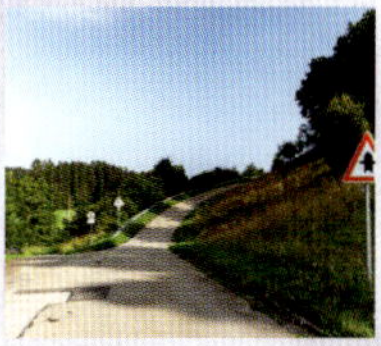

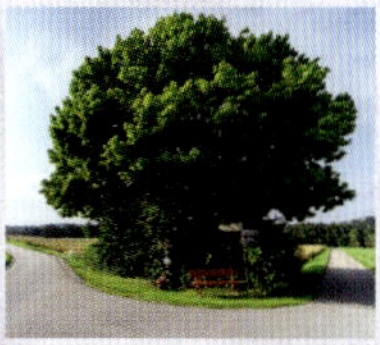

Nach 600 Metern an der T-Kreuzung wenden wir dem Lupburger Ortsteil Gottesberg den Rücken zu und biegen links ab nach Pöfersdorf. Wir verlassen die schmale Straße nach

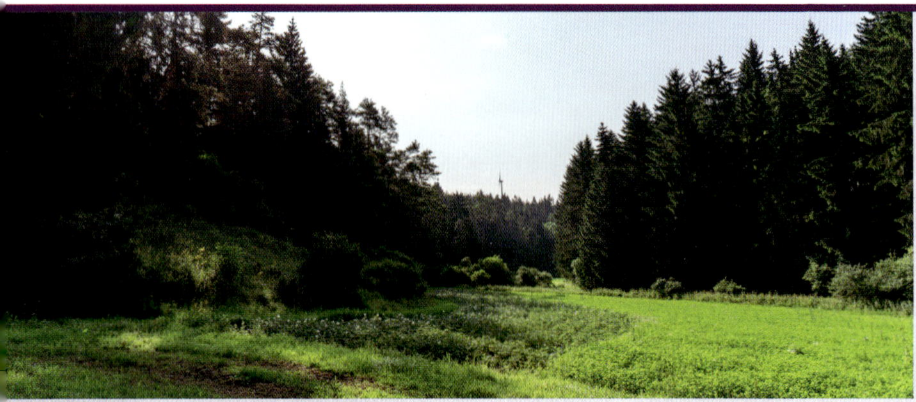

Blick in den Saugraben

etwas mehr als 900 Metern und zweigen rechts hinab ins Tal ❻ (kleines Bild links). Wir blicken in den Saugraben und folgen dem Schotterweg, welcher uns zwischen Bäumen und der Autobahn „A3" einen kurzen Anstieg hochführt. Auf Höhe der Autobahnbrücke halten wir uns rechts an der PV-Anlage.

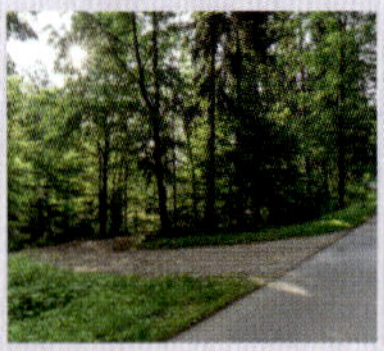

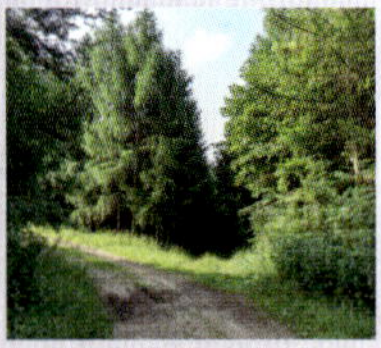

Nach 160 Metern verlassen wir den Schotterweg und gehen auf dem Forstweg geradeaus weiter in den Wald hinein (kleines Bild rechts). Auf den nächsten 1,3 Kilometern wandern wir in südlicher Richtung durch das Waldgebiet oberhalb des „Saugrabens" und später auf offener Fläche durch das verlassene und verwunschene Tal. Nach einer Rechtskurve verlassen wir den Feldweg und erreichen schließlich den Labertal-Radweg ❼. Hier halten wir uns links und passieren vor Wieselbruck einen idyllischen Steg.

Idyllischer Steg vor Wieslbruck

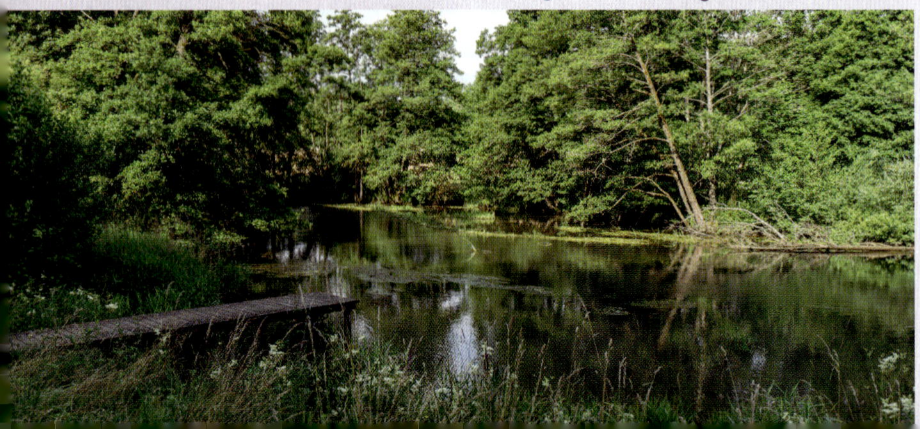

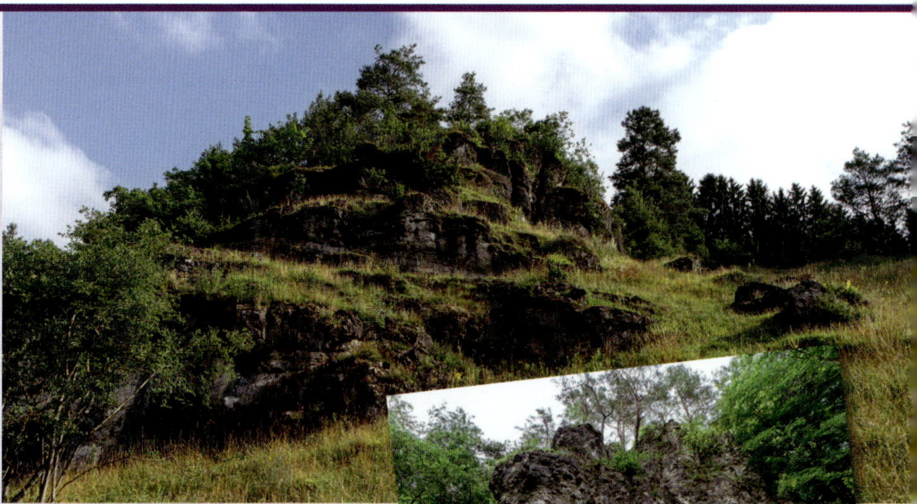

Wieselbrucker Felsen

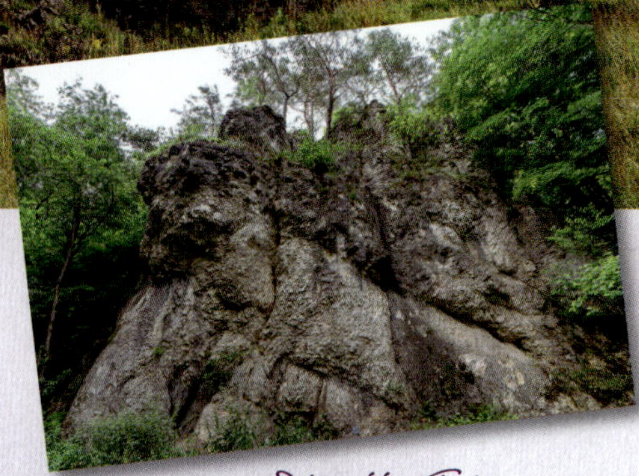

Schroffe Felsen vor Fischhaus

Wir überqueren die Straße bei Wieselbruck unterhalb des gleichnamigen Felsens und bleiben für weitere 1200 Meter auf dem Radweg, welcher sich idyllisch entlang der Schwarzen Laber in südlicher Richtung durch das malerische Tal windet. Vor „Fischhaus“ finden wir erneut schroffe Felsformationen. Wir überqueren den Fluss und folgen dem Labertalradweg einem steilen Anstieg hinauf nach Seibertshofen. Am Ende der Straße gehen wir nach rechts und erreichen wenig später eine Kreuzung. Wir halten uns am Bushäuschen ❽ rechts und folgen dem Radweg nach Lupburg.

Radweg nach Lupburg

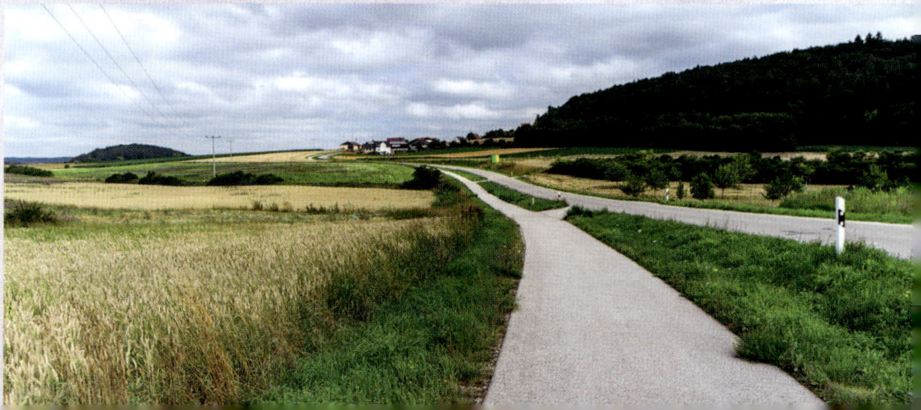

Nach einem Kilometer erreichen wir das Ortsschild von Lupburg. Am Ende der Wanderung wollen wir noch die Burg erklimmen, die stolz über dem Marktflecken thront. Wir folgen der Seibertshofener Straße und passieren rechts die weit über die Ortsgrenzen hinaus bekannte Metzgerei Hecht. Idealerweise holt man sich hier eine kulinarische Stärkung, die man vor Ort oder an der frischen Luft an der neu aufbereiteten Bachhülle zu sich nehmen könnte ❾.

Wir überqueren die Hohenfelser Straße und gehen unter dem Torbogen hindurch in die Ostengasse, welche in die Burgstraße mündet. An deren Ende werden wir in den Sommermonaten vor dem Torbogen der Burg von drei Bronzefiguren begrüßt. Es handelt sich um den Obermarktgrafen, den Hofnarren und den Flecklmann. Sie stehen für die Faschingstradition des Ortes.

TIPP: Über den Burghof kann der Burgfried erklommen werden. Vom höchsten Punkt des Ortes hat man einen herrlichen Eindruck über die geographischen Besonderheiten der typischen Kuppenalb des Bayerischen Juras. Auf dem Burgvorhof befindet sich ein Hinweisschild für den Bienenlehrpfad ❿. Auf diesem gelangt man zu geheimnisvollen Höhlen unterhalb des Burgfrieds.

Am Ende der Runde sehen wir uns den Ortskern an. Vom Schild des Bienenlehrpfads gehen wir einige Stufen hinab in den „J.-B.-Laßleben-Weg", welcher uns zum Kirchplatz

Brunnenfiguren mit Faschingstradition

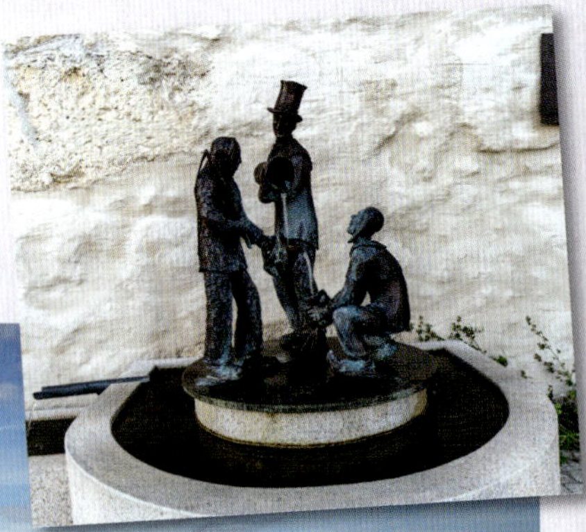

Der Ortskern mit der Burg

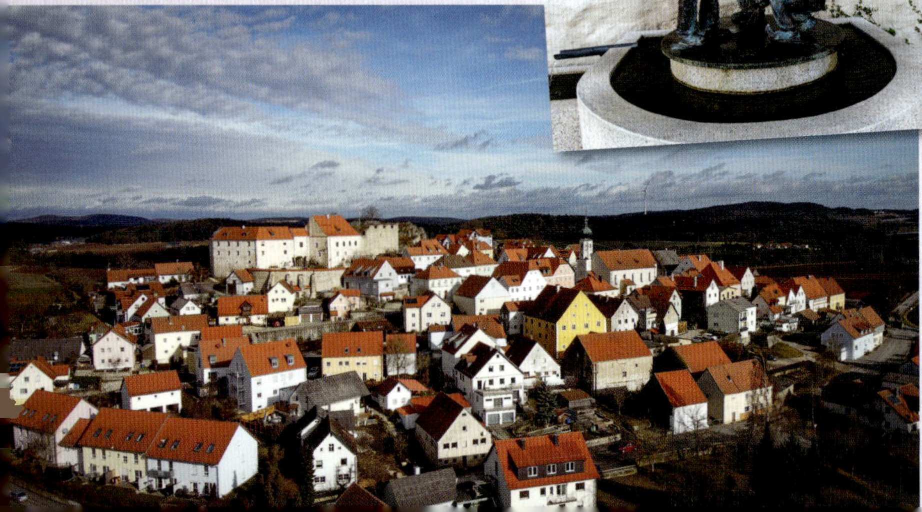

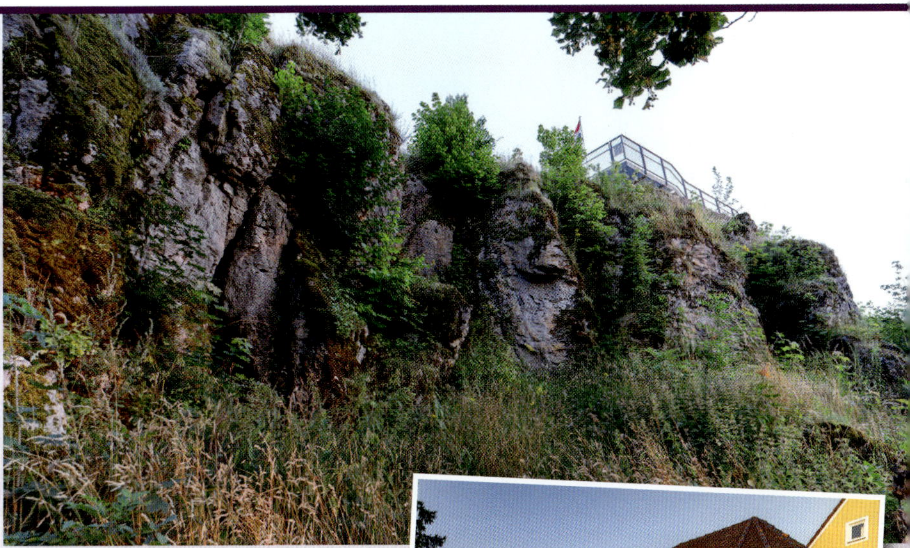

Höhlen unterhalb des Burgfrieds

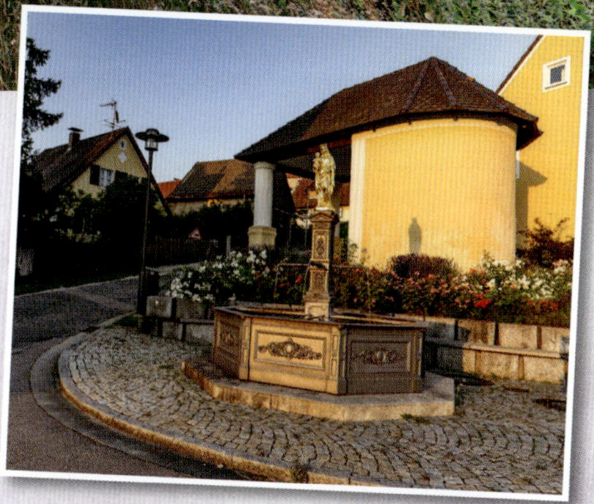

Johann-Nepomuk-Kapelle mit Brunnen

bringt. Hier begrüßt uns die Pfarrkirche St. Barbara. Sie geht bereits ins 14. Jahrhundert zurück. Beim Kriegerdenkmal steigen wir die Stufen hinab zur Marktstraße. Dieser folgen wir rechts. Nach 150 Metern zweigt rechts die „Weißgerberstraße". Sie bringt uns nach weiteren 150 Metern zur „Johann-Nepomuk-Kapelle" mit seinem prachtvollen Brunnen. Wir befinden uns an der Parsberger Straße, die links nach wenigen Metern rechts in den „Reiselbergweg" mündet. Wir folgen diesem hinab, vorbei an der Grundschule, und biegen am Spielplatz links ab in den „Lohhofer Weg" und sehen vor uns unseren Startpunkt.

Essen/Einkehren:

Metzgerei Hecht & Metzgerstüberl
Blossenbergweg 1
92331 Lupburg
Tel. 09492 288
https://metzgerei-hecht.de
Öffnungszeiten: Montag, Dienstag, Donnerstag, Freitag 6–18 Uhr, Mittwoch und Samstag 6–13 Uhr

Schwer

15,7 km

↓↑ 250 m

4 – 5 Std.

Zeltplatz Bucher Berg – Bottelmühle – Kirche St. Sebastian – Siegertshofen – Summerer Schwall – Breitenbrunn – Dürn – Heutal – Bachhaupt

Einsame, stille Täler und weite Blicke in luftigen Höhen rund um den Erholungsort Breitenbrunn am Rande des Naturparks Altmühltal.

Markierung:
Jura-2000-Tour Breitenbrunn (grün-gelb / weiß-grün), Rosenweg (1), Mit Tilly im Gepäck (2), Heutalweg (3), Rund uma dum Breitenbrunn (4), Auf den Spuren der Vorgeschichte (5), Wasserbüffelweg (6), Dietfurt-Breitenbrunn (blau-gelb), Naturpark Altmühltal (gelb-schwarz), Tillyland-Schlaufe am Jurasteig, Wasser- und Mühlenweg

Parken:
Parkplatz am Zeltplatz Bucher Berg an der Straße NM 13 zwischen Breitenbrunn und Langenthonhausen kurz vor Buch. (NAVI: Buch 26, 92363 Breitenbrunn)

BREITENBRUNN

Die 3-fache Laber und idyllische Täler

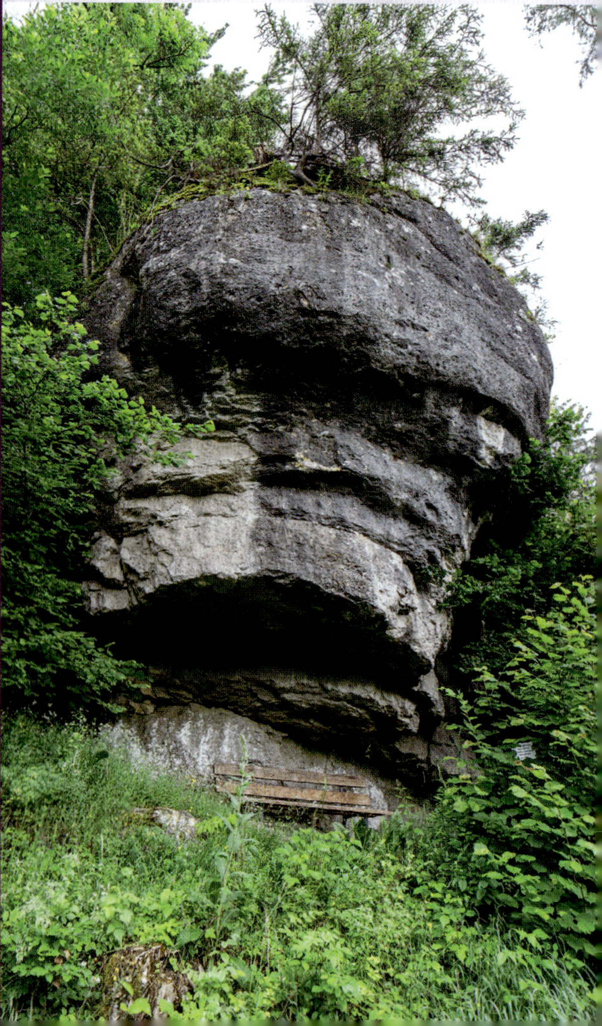

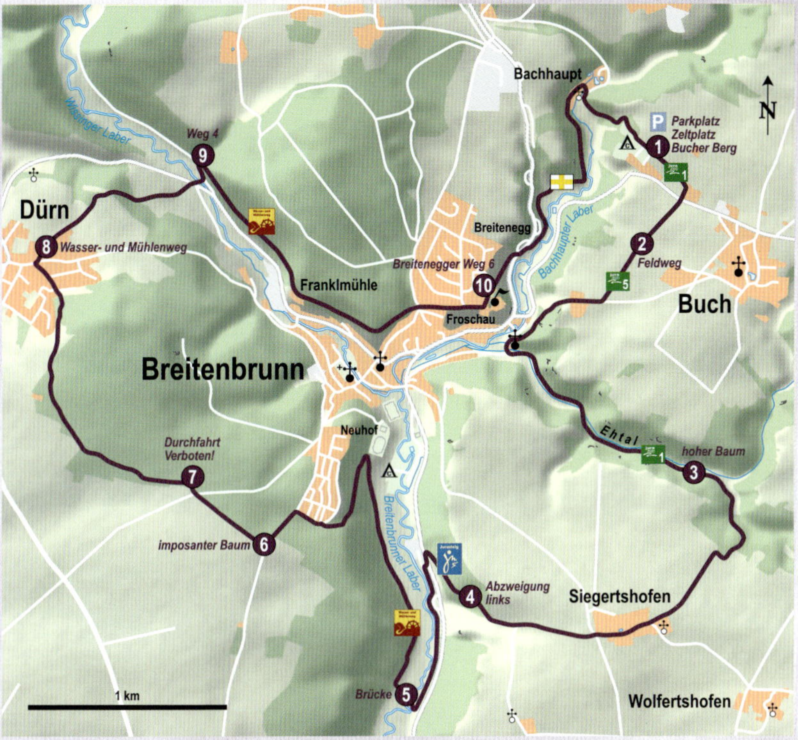

❶ Parkplatz Zeltplatz Bucher Berg – Start/Ziel

❷ Feldweg

❸ Hoher Baum

❹ Abzweigung links

❺ Brücke

❻ Imposanter Baum

❼ Durchfahrt verboten!

❽ Wasser- und Mühlenweg

❾ Weg 4

❿ Breitenegger Weg 6

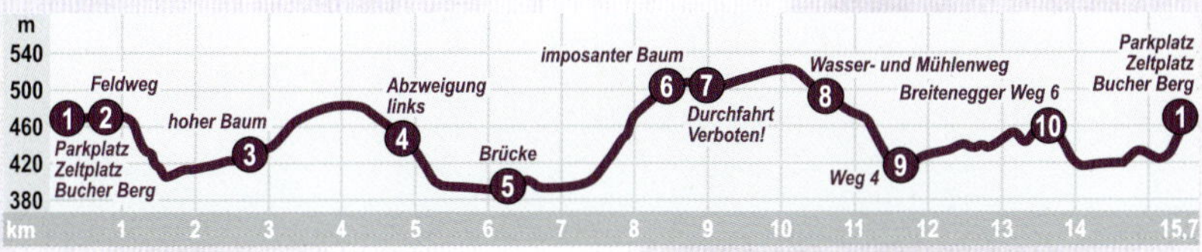

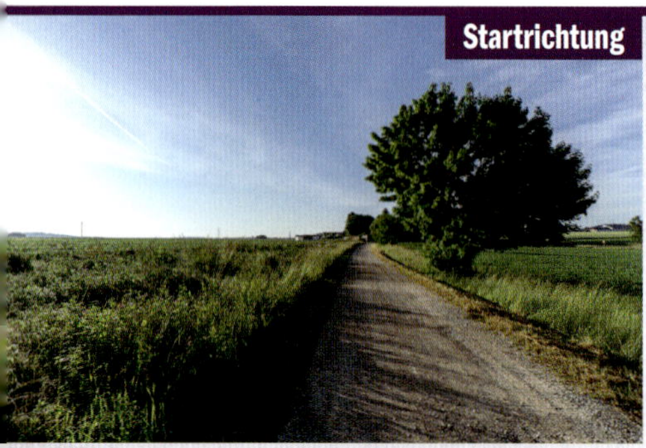
Startrichtung

Unsere Tour beginnt am Zeltplatz am Bucher Berg, unweit des Ortes Buch ❶. Wir starten in südöstlicher Richtung auf dem Schotterweg und begegnen erstmalig der grün-weiß-gelben „5", der Beschilderung des Jura-2000-Weges Breitenbrunn.

Nachdem wir die Hauptstraße NM 13 überquert haben, gehen wir geradeaus südwestlich auf dem Feldweg weiter ❷. Die Einöde Bottelmühle erreichen wir nach etwa 800 Metern. In westlicher Richtung mündet die geteerte Straße in einen abschüssigen Forstweg, welcher hinab zur Kirche des Heiligen Sebastian und zur gleichnamigen Quelle führt. Wir halten uns links und gehen vorbei an einem imposanten Felsen mit einer Sitzbank. Nach etwa 100 Metern erblicken wir vor uns dieses Wahrzeichen von Breitenbrunn. Dieses kleine Gotteshaus mit einer Ölberggruppe unterhalb im Felsen und einer Quelle am Fuß des Berges ist ein beliebtes Fotomotiv. Die Wallfahrtskirche stammt aus dem Jahr 1386.

Sebastianskirche

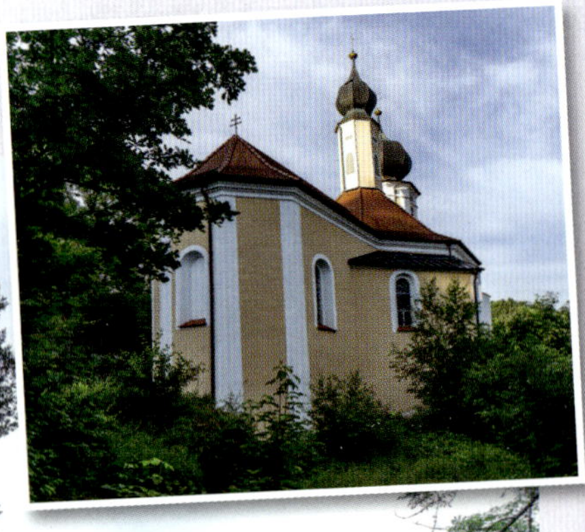

Felsen vor der Sebastianskirche

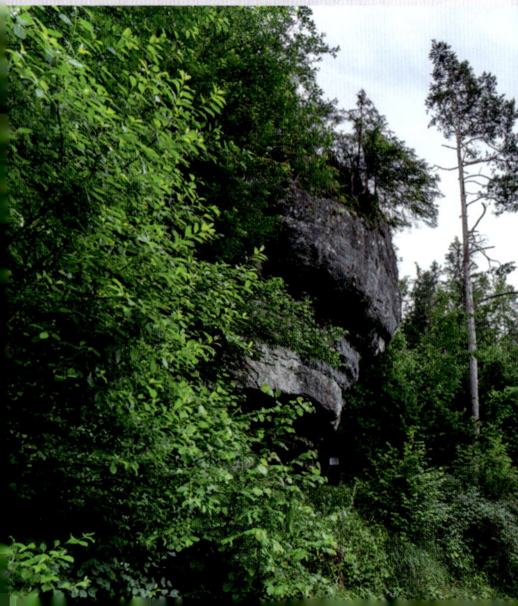

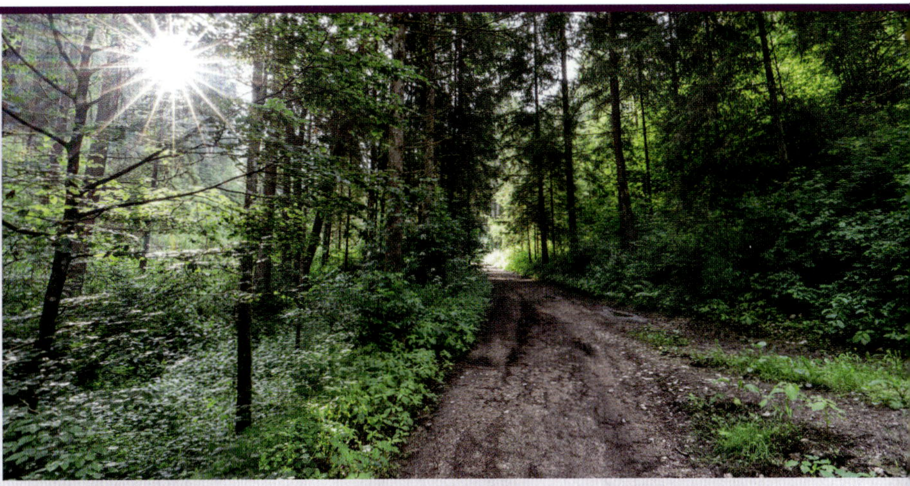

Unser Weg durchs Ehtal

Nun folgen wir der grünen „1" in östlicher Richtung und biegen nach links ab ins sehr idyllische und touristisch wenig bekannte Ehtal. Etwas Konzentration ist jedoch von Nöten, damit man die Abzweigung nach Siegerthofen nicht verpasst. Der Waldweg zweigt nach etwa 1200 Metern ab auf eine erhöhte Rampe nach rechts, weg vom Wanderweg „1" in südöstlicher Richtung ❸ (kleines Bild links). Wir verlassen das schattige Ehtal. Der Pfad schlängelt sich idyllisch für 600 Meter entlang eines Grabens bergauf.

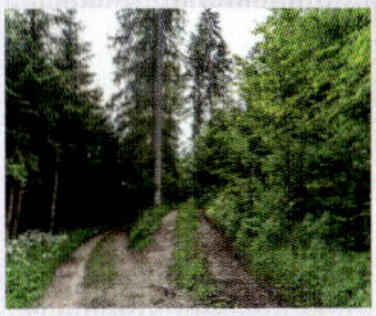

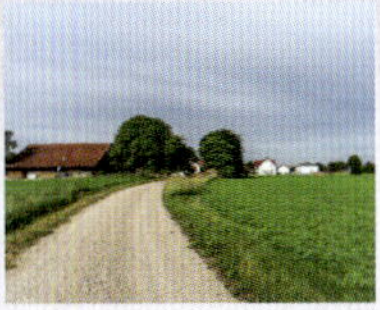

Schließlich erreichen wir eine Lichtung, und der Waldweg hat sich in einen Schotterweg verwandelt (kleines Bild rechts). Vor uns liegt Siegertshofen. Am Ortsausgang überqueren wir die Staatsstraße 2234 und gehen auf dem geschotterten Feldweg in Richtung Breitenbrunn geradeaus weiter.

Nach etwa 350 Metern erreichen wir auf dem leicht abschüssigen Weg rechts eine Bank (kleines Bild links). Wir werden der blau-gelben „Tillyland-Schleife" und der „4" des „Rund-uma-dum-Breitenbrunn"-Weges auf dem linken Feldweg nordwestlich talwärts vorbei folgen. Achtung! Gerade im Sommer, wenn das Gras recht hoch ist, darf man die Abzweigung links nach etwa 290 Metern hinab ins Tal zur Hauptstraße nicht verpassen ❹ (kleines Bild rechts).

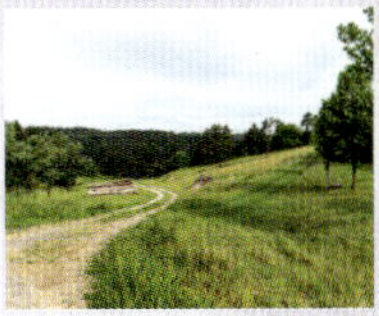

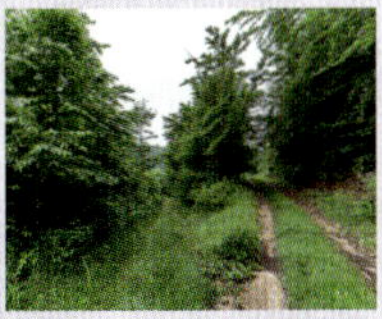

Wir überqueren die Straße am Schild der Kläranlage und gehen auf dem Radweg nach Dietfurt in südöstlicher Richtung wei-

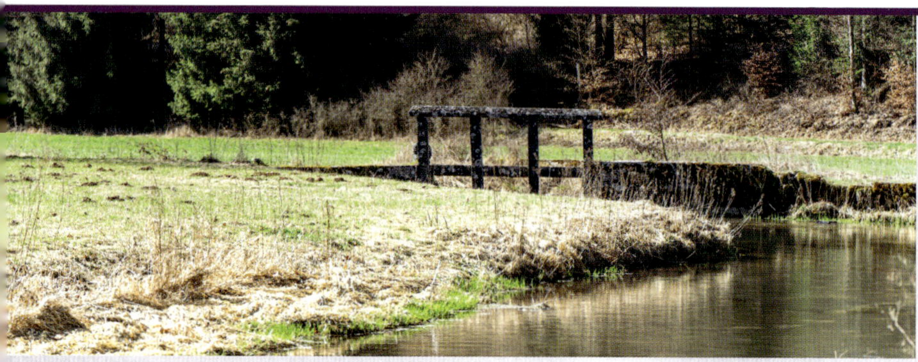

Summerer Schwall

ter. Vor uns liegt das weite Tal der Breitenbrunner Laber. Typisch für diese Region sind Schwallanlagen. Ein bekanntes Exemplar, der so genannte „Summerer Schwall", ist nur wenige Meter vor uns.

Nach etwa 750 Metern verlassen wir den Radweg entlang der Jubiläumsallee und biegen rechts ab auf einen Wiesenweg. Wir überqueren die Breitenbrunner Laber über einen Steg ❺. Am Rand des Waldes finden wir eine Holzbank mit einem Schilderwald. Der Einstieg rechts kann im Sommer etwas versteckt und zugewachsen sein. Unsere

Zugewachsener Einstieg

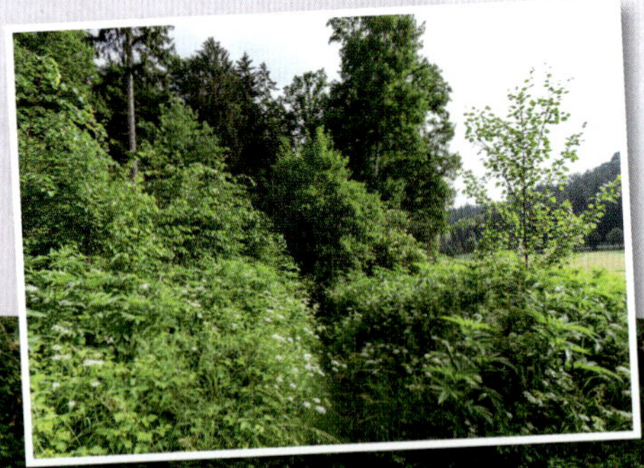

Holzbank mit Schilderwald

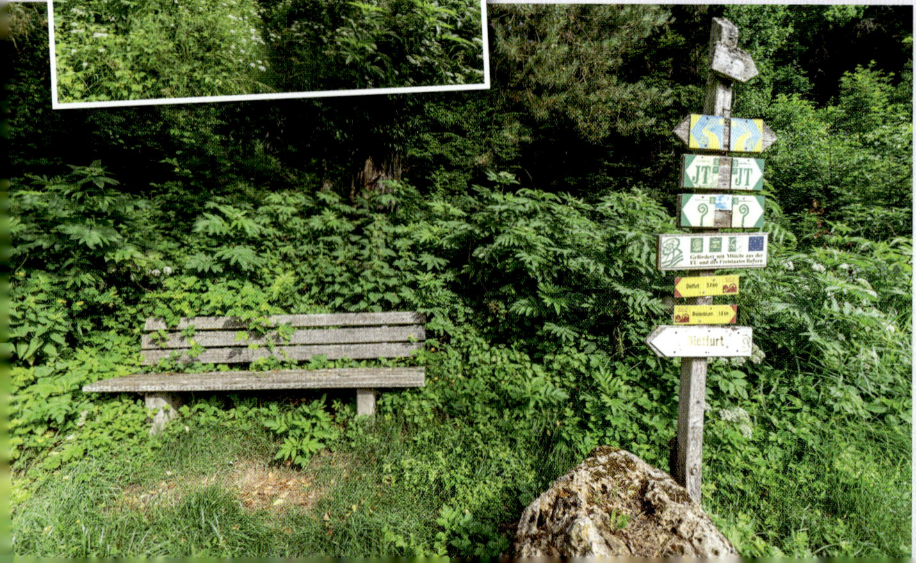

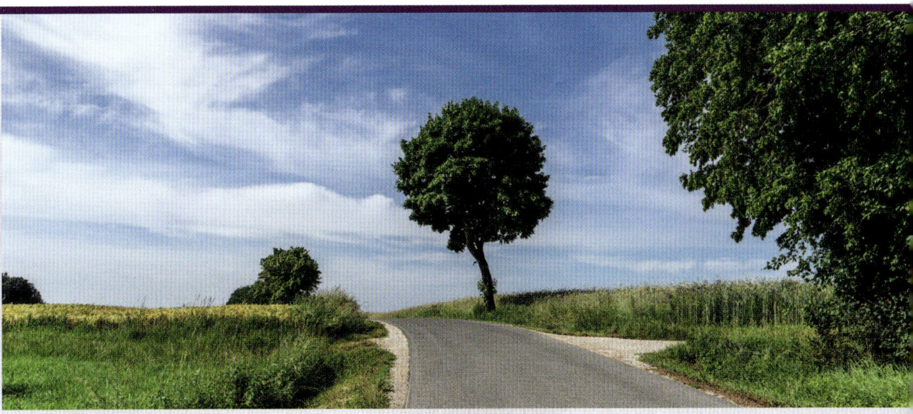

Vor diesem Baum biegen wir rechts ab.

Orientierungspunkte sind die Schilder des „Wasser- und Mühlenwegs“ und wir folgen ihm für etwa 2 Kilometer nach Breitenbrunn.
Schließlich befinden wir uns an einer Weggabelung auf Höhe des Breitenbrunner Fußballplatzes. Wir biegen scharf nach links ab und folgen dem durchaus steilen Waldweg bergauf und biegen nach 550 Metern nach rechts in westlicher Richtung ab zur Siedlung am „Brand“. Wir erreichen die Straße „Frankenring“ und biegen an deren Ende nach links ab in die „Premerzhofener Straße“.
Am Ende der kleinen Anhöhe nach etwa 250 Metern biegen wir vor einem imposanten Baum ❻ rechts ab auf einen Schotterweg. Diesem folgen wir entlang des Waldstücks „Brand“ und erreichen nach etwa einem halben Kilometer die Eismannsdorfer Straße. Wir überqueren sie und biegen unmittelbar nach dem runden Schild „Durchfahrt verboten“ ❼ auf einen unmarkierten, aber male-

Malerischer Waldweg nach dem Durchfahrt-verboten-Schild.

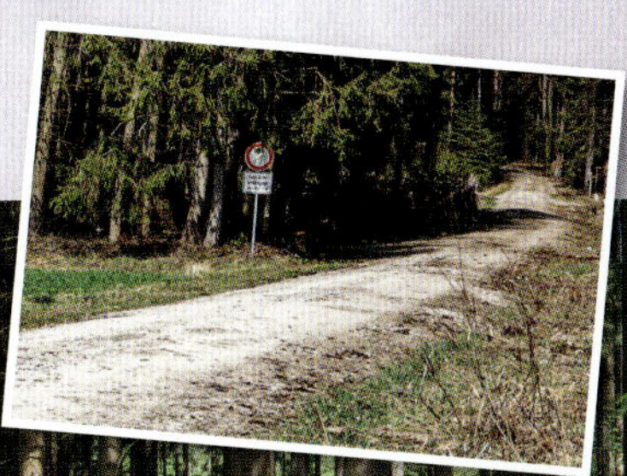

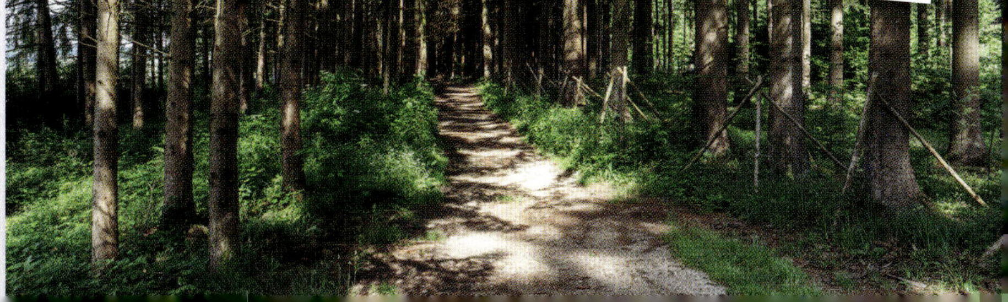

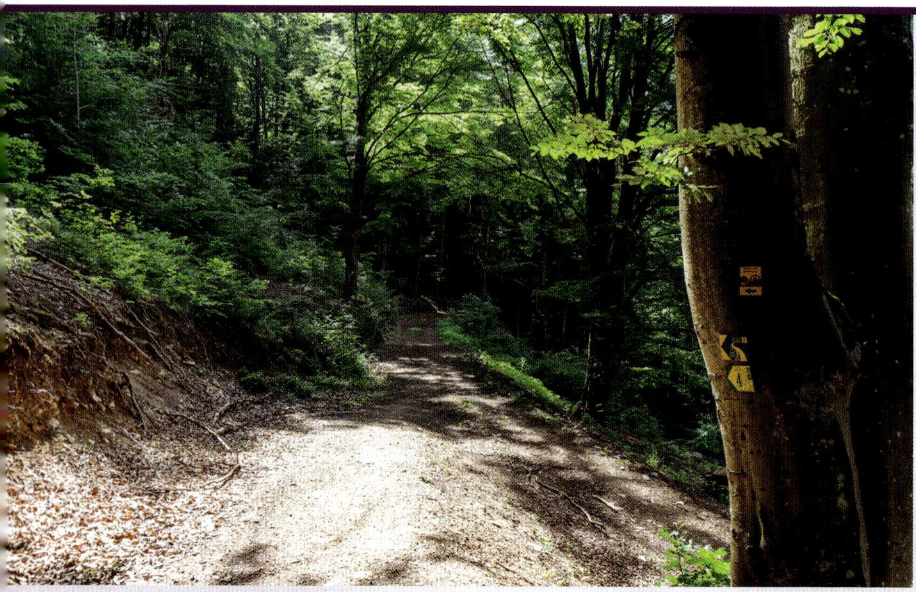

Wasser- & Mühlenweg

rischen Waldweg nach links ab. Am Waldrand entlang schlendern wir in nordwestlicher Richtung, bis wir nach etwa einem Kilometer vor uns die Ortschaft Dürn mit seiner Pfarrkirche St. Georg sehen.

Wir folgen dem „JT“-Hinweis ein Stück und biegen dann aber nicht rechts, wieder in Richtung Wald ab, sondern auf die Straße „Oberer Anger“, um dann nach 170 Metern rechts in den „Russelweg“, vorbei an dem Spielplatz und der Feuerwehr, hinab ins Heutal abzubiegen. Wir orientieren uns am „Wasser- & Mühlenweg“ ❽.

Nach wenigen Minuten erreichen wir einen Parkplatz, der den Einstieg ins Heutal markiert. Nach wenigen Metern biegen wir rechts ab und folgen dem Pfad mit der Markierung „4“ ❾, bzw. dem „Wasser- und Mühlenweg“ in Richtung Ortsmitte (kleines Bild links). Der „Altmühlpanoramaweg Schlaufe 23 Labertalweg“ mündet in dem „Mit Tilly im Gepäck“-Weg und wir halten uns links (kleines Bild rechts) Den vermutlich besten Blick bietet eine Bank, die sich auf einer freien Fläche direkt über dem historischen Ortskern von Breitenbrunn befindet. Unter uns im Vordergrund liegt der Turm der Pfarrkirche „Mariä Aufnahme in den Himmel“.

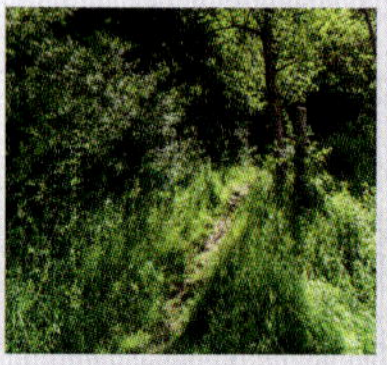

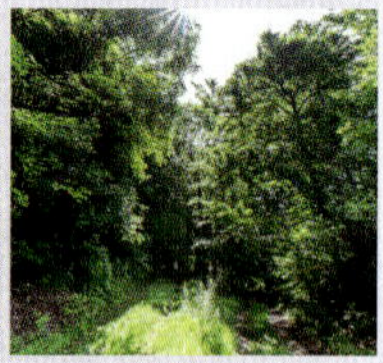

Wir folgen den Markierungen rechts und erreichen schließlich die „Obergasse“, die von der Ortsmitte hoch nach Breitenegg führt.

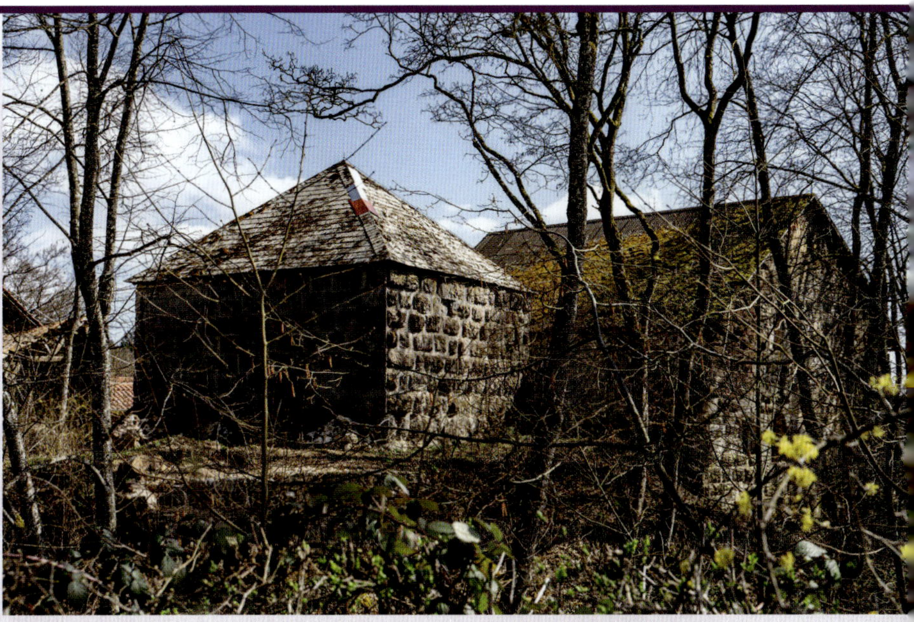

Burgruine Breitenegg

Wenige Meter oberhalb gehen wir mit den Markierungen „2“ und „4“ in den Breitenegger Weg. Wir rasten auf der nächsten Bank unter einer Birke und genießen die Aussicht. Am Ende des Breitenegger Weges liegt die Burgruine Breitenegg. Wir lassen sie rechts liegen und biegen kurz danach direkt am Haus mit der Adresse „Breitenegger Weg 6“ ⑩ den schmalen Pfad scharf nach rechts in nordöstlicher Richtung talwärts in Richtung Hauptstraße St 2234.

Mit größter Aufmerksamkeit überqueren wir rasch die vielbefahrene Straße und folgen dem Weg nordöstlich und erkennen rechts unterhalb eines runden Felsens einen Biberdamm und weitere Schwallanlagen. Am Ende unserer Runde schlendern wir entlang der Bachhaupter Laber in Richtung Bachhaupt. Schließlich erreichen wir am Ende des schattigen Forstweges den kleinen Ort. Hoch darüber thront ein mächtiger Felsen mit einem Gipfelkreuz. Während wir den letzten Aufstieg in südlicher Richtung zum Rosengarten am Zeltplatz bewältigen, blicken wir ein letztes Mal über dieses wundervolle Tal.

Essen/Einkehren:

Gasthaus Karl
Hauptstraße 29
92363 Hamberg
Tel. 09492 5638
https://gasthaus-karl.de/willkommen
Öffnungszeiten: siehe online

HARDT

Drei Mühlen entlang der Schwarzen Laber

Leicht

10,4 km

↓↑ 120 m

2½ – 3 Std.

Hardt – Sturmmühle – Pexmühle – Königsmühle – Ametshof – Schwarzenthonhausen – Kreuth

Eine idyllische Wanderung entlang und oberhalb des Tals der Schwarzen Laber, vorbei an drei Mühlen zwischen Beratzhausen und Lupburg.

Markierung:
Burgensteig; Main-Donau-Weg (Jura-Linie, Teil 2); blaues Dreieck

Parken:
In Hardt, dem Ortsteil von Beratzhausen, gegenüber dem (ehemaligen) Gasthaus „Alte Schule"

NAVIGATION: Gasthaus Alte Schule, Hardt 13, 93176 Beratzhausen

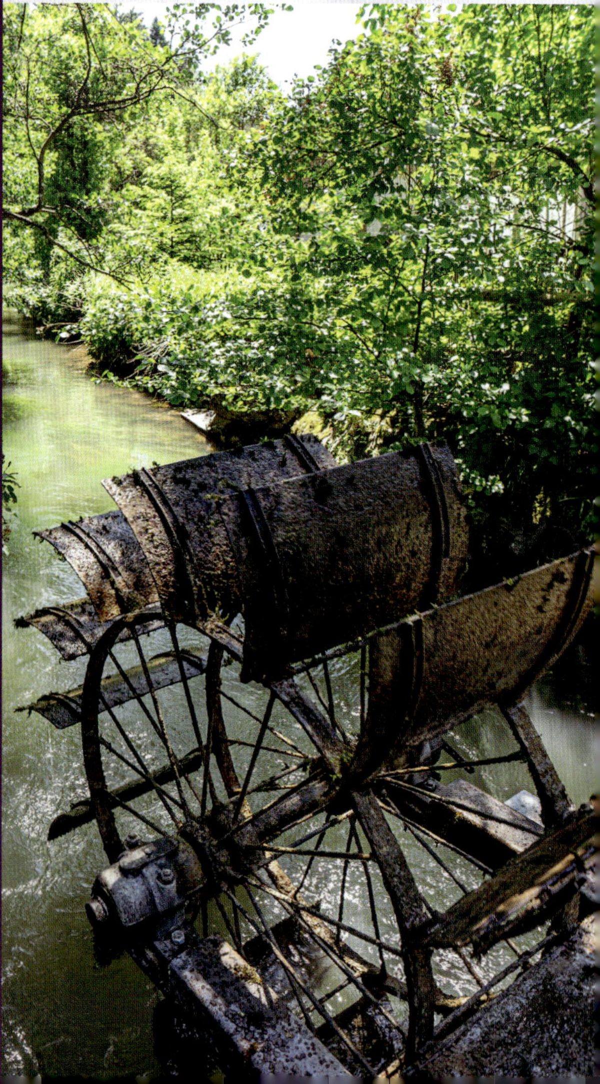

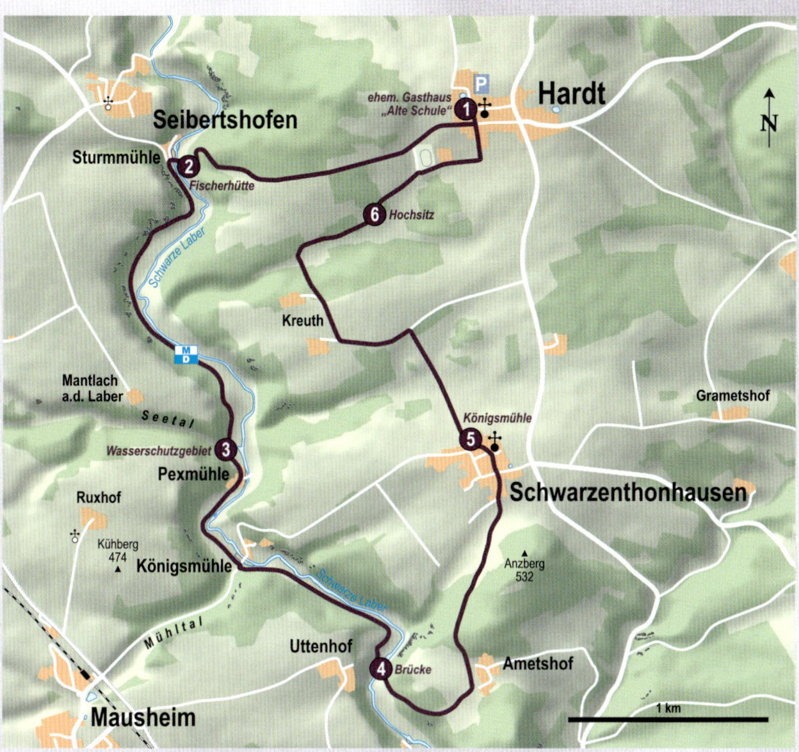

1. Ehem. Gasthaus „Alte Schule“ – Start/Ziel
2. Fischerhütte
3. Wasserschutzgebiet
4. Brücke
5. Königsmühle
6. Hochsitz

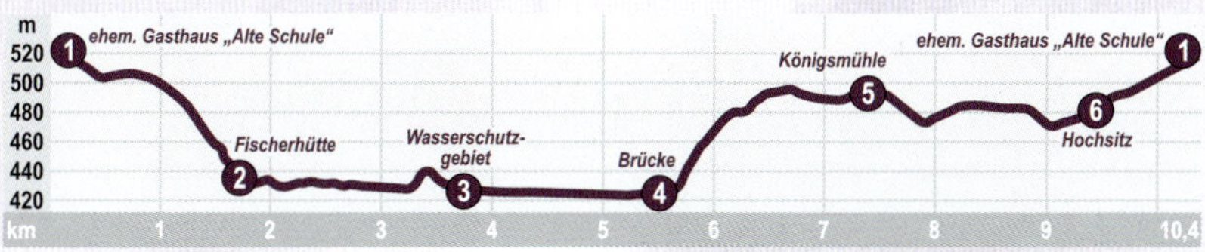

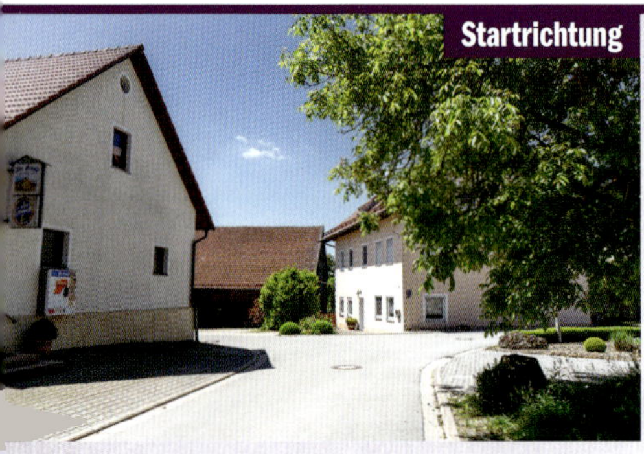

Startrichtung

Diese leichte, aber landschaftlich äußert idyllische und zugleich beeindruckende Runde beginnt am (ehemaligen) Gasthaus „Alte Schule“ in Hardt in südlicher Richtung ❶. Am Ende der Straße, nach dem Haus mit der Nummer 2, biegen wir nach rechts ab in westlicher Richtung talwärts, vorbei am Sportplatz, ins Tal der Schwarzen Laber (kleines Bild links).

Nach wenigen Minuten sind wir unten angekommen. Rechts befindet sich die Fischerhütte, welche dem Anglerverein Parsberg gehört ❷. Wir überqueren die Schwarze Laber und biegen vor der ersten Mühle der Tour, der Sturmmühle, links ein ins Tal der Schwarzen Laber (kleines Bild rechts).

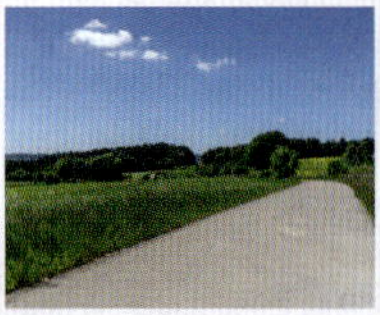

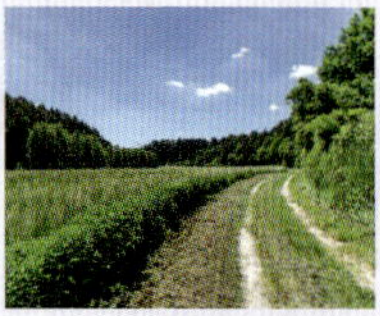

Fischerhütte

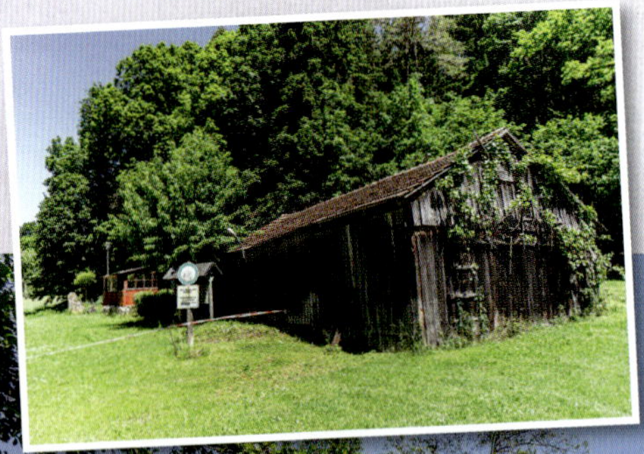

Entlang der Laber

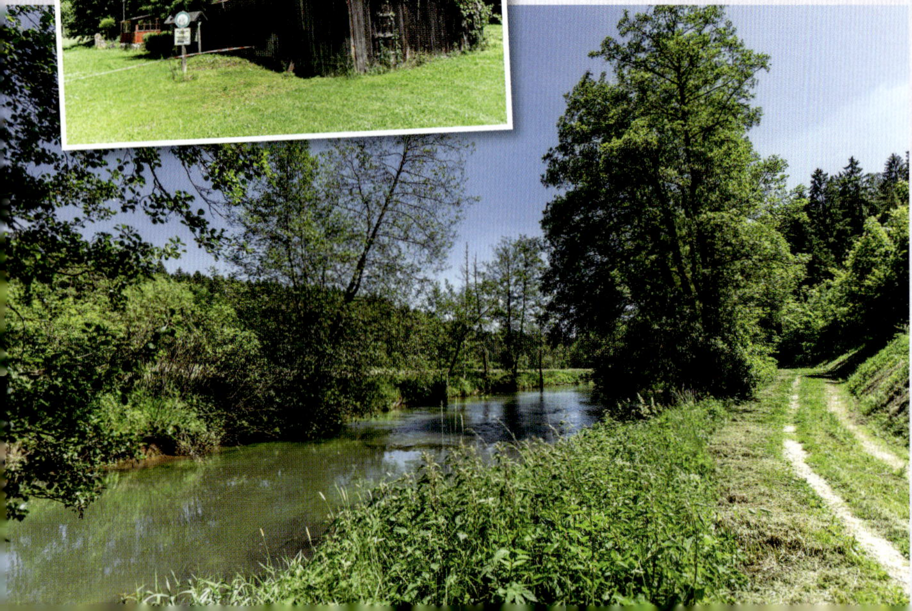

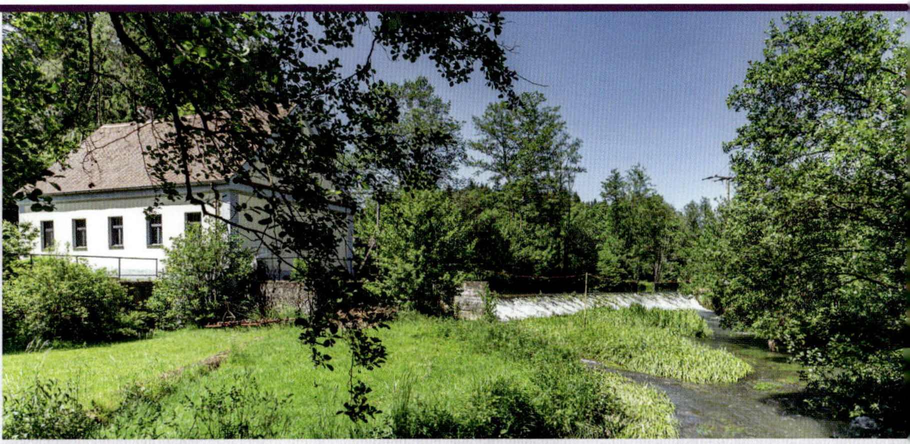

Pexmühle

Die nächsten 1,8 Kilometer auf dem Burgensteig bzw. auf dem Main-Donau-Weg (Jura-Linie, Teil 2) windet sich unsere Runde verschlafen und idyllisch, mal ganz nah, aber auch in etwas Entfernung, südöstlich parallel zum Fluss.

Schließlich erreichen wir eine Weggabelung (kleines Bild) mit diversen Hinweisschildern, z. B. vom Waldverein e.V. Regensburg oder dass wir uns in einem Wasserschutzgebiet befinden ❸. Wir gehen links weiter, vorbei am Wasserwerk, und durchqueren die zweite Mühle, die Pexmühle. Sie ist zwar in Privatbesitz, dennoch lohnt es sich, sich ein wenig umzusehen.

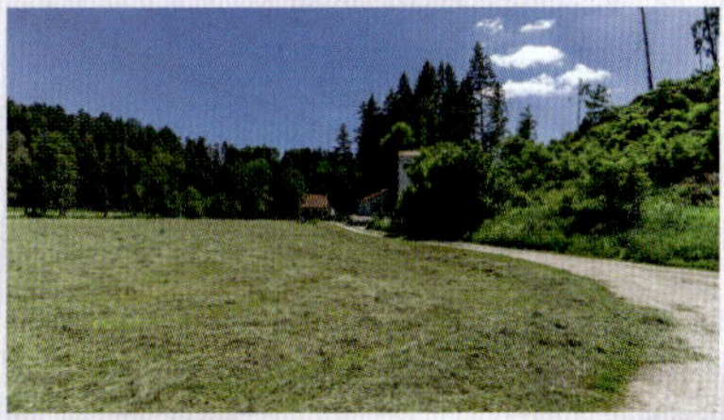

Königsmühle

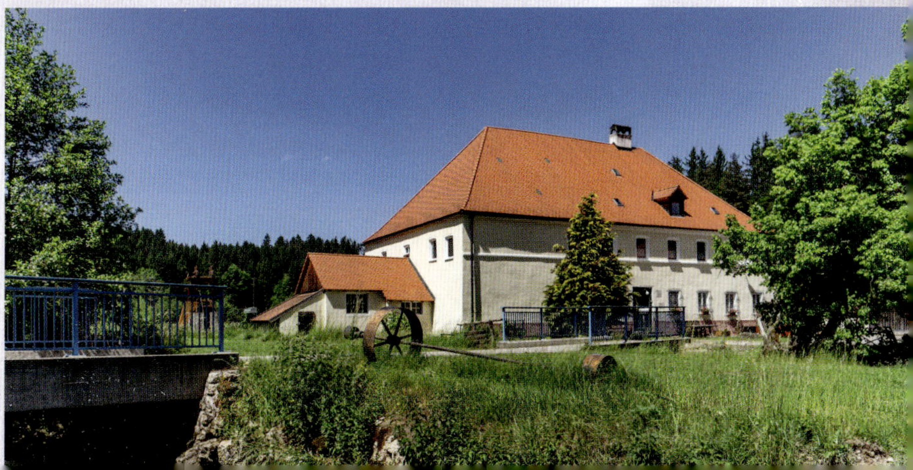

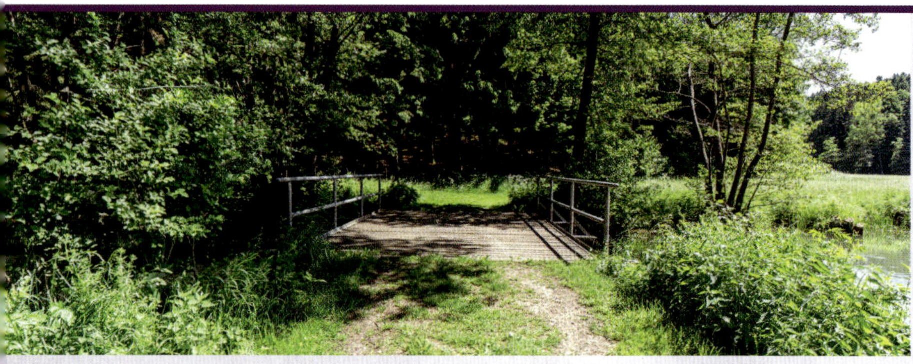

Laberbrücke

Die dritte Mühle, die Königsmühle, ist nur etwa 600 Meter entfernt. Dieses imposante Gebäude gilt als eine der ältesten Mühlen in der Gemeinde Beratzhausen. Sie lassen wir links liegen, denn wir setzen unseren Weg südöstlich entlang der Schwarzen Laber in Richtung Beratzhausen fort. Unser Ziel ist eine breite Brücke über dem Fluss unterhalb der Ortschaft Uttenhof. Auch anhand der Wegweiser kann man sich nicht verirren.

Wir biegen links ab und überqueren die Brücke ❹ und halten uns rechts. Das Tal der Schwarzen Laber lassen wir nun hinter uns, denn nun beginnt ein schattiger Aufstieg nach Ametshof. Unser Hinweis ist nun ein blau-weißes Dreieck, welches wir an diversen Bäumen finden. Stellenweise kann der Pfad etwas dicht bewachsen sein. Dennoch stehen wir wenig später vor der Einöde Ametshof. Hier wenden wir uns nach links auf dem Feldweg in nördlicher Richtung.

Nach einem schattigen Waldstück erreichen wir etwa nach einem Kilometer die Ortschaft Schwarzenthonhausen und erkennen den Kirchturm der kleinen Filialkirche St. Andreas, welche ihre Ursprünge im 13. Jahrhundert hat. Wir gehen links vorbei und biegen wenige Meter weiter am Schild „Königsmühle - Mausheim" ❺ rechts ab.

Die schmale, gerade Teerstraße bringt uns nach 650 Metern an eine T-Kreuzung, an welcher wir nach links in Richtung Labertal

Blick nach Schwarzenthonhausen

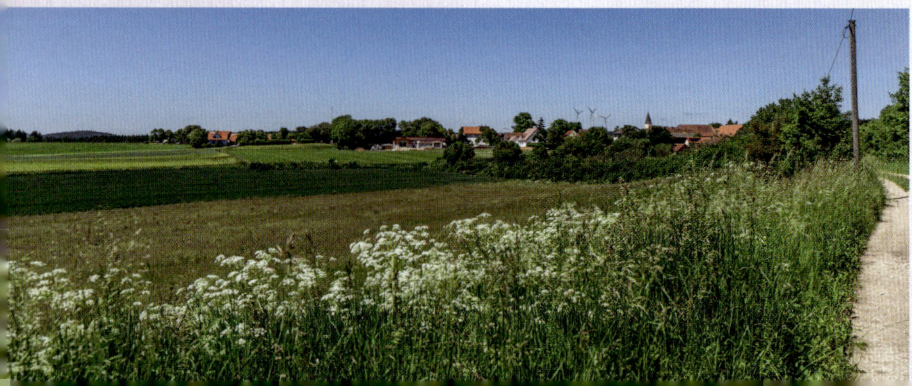

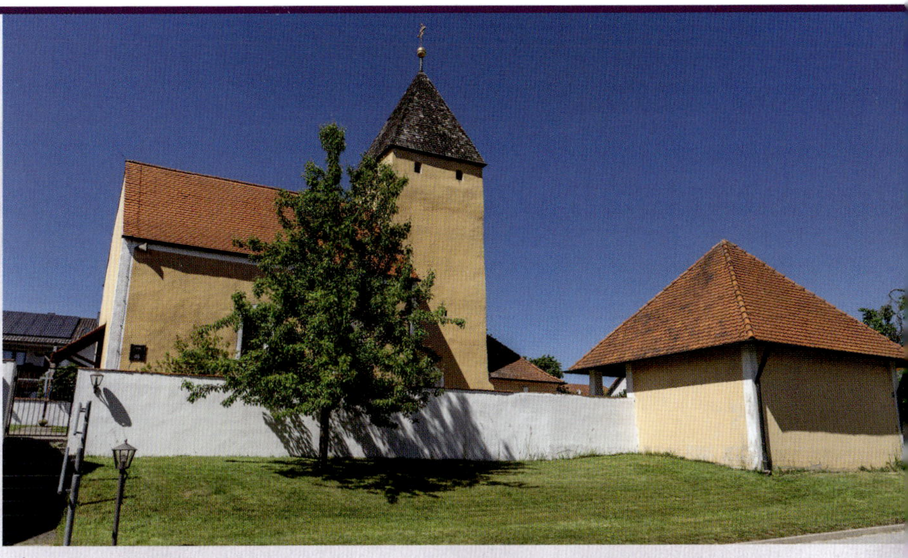

Die Kirche in Hardt

abbiegen (kleines Bild links). Nach 350 Metern biegen wir vor dem Busschild rechts ab und lassen die Einöde Kreuth links liegen. Nachdem wir ein kleines Waldstück durchquert haben, biegen wir vor einem kurzen Anstieg rechts ab und folgen dem Feldweg entlang des Waldes (kleines Bild rechts). Nach 400 Metern passieren wir einen imposanten Hochsitz ❻ und erreichen nach weiteren 300 Metern den Sportplatz von Hardt, nur auf der anderen Seite. Wir gehen geradeaus weiter und folgen der Teerstraße links in Richtung Ortsmitte. Vor uns liegt die kleine Kirche Sankt Katharina und dahinter erreichen wir unseren Ausgangspunkt.

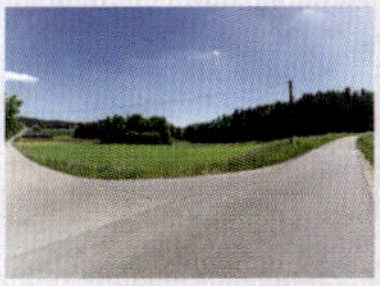

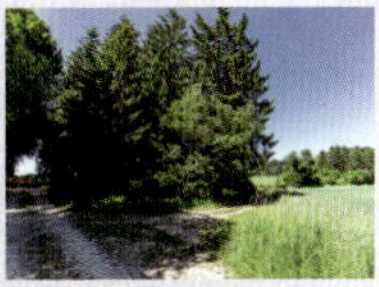

Essen/Einkehren:

Traditionswirtschaft
Landgasthof Wagner
Seibertshofen 9
92331 Lupburg
Te. 09492 902436
https://gasthaus-wagner-seibertshofen.de
Öffnungszeiten: siehe online

Kuhstallcafe Illkofen
Illkofen 2
93176 Beratzhausen
Tel. 09492 902200
https://www.kuhstallcafe.de
Öffnungszeiten: siehe online

EICHLBERG

Auf Wallfahrt

Leicht

5,1 km

↓↑ 90 m

ca. 1½ Std.

Tiefenhüll – Eichlberg

Eine einfache, unmarkierte Runde rund um die Wallfahrtskirche Eichlberg.

Parken:
Am Friedhof von Eichlberg unterhalb der Wallfahrtskirche

NAVIGATION: Eichlberg 23, 93155 Hemau (Wohnhaus gegenüber dem Friedhof)

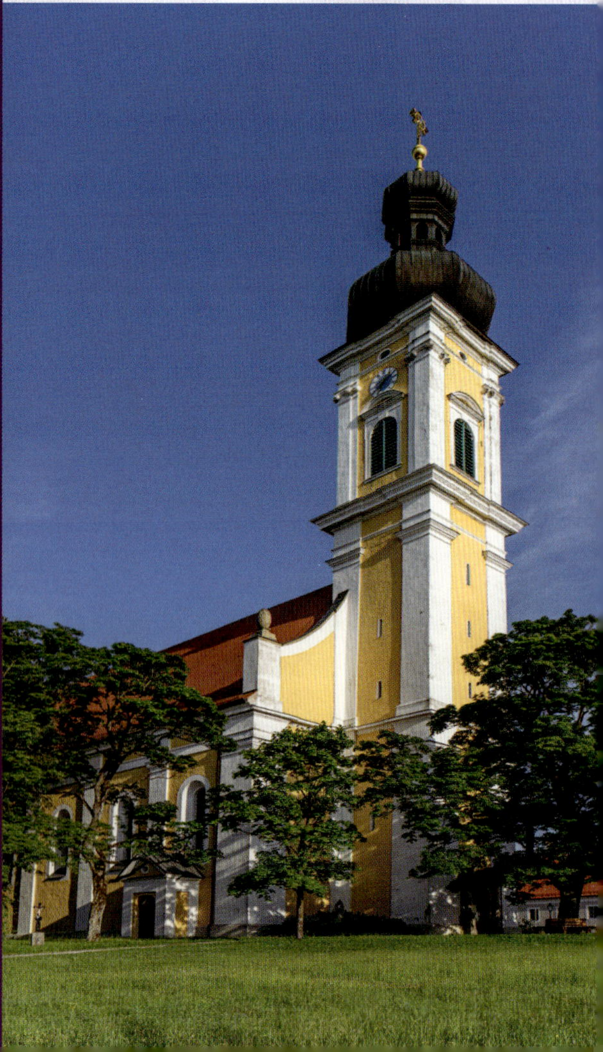

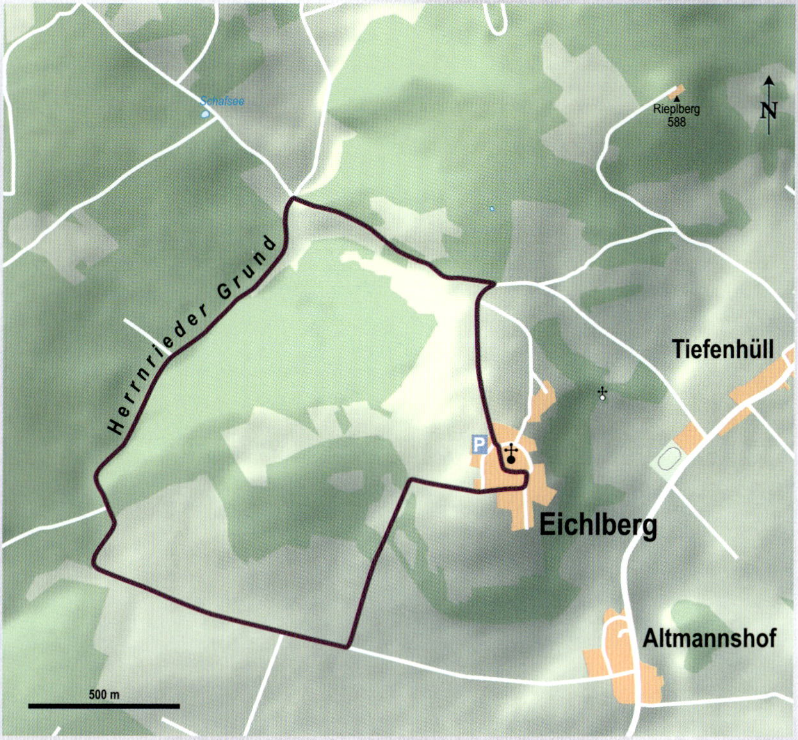

❶ Friedhof – Start/Ziel
❷ Marterl
❸ Rettungspunkt R-L-2118
❹ Wegkreuz
❺ Imposanter Baum

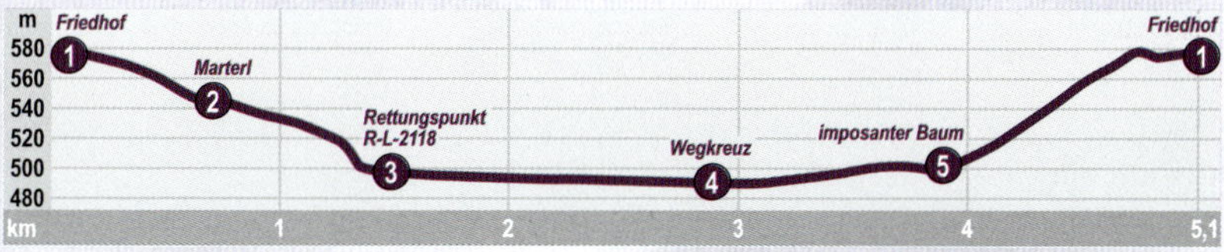

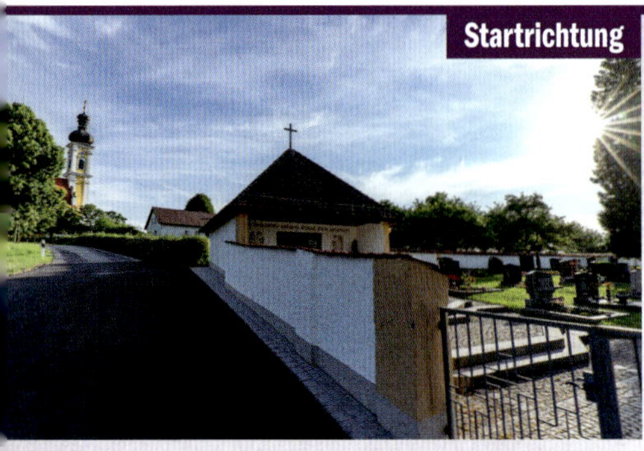

Startrichtung

Wir starten unsere Runde direkt unterhalb der Wallfahrtskirche Eichlberg am dazugehörigen Friedhof ❶. Majestätisch thront die Pilgerstätte über dem Bergkegel des Oberpfälzer Jura. Sie ist ein weithin sichtbarer, markanter Orientierungspunkt für die Region mit ihren Ursprüngen im Jahr 1693. Natürlich wollen wir uns die katholische Pfarrkirche „Zur Heiligsten Dreifaltigkeit" zuerst ansehen.

TIPP: Es lohnt sich, dieses eindrucksvolle barocke Gebäude innen zu besichtigen, sowie dem Heiligen Grab auf der Rückseite einen Besuch abzustatten.

Wir biegen ein in die Bischof-Rudolf-Graber-Straße und nehmen die nächste Straße rechts, die rechts, nordwestlich, nach Tiefenhüll führt (kleines Bild links). Nach 550 Metern erreichen wir vor einer Kreuzung ein großes Marterl mit einer Bank und einer Infotafel ❷ (kleines Bild links). Hier biegen wir links ab und folgen für wenige Meter der Straße nach Hamberg, die für Land- und forstwirtschaftlichen Verkehr freigegeben ist.

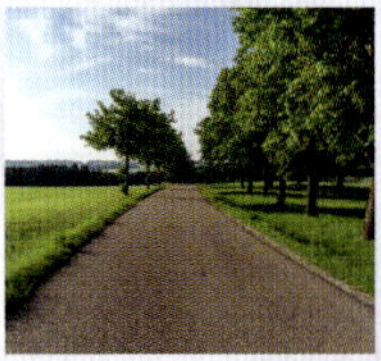

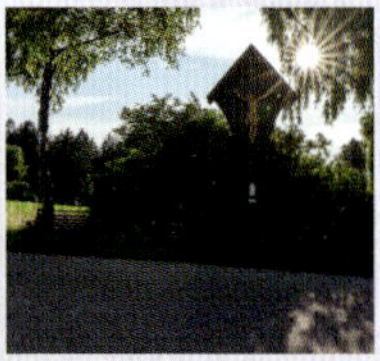

Altarraum

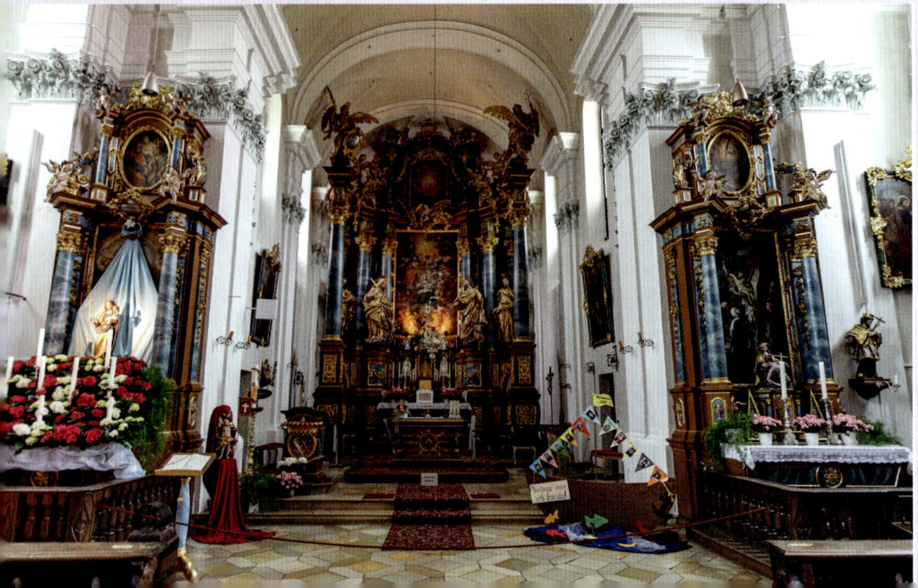

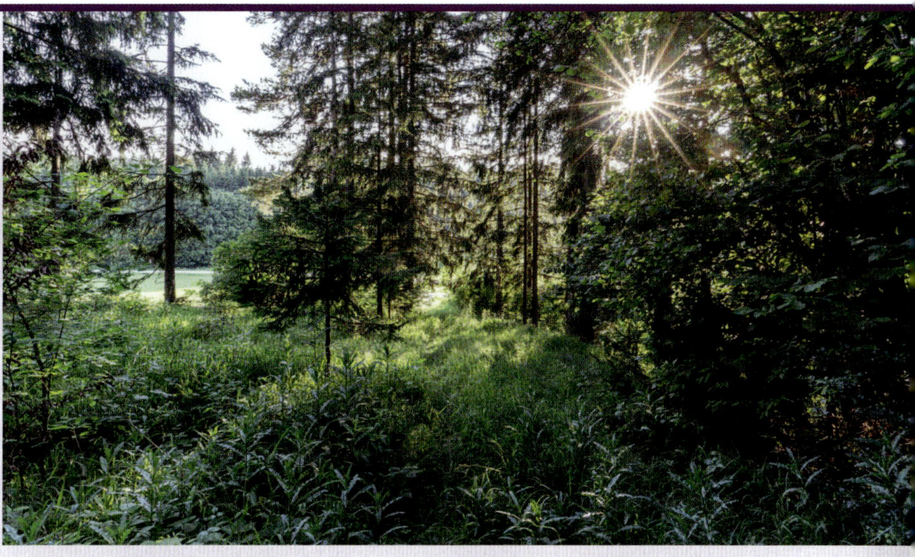

Wanderweg durch hohes Gras

Nach etwa 100 Metern wenden wir uns nach rechts in den Wald und nehmen den ersten Forstweg links (kleines Bild links), der sich relativ parallel zur Straße nordwestlich durch das Gehölz windet. Dieser Abschnitt ist off-road, d. h. an manchen Stellen kann das Gras durchaus etwas höher sein. Alternativ könnte man auch auf der Straße bleiben. Schließlich verlassen wir den Wald und befinden uns wieder auf der Straße auf Höhe eines grünen Rettungstreffpunkts ❸. Hier nehmen wir den Schotterweg links in südwestlicher Richtung (kleines Bild rechts).

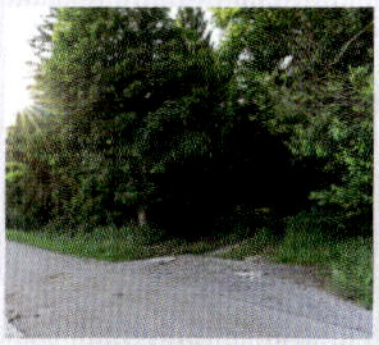

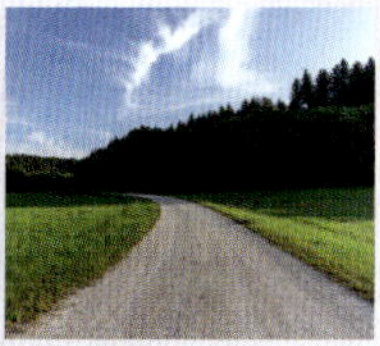

Nach 1,2 Kilometern durch das mystische Waldgebiet passieren wir links, kurz bevor wir den Wald verlassen, ein kleines, verwildertes schwarzes Wegkreuz ❹.

Wir gehen auf unserem Weg weiter und machen wenig später eine große Kurve, die dazu einlädt, den Blick über die Weite der

Schwarzes Wegkreuz

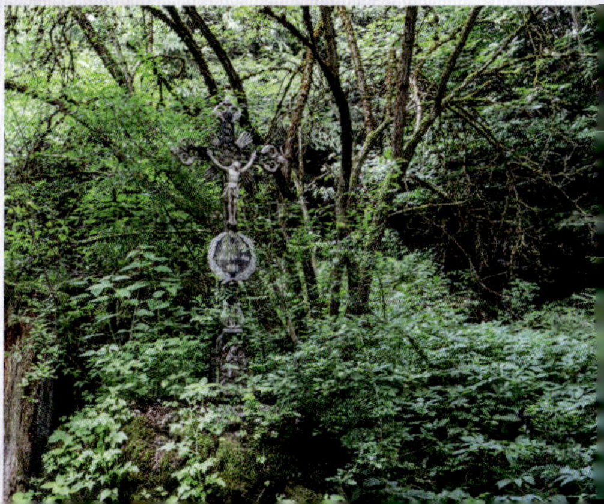

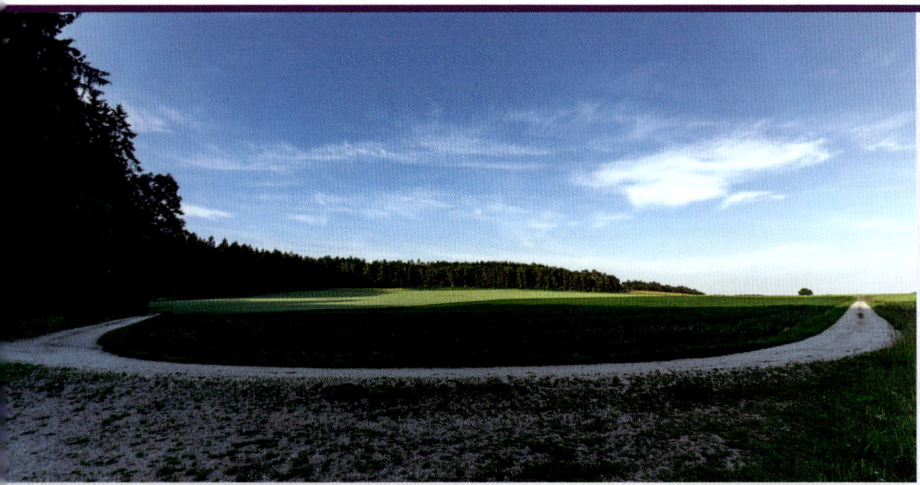

Panorama an der großen Kurve

Landschaft schweifen zu lassen. Nach 900 Metern in östlicher Richtung verlassen wir tatsächlich an einem imposanten Baum ❺ unseren Pfad, welchen wir beim Rettungstreffpunkt eingeschlagen haben.

Unser Weg führt uns links den Berg hoch auf einer schmalen Straße, die geradewegs durch ein Waldstück zum Turm der Wallfahrtskirche zu führen scheint. Wir nehmen die Weite der Landschaft ein weiteres Mal wahr und erreichen schließlich wieder unseren Fixpunkt, die Wallfahrtskirche, nur von ihrer Rückseite.

Imposanter Baum an der Abzweigung

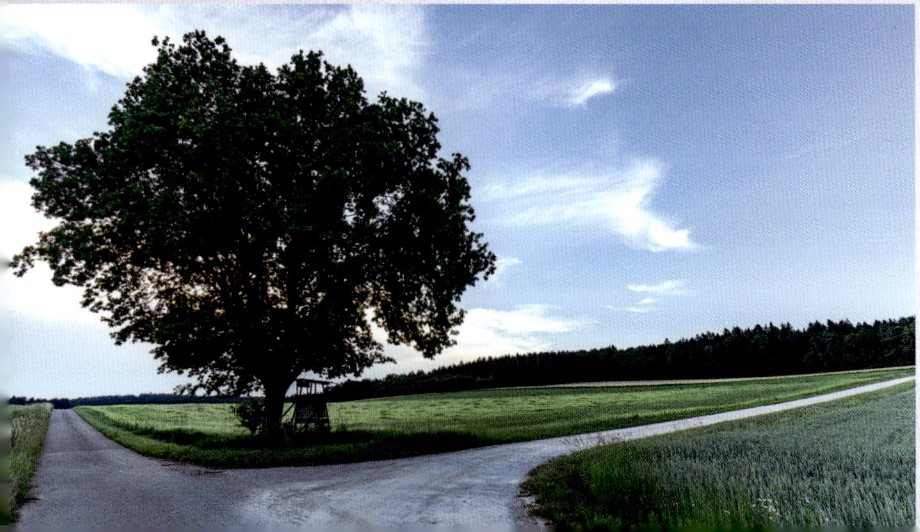

Essen/Einkehren:

Gaststätte Tangrintler Hof
Tiefenhüll 10
93155 Hemau
Tel. 09491 472
https://www.facebook.com/tiefenhuell/
Öffnungszeiten: siehe online

Gasthaus Zum Deglbauer
Regensburger Str. 28 a
93155 Hemau
Tel. 09491 1875
https://www.deglbauer.de
Öffnungszeiten: siehe online

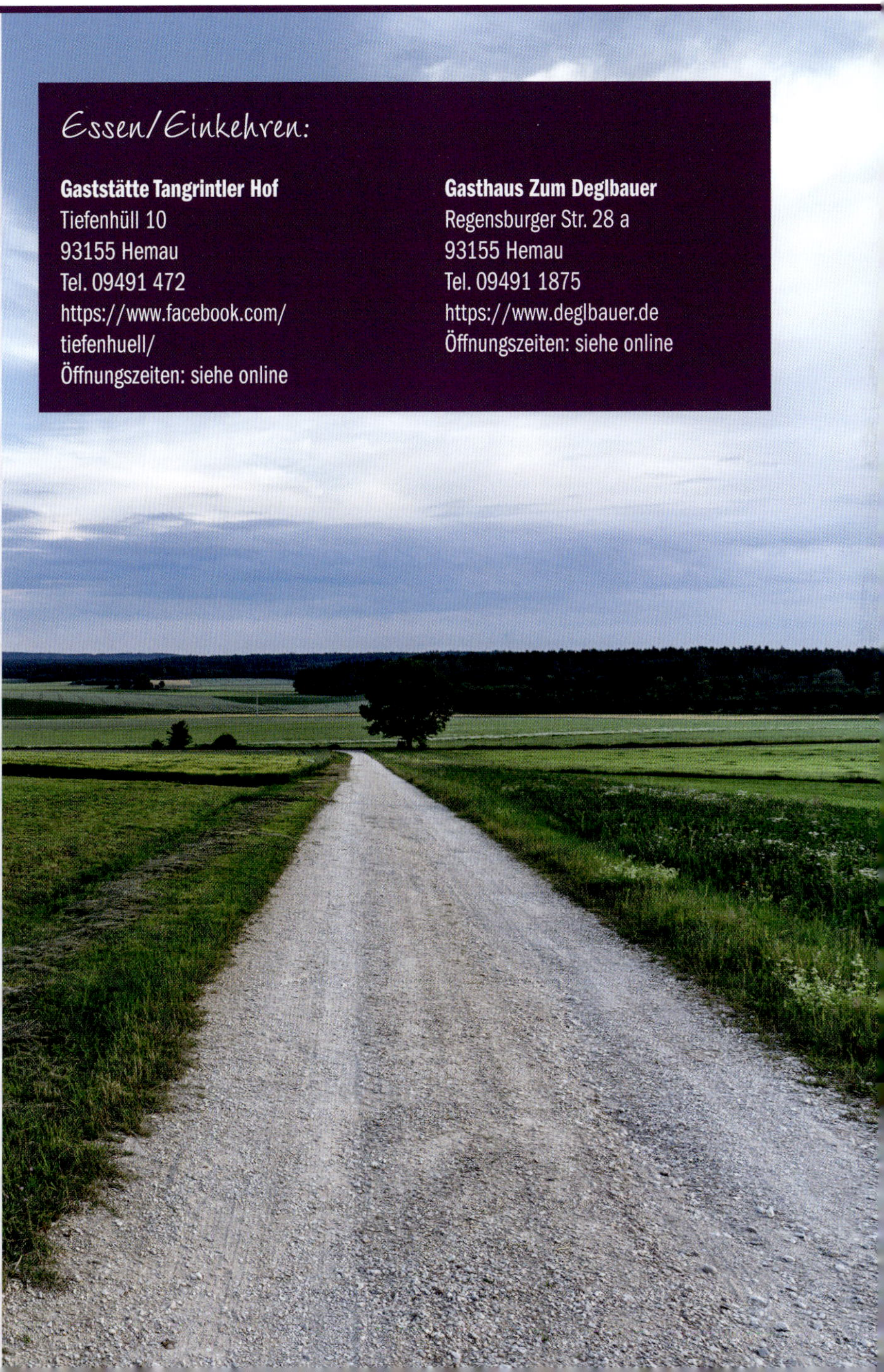

Mittel

10,8 km

↓↑ 120 m

ca. 3 Std.

Friesenmühle – Beilnstein – Mäusermühle – Gleislmühle – Kollersried – Birkenhof – Kemetshof

Auf dem Mühlenwanderweg entlang und über das Tal der Schwarzen Laber.

Markierung:
Waldverein Regensburg e.V.: rotes Dreieck, blaues Dreieck; Burgensteige (Ritter Wonnebold), Main-Donau-Radweg (MD); Mühlenwanderweg

Parken:
Parkplatz Landgasthof Friesenmühle bei Beratzhausen

NAVIGATION: Landgasthof & Pension Friesenmühle, Friesenmühle 1, 93176 Beratzhausen

FRIESENMÜHLE

Viel Wasser, einige Mühlen und ein wenig Höhenluft

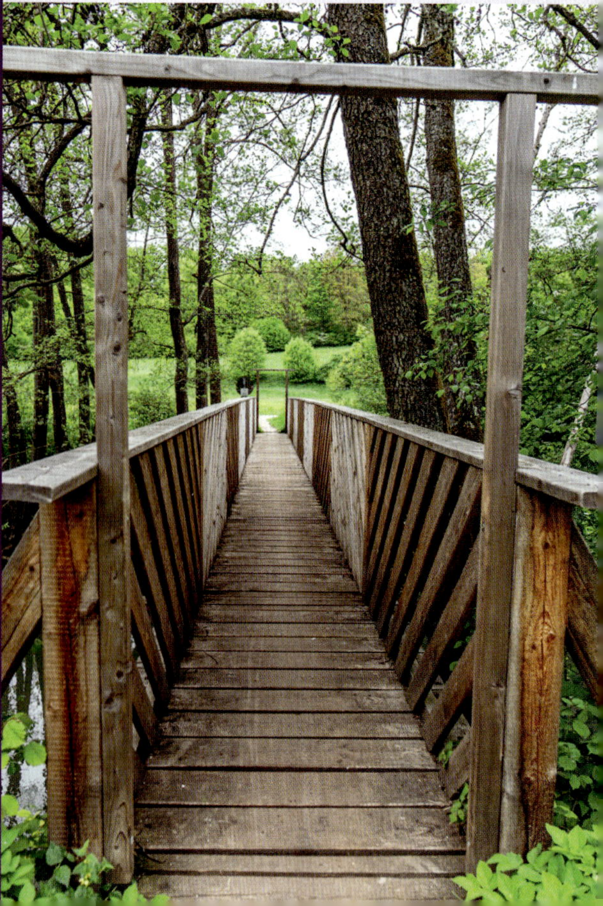

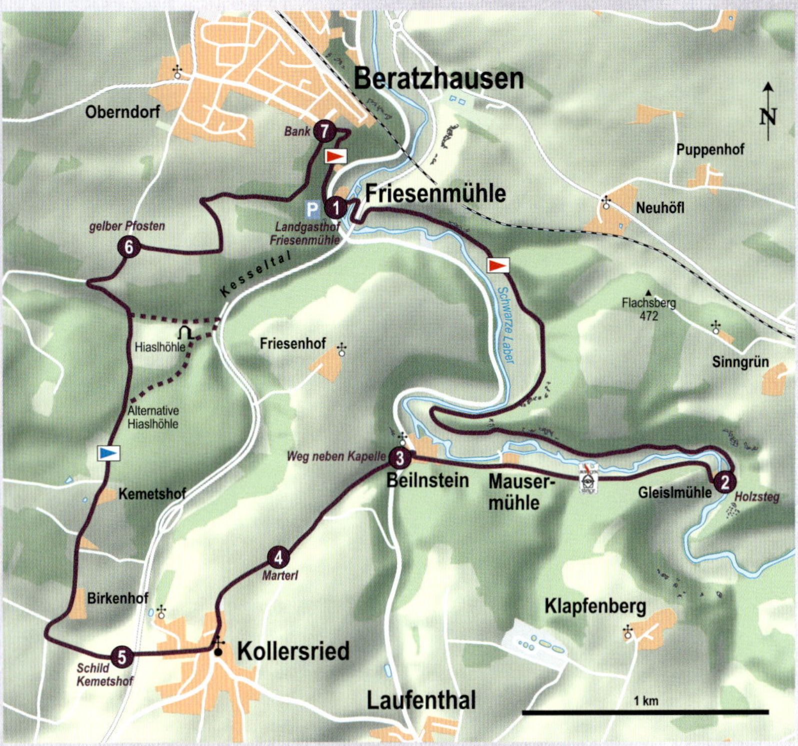

1. Friesenmühle – Start/Ziel
2. Holzsteg
3. Weg neben Kapelle
4. Marterl
5. Schild Kemetshof
6. Abzweigung
7. Sitzbank

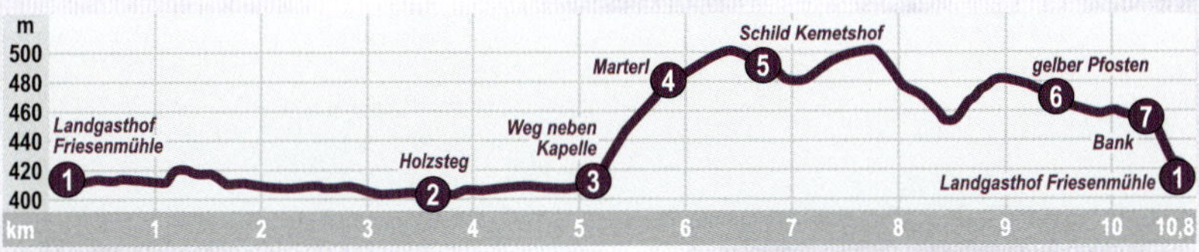

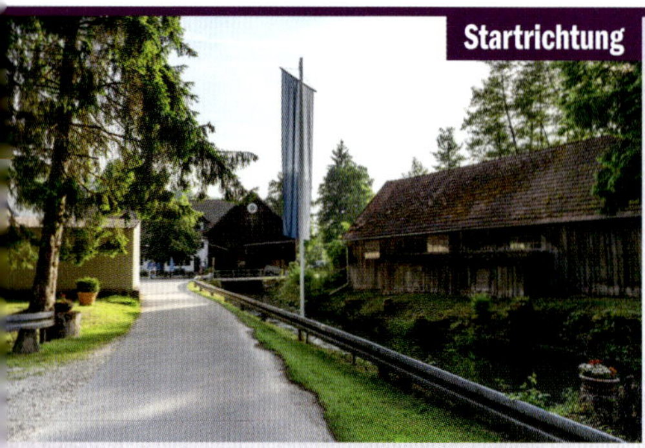

Startrichtung

Diese Runde beginnt direkt am Ort der Einkehr – dem Parkplatz des Landgasthofes Friesenmühle ❶. Hier gehen wir entlang der Schwarzen Laber direkt am Biergarten vorbei, überqueren den Fluss und folgen der Beschilderung des Mühlenwanderwegs, welcher uns unter der Straße hindurchführt. Wir folgen dem Mühlenwanderweg, welcher bereits 1953 ins Leben gerufen wurde, in östlicher Richtung. Unser erstes Etappenziel ist die Gleislmühle in 4,5 Kilometern Entfernung.

Auf diesem Abschnitt teilen wir uns den Weg mit Wanderern, Spaziergängern und Radfahrern. Wir bestaunen großartige und eindrucksvolle, schroffe Felsformationen, die für diese Landschaft typisch sind. Die Route ist flach und mit den Markierungen „MD", „Burgensteig" und „rotes Dreieck" sehr gut ausgeschildert. Wir bleiben auf dem Weg, welcher hinter der Mäusermühle hindurchführt. Etwa 350 Meter, nachdem wir die Gleismühle, die vierte Mühle seit dem Beginn der Wanderung, rechts liegen gelassen haben, überqueren wir rechts eine schmale, hölzerne Brücke über die Schwarze Laber, über die auch der Radweg führt (siehe Seite) ❷.

Typische Felsformationen

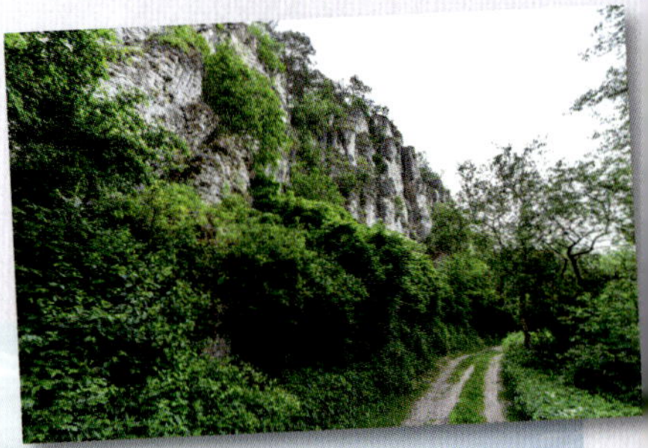

Der Mühlenwanderweg

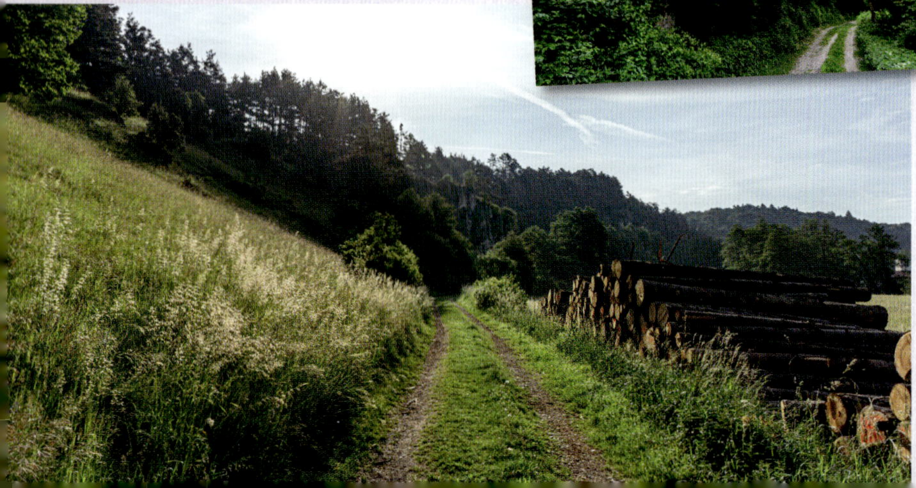

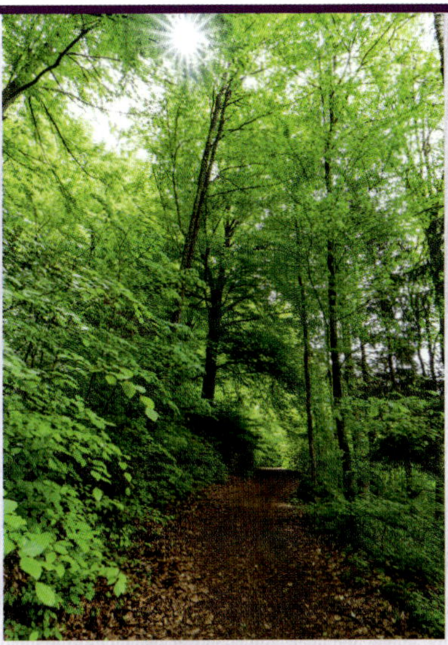

Der Weg ...

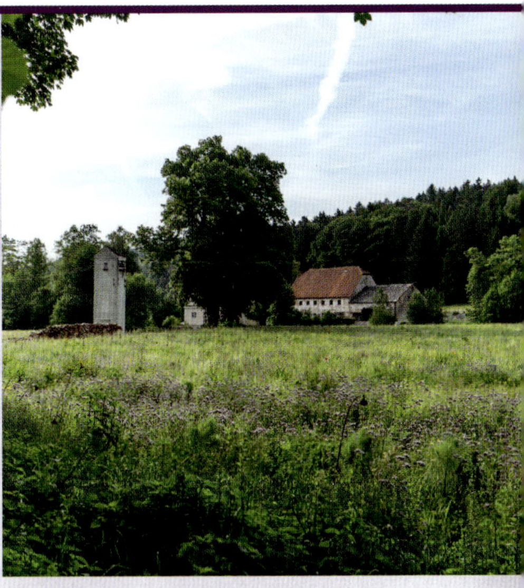

... hinter der Mäusermühle

Wir biegen nach rechts in nordöstlicher Richtung auf den Feldweg ab, welcher auf Höhe der Gleislmühle zu einer wenig befahrenen Teerstraße entlang der Schwarzen Laber wird. Unser Ziel ist der beschauliche Ort Beilnstein in etwa 1,5 Kilometern Entfernung. Wir lassen erneut die Mäusermühle rechts liegen und erreichen kurz darauf das idyllische Örtchen Beilnstein mit seiner kleinen Kapelle St. Anna ❸. Nun wählen wir den Feldweg, der direkt neben der kleinen Kirche liegt und am Waldrand den Berg hoch in Richtung Hemau führt.

Schon bald wird bei dem Anstieg aus dem Forstweg eine schmale geteerte Straße, die nach etwa einem Kilometer in südwestlicher Richtung bergauf in den Hammermühlweg in Kollersried mündet. Zwischendurch rasten wir kurz neben dem Schotterweg auf einer Bank neben einem gepflegten Marterl ❹.

Gleislmühle

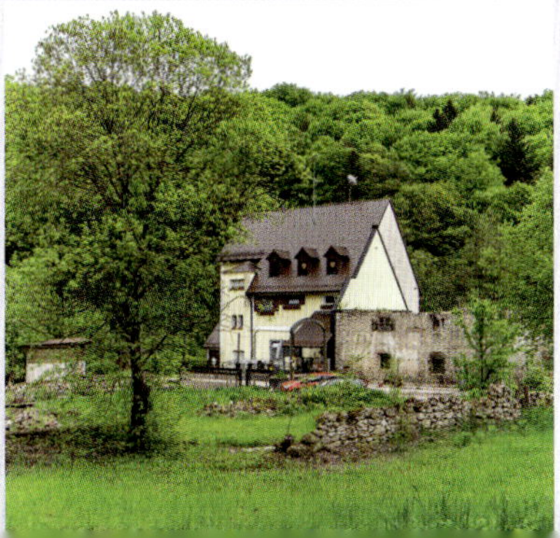

Kapelle St. Anna

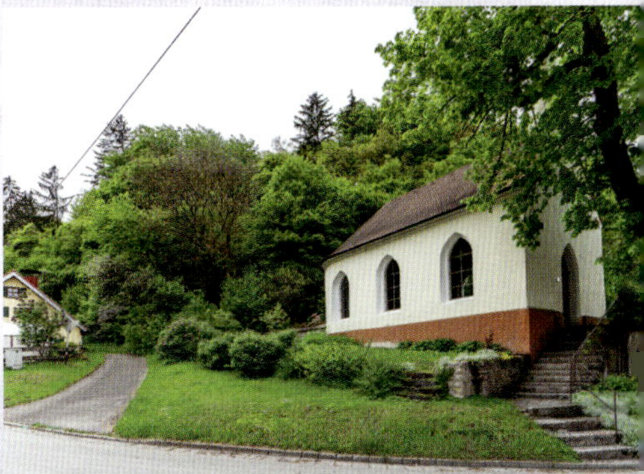

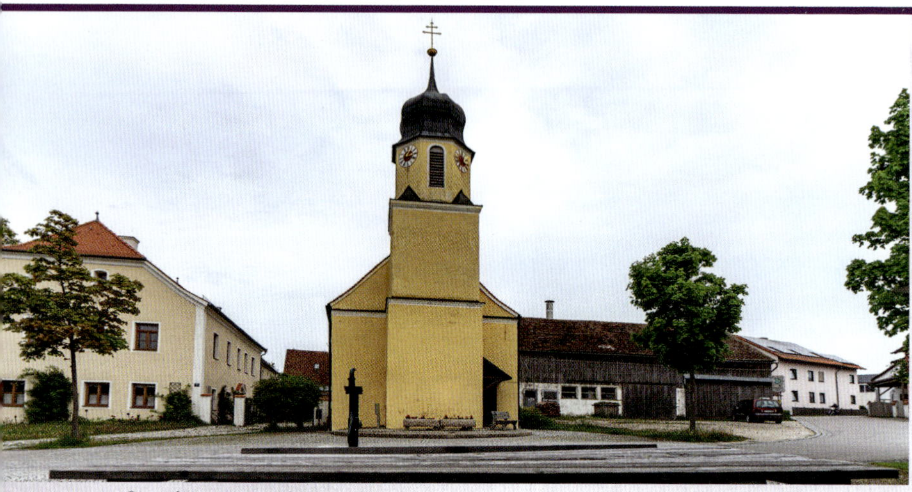

St. Jakob in Kollersried

Der schön gestaltete Dorfplatz bei der Pfarrkirche St. Jakob und dem ehemaligen Schloss lädt zu einer kurzen Ruhepause ein. Wir wandern nach Westen die Hofmarkstraße entlang und überqueren die Hauptstraße, die Beratzhausen mit Hemau verbindet, und gehen geradeaus weiter in Richtung Kemetshof ❺. Nach etwa 350 Metern macht die schmale Straße eine Biegung nach rechts. Hier finden wir nach längerer Zeit wieder eine Wegmarkierung: das blaue Dreieck. Daran orientieren wir uns und passieren die beiden Höfe Birkenhof und Kemetshof. Zwischendurch lassen wir unseren Blick hinüber nach Kollersried gleiten.

Auf dem abschüssigen Weg passieren wir diverse Wegekreuze, doch eines fällt uns besonders ins Auge. Es ist aus Holz, durchaus wuchtig und drei bekannten Spirituosen gewidmet. Wenige Meter danach kommen wir an eine Weggabelung. Wir folgen weiterhin dem blau-weißen Dreieck.

Alternative: Am Drillingsbaum mit dem Wegweiser biegen wir rechts ein auf einen verwunschenen Waldweg und gehen auf Entdeckungsreise zur Hiaslhöhle. Dieser Weg ist etwas verwildert und etwa einen Kilometer länger. Wir spazieren durch das Waldgebiet Bärenloch und erreichen wenig später, etwas

Wegkreuz vor der Gabelung

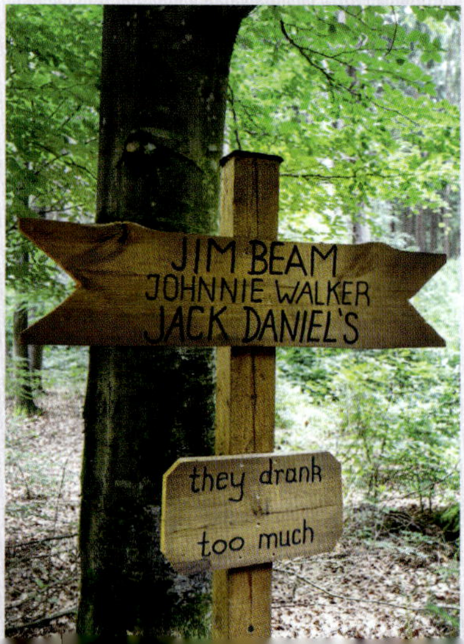

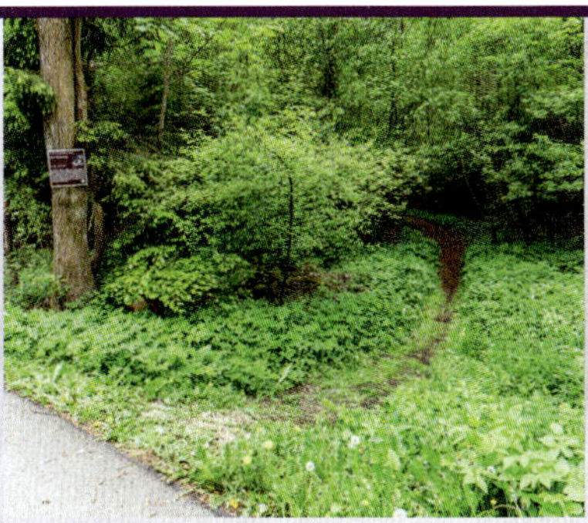

Einstieg zur …

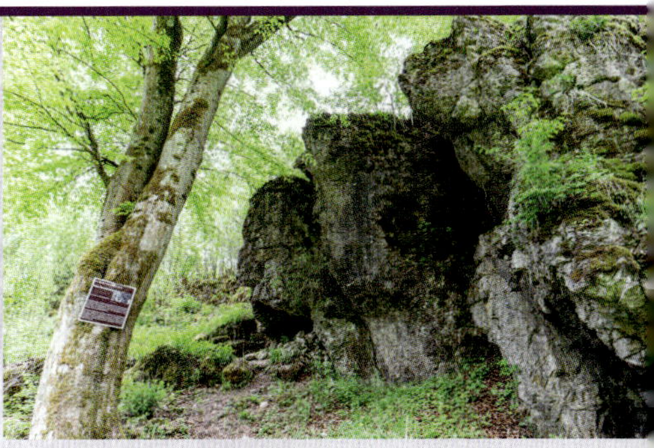

… Hiaslhöhle

abschüssig, eine sehr schmale Straße, welcher wir talwärts in Richtung Norden folgen. Kurz vor der Brücke befindet sich etwas versteckt ein quadratisches Schild, welches uns etwas über den „Hiasl-Wanderweg" erklärt. Der Weg an sich ist nicht begehbar, da er zugewachsen ist. Sehr idyllisch und sehenswert ist jedoch die Hiaslhöhle, die man nach etwa 30 Metern erreicht und die mit einer Sitzgelegenheit zum Verweilen einlädt, während Kinder die Höhle erkunden könnten. Schließlich geht es einen kurzen, geschotterten Anstieg hinauf. An dessen Ende wenden wir uns an einer T-Kreuzung nach rechts in Richtung Beratzhausen.

Der Schotterweg führt zwischen Hochsitzen und Wiesen hindurch. Der nächste Kilometer folgt einem Zickzack-Kurs. Wir wählen die erste Abzweigung rechts, welche von einem gelben Pfosten gekennzeichnet wird ❻. Wenig später biegt der Weg nach links, sodass wir erneut in Richtung Beratzhausen blicken, um nach 220 Metern erneut nach rechts den Feldweg in Richtung Wald zu wählen.

Im Wald erreichen wir bald eine idyllische Weggabelung, an welcher wir uns links halten (kleines Bild links). Wir halten uns immer links und spazieren kurz darauf am Waldrand entlang (kleines Bild rechts) in Richtung einer Siedlung. An einer hölzernen Sitzbank ❼ gehen wir einen schmalen Pfad talwärts und biegen wenig später ab nach rechts. Nach einem kurzen Abstieg stehen wir vor der Friesenmühle.

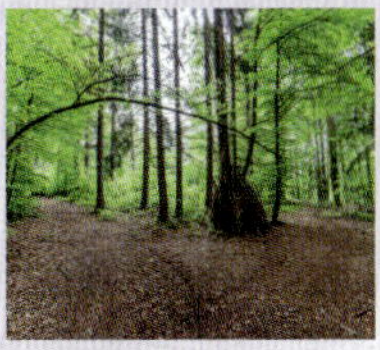

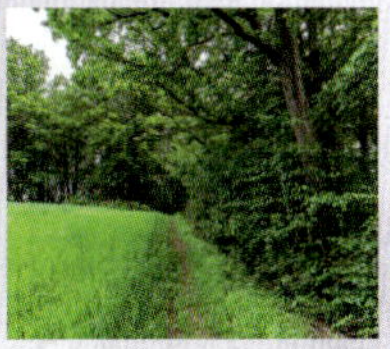

Essen/Einkehren:

Landgasthof & Pension Friesenmühle
Friesenmühle 1
93176 Beratzhausen
Tel. 09493 735
https://www.friesenmuehle.de
Öffnungszeiten: siehe online

Leicht

9,8 km

↓↑ 150 m

2½ – 3 Std.

PAPIERMÜHLE

Zwischen Mühlen und schattigen Wäldern

Papiermühle – Endorfmühle – Schafbruckmühle – Lindenhof – Schallerwöhr – Wollmersdorf – Schernried – Berghof

Eine abwechslungsreiche Runde durchs und über dem Tal der Schwarzen Laber. Wir passieren vier sehenswerte Stationen entlang des Flusses und tauchen ein in den Duft des schattigen Waldes.

Markierung:
Burgensteig (Ritter Wonnebold), „MD" (Main-Donau-Radweg), rotes Dreieck auf weißem Rechteck (Wanderverein Regensburg), Tal der Schwarzen Laber, Bayernnetz für Radler

Parken:
Auf dem Parkplatz am Ortsausgang von Papiermühle an der Beratzhausener Straße (St 2394) einen Kilometer vor Laaber

NAVIGATION: Papiermühle 1, 93164 Laaber

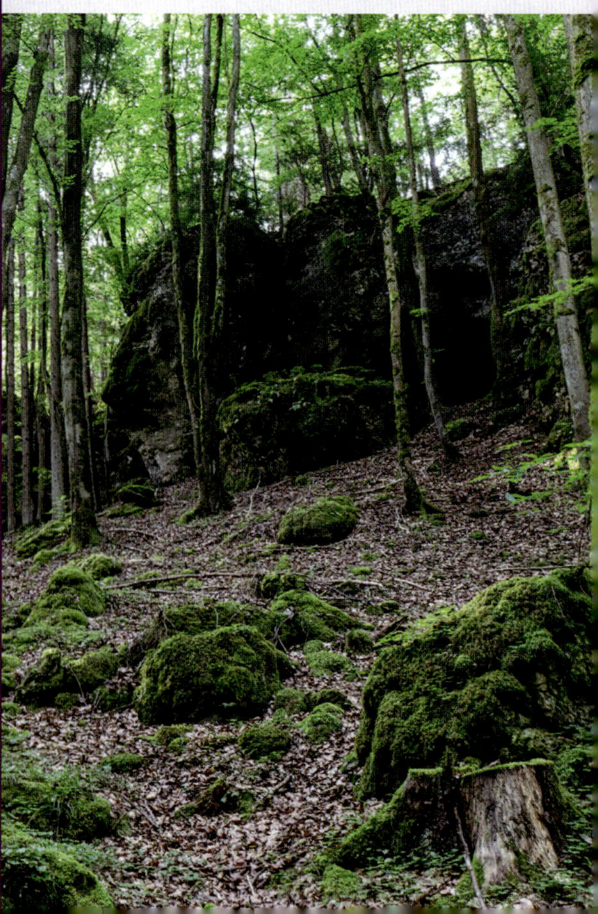

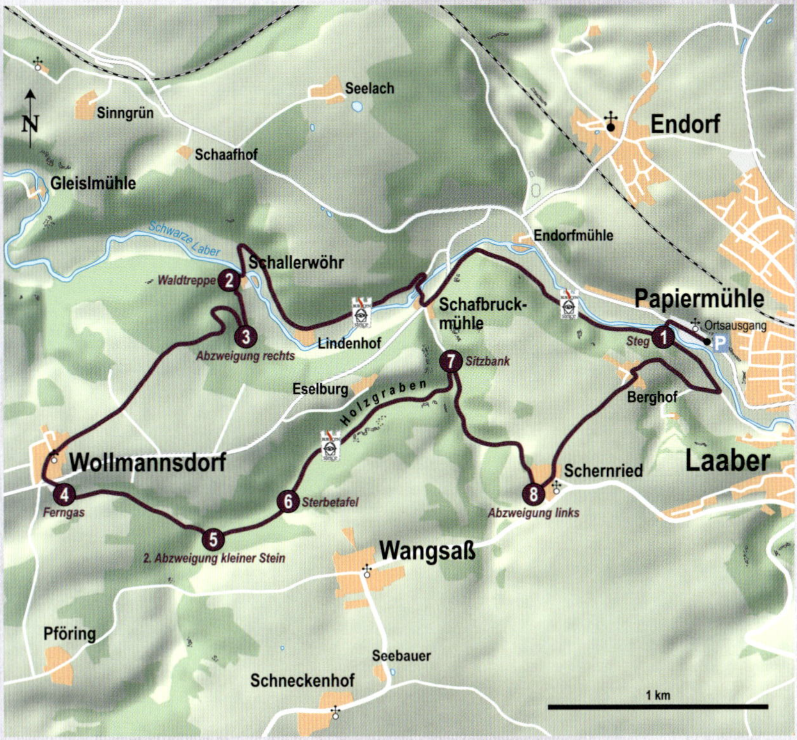

❶ Start am Steg

❷ Waldtreppe

❸ Abzweigung rechts

❹ Ferngas

❺ 2. Abzweigung kleiner Stein

❻ Sterbetafel am Baum

❼ Sitzbank

❽ Abzweigung links

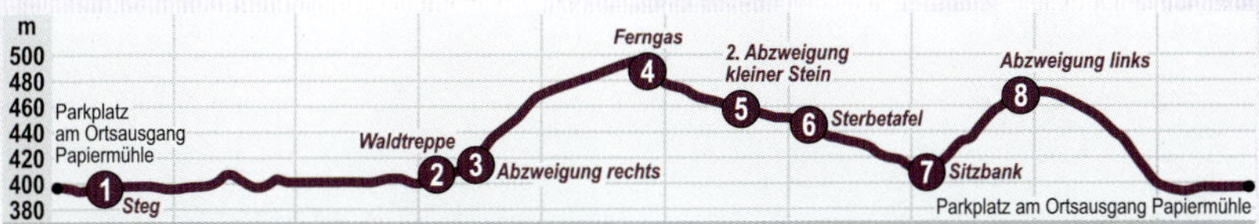

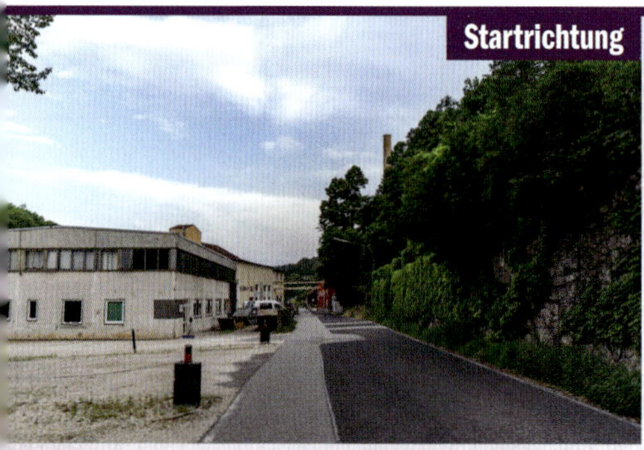

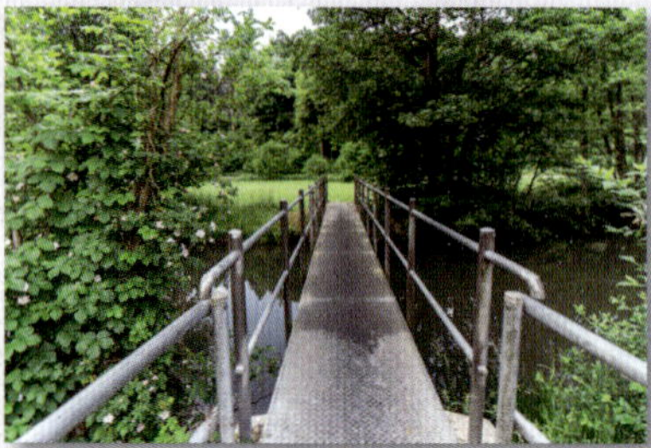

Schmaler Steg über die Schwarze Laber

Unsere Wanderung beginnt mit der Überquerung der Schwarzen Laber über einen schmalen Steg am Ortseingang von Papiermühle von Beratzhausen kommend ❶. Danach biegen wir auf dem beliebten Schotterweg in westlicher Richtung nach rechts ab, mit der Ortschaft Laaber in unserem Rücken. Das blauweiße „MD“ (Main-Donau-Weg, Juralinie Teil 3) sowie ein rotes Dreieck und Rechteck auf weißem Grund des Waldvereins Regensburg dienen uns als Orientierungshilfen.

Auf den folgenden 1,2 Kilometern lassen wir die etwas vergessen wirkende Endorfmühle rechts liegen und machen eine 90-Grad-Biegung und blicken auf die Schafbruckmühle. Wir überqueren die Straße R17, passieren die Mühle und biegen am anderen Ufer der Schwarzen Laber nach links auf die Straße in südwestlicher Richtung ab und gelangen zum Landhaus Lindenhof. Unser nächstes Zwischenziel ist die Schallerwöhr.

Endorfmühle

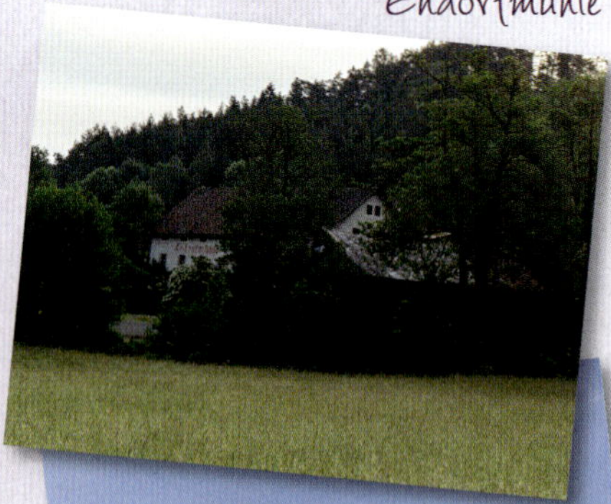

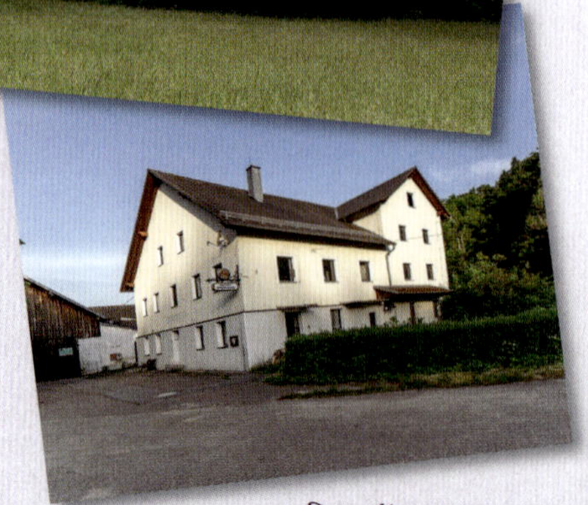

Schafbruckmühle

Lindenhof

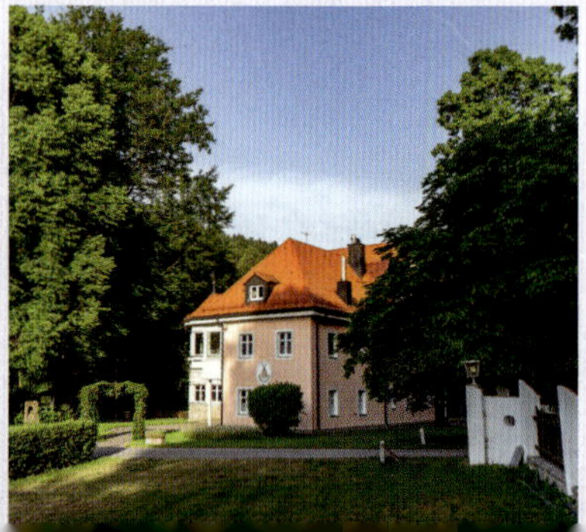

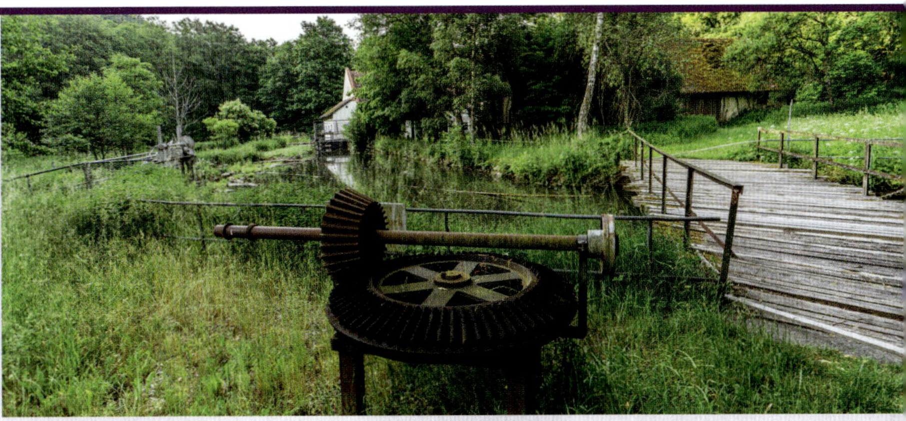

Schallerwöhr

Nach weiteren 500 Metern erreichen wir die Abzweigung bei der Schallerwöhr. Bevor wir uns dieser Kleinwasserkraftanlage aus dem Jahr 1907 nähern, können wir uns auf einer Bank am Waldesrand ausruhen. Besonders einladend wirkt die beschauliche Anlage nicht gerade. Wir folgen den Markierungen „MD“ und dem roten Dreieck und beginnen einen kurzen, etwas versteckten Aufstieg auf einer idyllischen Waldtreppe ❷. Nun befinden wir uns wenige Meter oberhalb der Schallerwöhr und halten uns an die Wegweiser, links auf einem schmalen Pfad am Waldrand hinab für etwa 200 Meter.

Vor der Waldtreppe

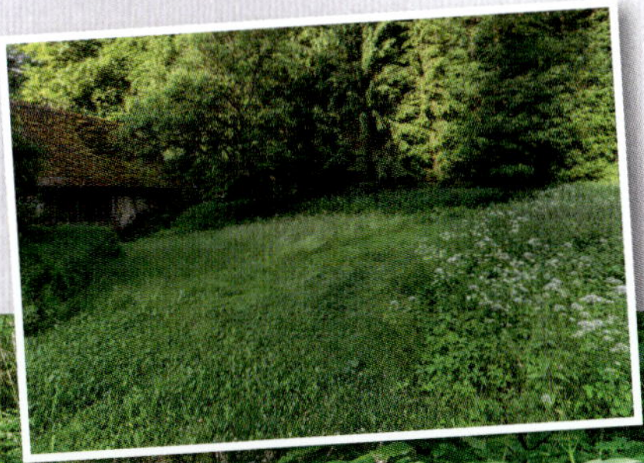

Waldtreppe

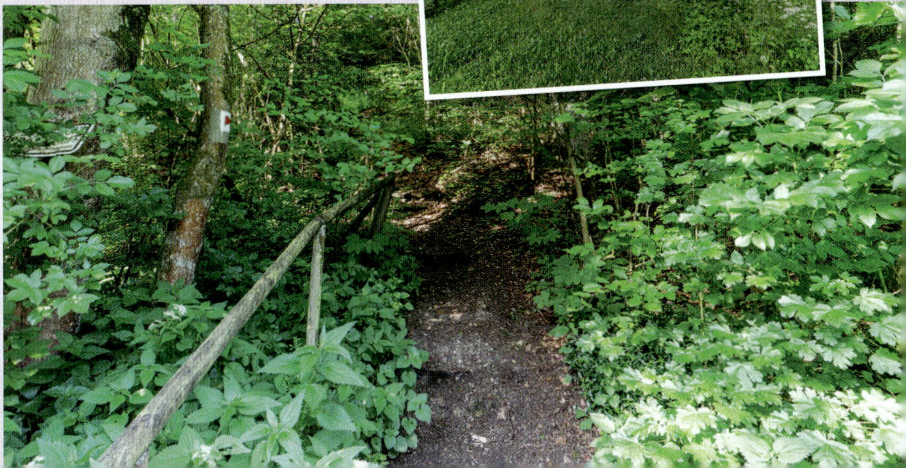

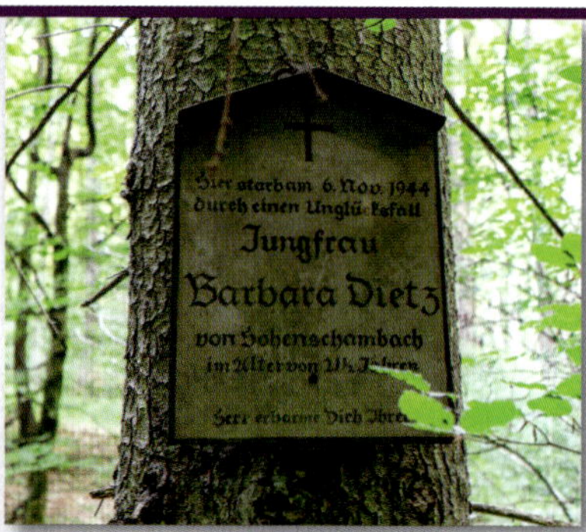

Sterbetafel

Wir gelangen an eine kleine Kreuzung, verlassen die markierten Wege und biegen scharf nach rechts ab und folgen dem breiten Forstweg bergauf ❸. Wir verlassen den Wald nach ca. 500 Metern, der Anstieg wird flacher und vor uns erscheint am Horizont unser nächstes Ziel, der kleine Ort Wollmannsdorf. Bis dahin lassen wir die Weite der wunderschönen Landschaft des Oberpfälzer Jura auf uns wirken.

In der kleinen Ortschaft Wollmannsdorf lassen wir die beschauliche Kapelle links, eine Milchtankstelle rechts liegen und überqueren am Ortsausgang die Straße R17 leicht links in südöstlicher Richtung. Wenige Meter nach dem gelben Ferngas-Pfosten nehmen wir die Abzweigung nach links auf den Feldweg in Richtung Wald ❹.

Nach etwa 650 Metern gelangen wir an die vermutlich heikelste Stelle der Wanderung. Wir befinden uns an einer Weggabelung im Wald. Es führen zwei Pfade links entlang einer Doline bergab. Wir nehmen den zweiten, etwas oberhalb der Senke, so dass die Doline quasi immer links von uns ist. Ein kleiner Stein und ein Schriftzug „Zur Hirschenstube“ an einem Baum markieren der Weg ❺.

Nun orientieren wir uns immer an der Doline für etwa 1,6 Kilometer, immer im Schatten des Waldgebiets Stuben auf dem verwunschenen Forstweg. Während wir östlich talabwärts marschieren, erfahren wir, an welcher Stelle entlang des Holzgrabens im November 1944 eine Jungfrau ihr Leben ließ ❻, und können unter Umständen unterhalb des Felsenmassivs Hirschstuben Kletterer beobachten oder selbst die Höhlen erforschen.

Kapelle in Wollmannsdorf

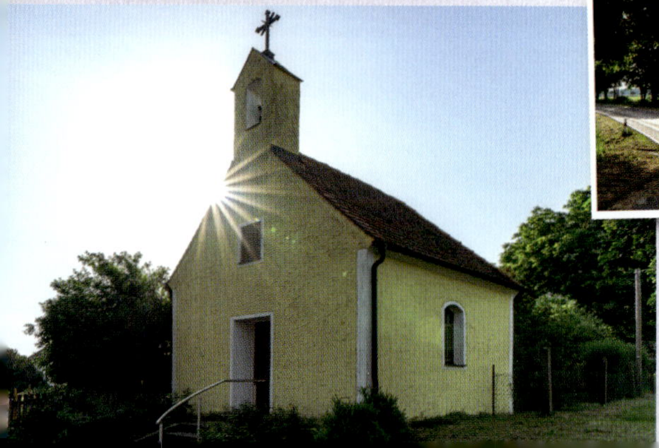

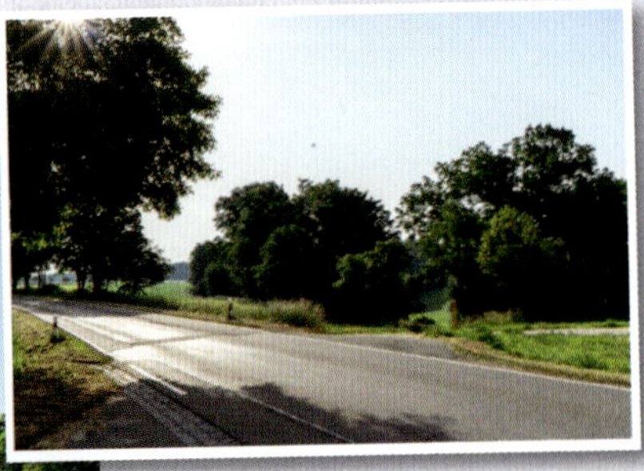

Überquerung der R17

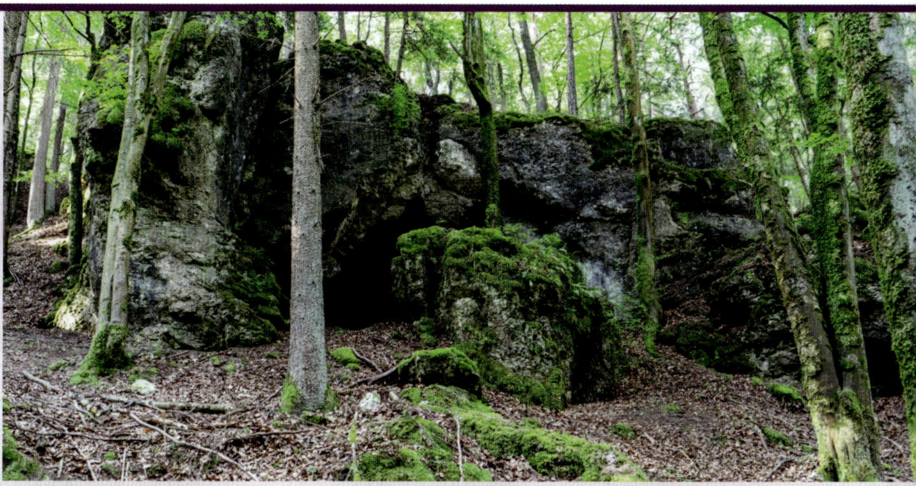

Hirschenstube

Einige Meter nach der Hirschenstube kommen wir an eine T-Kreuzung, an welcher uns an einer Bank erneut Ritter Wonnebold begrüßt ❼. Wir biegen nach rechts ab und folgen dem geschotterten Anstieg für 650 Meter durch das Waldgebiet und erreichen dann das Dörfchen Schernried. Wenige Meter nach einem idyllischen Baum rechts biegen wir links in die einzige Abzweigung des Ortes ab und erreichen schon bald in nordöstlicher Richtung die Einöde Berghof, während wir am Horizont die Ortschaft Laaber im Tal erkennen ❽.

Wir durchqueren Berghof, bleiben auf dem geschotterten Feldweg und erreichen schließlich kurz vor der Ortschaft Laaber wieder die Schwarze Laber. Links erblicken wir den markanten Schornstein der Papiermühle und erreichen so nach wenigen Metern unseren Ausgangspunkt.

Essen/Einkehren:

Brauerei Gasthof Plank
Marktplatz 1
93164 Laaber
Tel. 09498 8707
www.brauerei-plank.de
Öffnungszeiten: bitte telefonisch erfragen

Münchsmühle an der Schwarzen Laber
Münchsmühle 2
93164 Laaber-Münchsmühle
Tel. 09498 9073024
www.muenchsmuehle-laaber.de
Öffnungszeiten: siehe online

DEUERLING

9 Stationen, 3 Hügel und ein Fluss

Mittel

10,2 km

↓↑ 155 m

ca. 3 Std.

Deuerling – Stegenhof – Münchsmühle – Türklmühle – Kleinetzenberg – Stegenberg – Neuhäusl – Deuerling am Bach – Hillohe

Eine mittelschwere Wanderung durch das Labertal über neun Stationen und drei Hügel rund um Deuerling mit teilweise unmarkierten Wegen.

Markierung:
Markierungen des Waldvereins Regensburg (W25, rotes Dreieck); Main-Donau-Radweg (MD), Bayernnetz für Radler, Burgensteige

Parken:
Parkplatz direkt am Sportgelände des TSV Deuerling am Steinbrückler Weg

NAVIGATION: TSV Deuerling, Steinerbrückler Weg 20, 93180 Deuerling

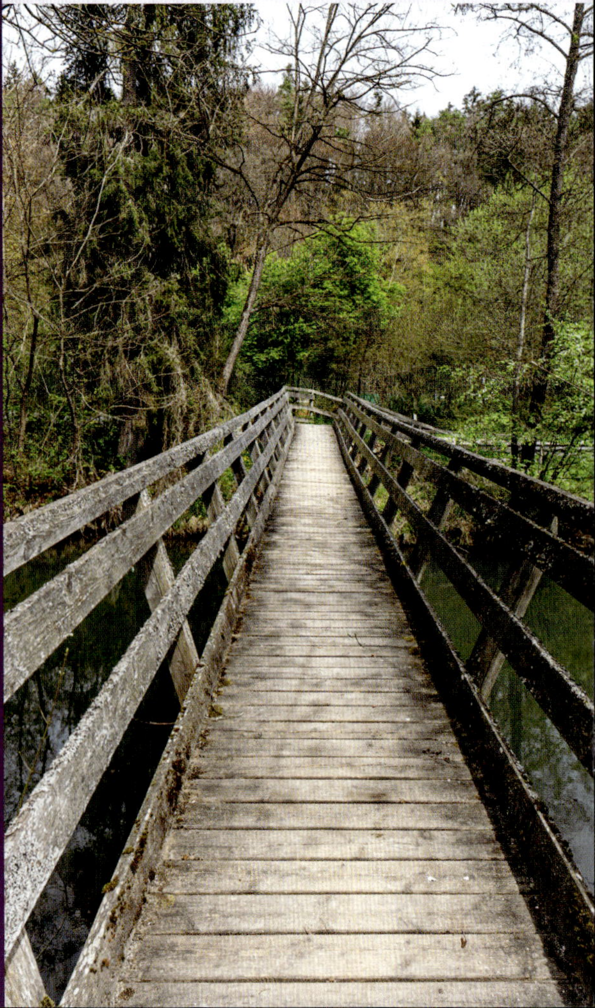

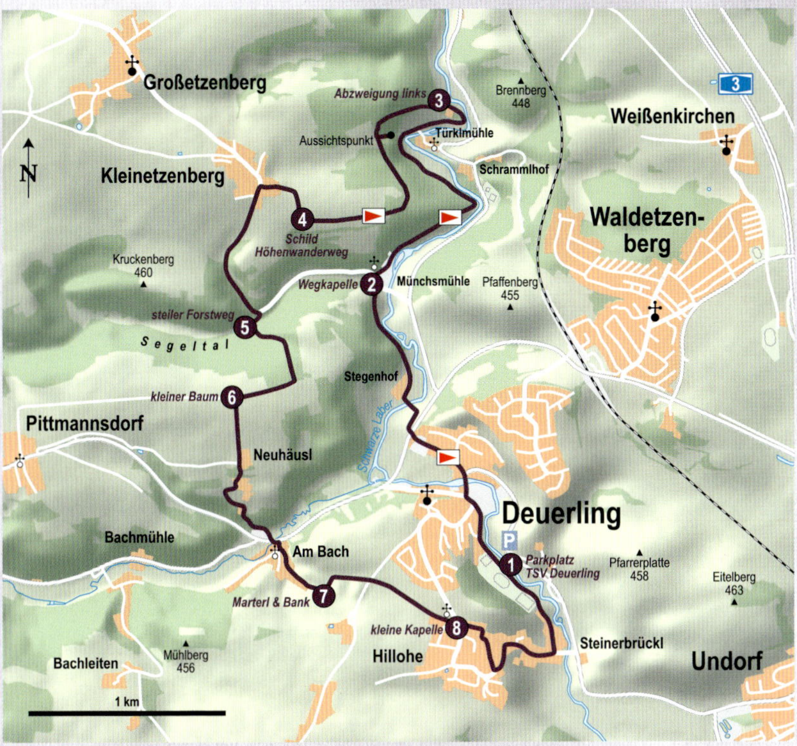

1. Parkplatz TSV Deuerling – Start/Ziel
2. Wegkapelle
3. Abzweigung links
4. Schild Höhenwanderweg
5. Steiler Forstweg
6. Kleiner Baum
7. Marterl & Bank
8. Kleine Kapelle

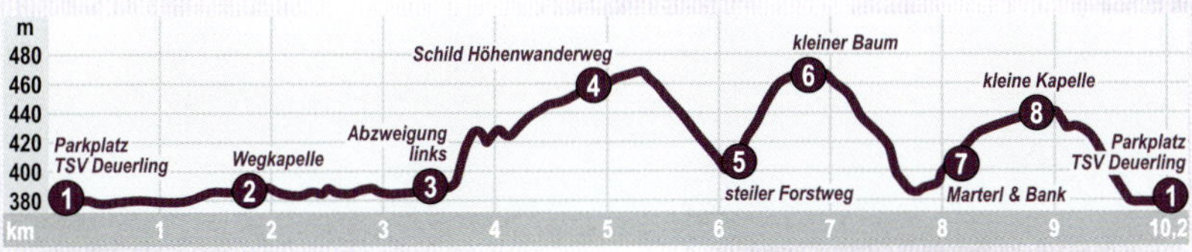

Startrichtung

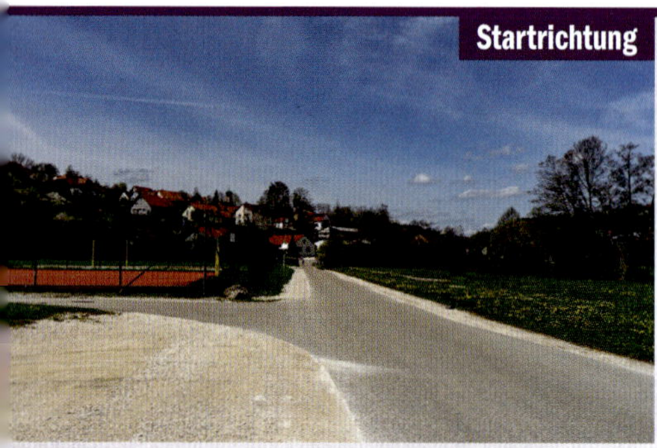

Wir parken am Sportzentrum des TSV Deuerling am Steinbrückler Weg und starten in Richtung Ortsmitte von Deuerling ❶. Auf dem Weg dorthin entlang der Schwarzen Laber können wir einen kurzen Abstecher zur Lourdesgrotte links machen (Bild 1), bevor wir dann wenig später rechts im Ort die Schwarze Laber auf einer Brücke überqueren (Bild 2). Wir durchqueren den Ort entlang der Regensburger Straße. Den ersten Teil der Wanderung orientieren wir uns am roten Dreieck des Rolf-Watter-Wegs Süd (W 25) bzw. am blau-weißen MD des Main-Donau-Radwegs.

Am Ortsausgang von Deuerling überqueren wir die Bundesstraße 8 und halten uns rechts in Richtung Stegenhof, wo wir ein weiteres Mal die Schwarze Laber überqueren.

Nach etwa 600 Metern erreichen wir die nächste Station auf unserer Runde. Kurz nach der Wegkapelle „Christus in der Rast" kommen wir zur Münchsmühle ❷ (Bild 4). Hier handelt sich um eine urige Brotzeitstubn mit Biergarten, welche zum Verweilen und Stärken einlädt. Unsere Runde führt uns seitlich daran vorbei.

Auf unserer nächsten Station, der Türklmühle in etwa 1200 Metern, passieren wir eine inte-

Lourdesgrotte

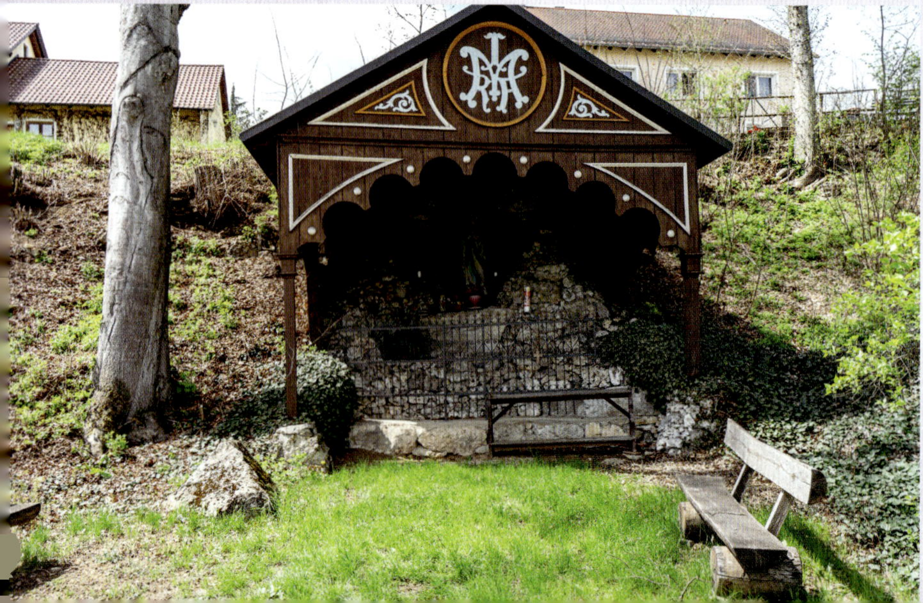

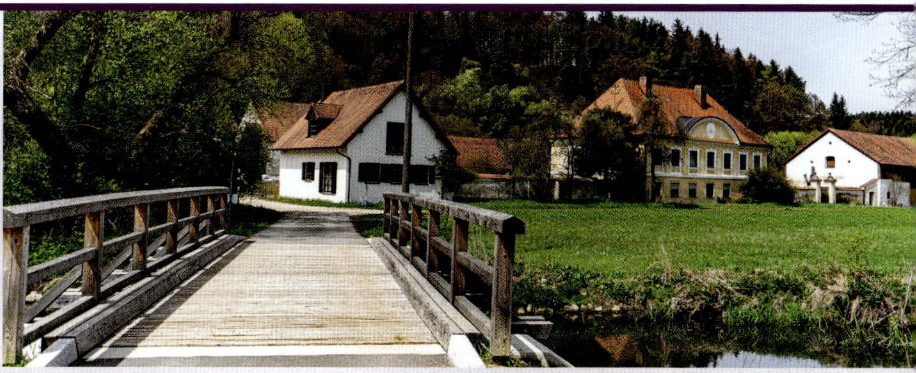

Brücke in Stegenhof

ressante Konstruktion. Es handelt sich um eine schmale, hölzerne Brücke über die Laber, die zum Sportgelände des SG Waldetzenberg führen würde. Wir gehen weiter und bewundern rechts die senkrechten Felswände. Idyllisch, aber wenig einladend wirkt die Türklmühle.

Wir bleiben auf unserem Weg entlang des Flusses und machen eine große Linkskurve. Nach etwa 350 Metern verlassen wir das markierte Terrain und biegen scharf nach links den Feldweg steil bergauf ab (kleines Bild links) ❸. Nach wenigen Metern halten wir uns an einer Abzweigung rechts (kleines Bild rechts) und sehen vor uns den zweiten Teil des Anstiegs. Oben angekommen befinden wir uns auf dem markierten Weg „W 47 Laaber – Deuerling“ (rotes Rechteck).

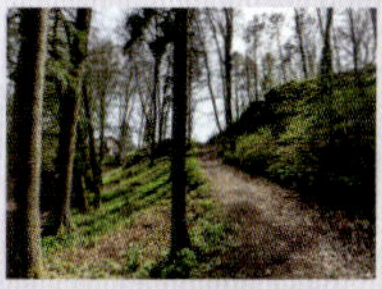

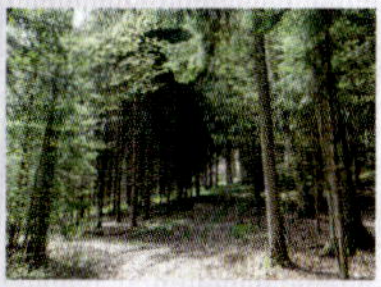

TIPP: Es lohnt sich, einen kurzen Abstecher zu einem großartigen Aussichtspunkt zu ma-

Münchsmühle

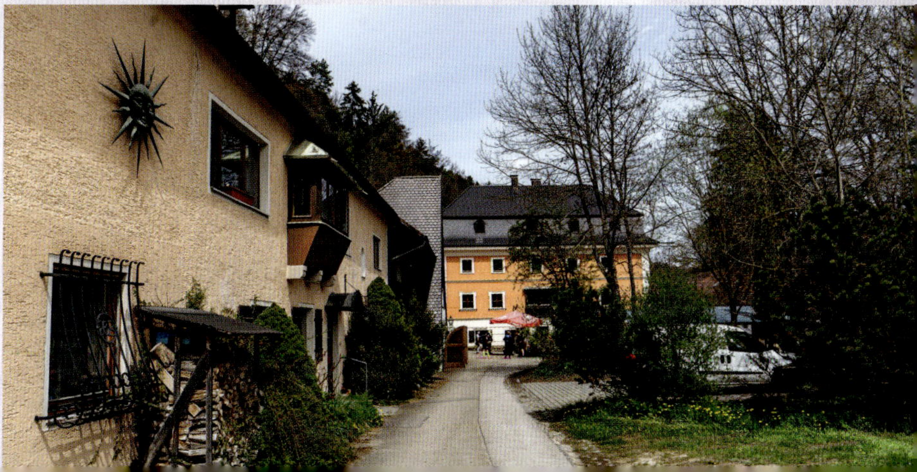

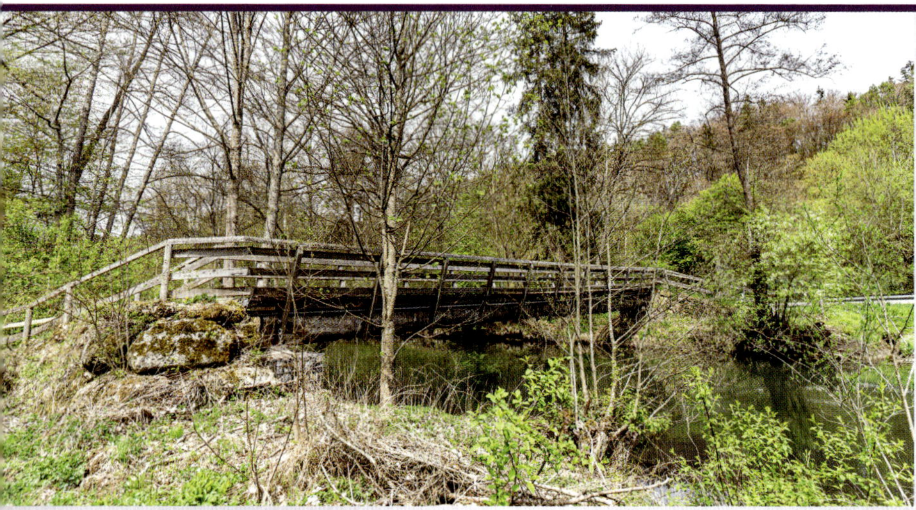

Holzbrücke vor Jürklmühle

chen. Wir folgen für 90 Meter der Markierung „roter Kreis“ und ruhen uns auf der Bank aus, während wir die Weite der beeindruckenden Landschaft auf uns wirken lassen.

Wieder zurück auf dem schattigen Pfad folgen wir dem markierten Weg für etwa einen Kilometer. Ein rotes, hölzernes Schild erklärt uns, dass wir uns auf dem Höhenwanderweg nach Laaber befinden ❹.

Wir bleiben auf dem geschotterten Feldweg und gehen geradeaus weiter bergauf in Richtung Kleinetzenberg. Ab hier sind wir auf unmarkiertem Terrain unterwegs. Wir erreichen die Ortschaft nach 250 Metern und durchqueren sie. Am Ende der Straße biegen wir an der Deuerlinger Straße nach links und folgen ihr für etwa 700 Meter südlich bergab.

Nach einer Linkskurve erkennen wir rechts eine Abzweigung (kleines Bild links). Wir orientieren uns rechts und halten uns nach wenigen Metern links. Nach etwa 60 Metern folgen wir einem sehr steilen Forstweg links, den Berg hoch ❺ (kleines Bild rechts). Es folgt der zweite steile Anstieg unserer Wanderung.

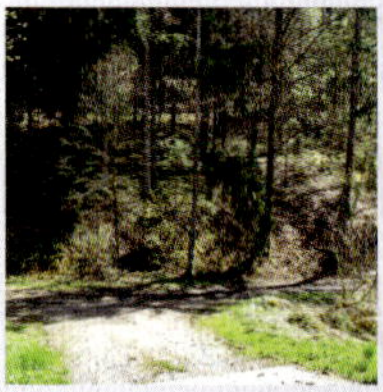

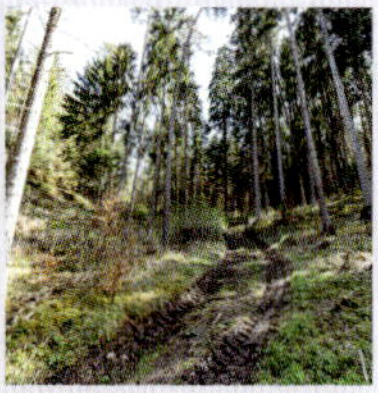

Dieser schlängelt sich steil durch den Wald für etwa 400 Meter, wobei wir uns links halten. Schließlich verlassen wir das Gehölz und gelangen auf einen geschotterten Weg. Wir orientieren uns rechts, entlang einer eingezäunten Wiese. An deren Ende nach etwa 300 Metern biegen wir links auf die geteerte Straße. Hier, auf dem Stegenberg, befindet sich ein kleiner Baum ❻.

Etwa 300 Meter vor uns in südlicher Richtung befindet sich die kleine Einöde Neuhäusl. Wir lassen sie links liegen und halten uns auf dem Feldweg rechts bergab (kleines Bild links). Nach weiteren 100 Metern orientieren wir uns ein weiteres Mal rechts, südlich in Richtung der Bundesstraße 8 (kleines Bild rechts).

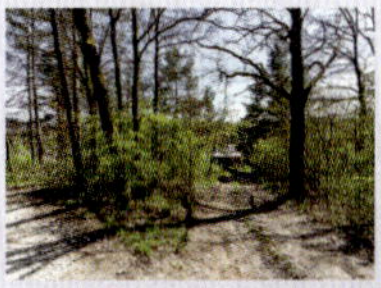

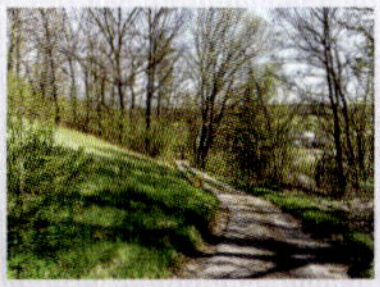

Wir überqueren die Bundesstraße und sind am Ortsschild von Deuerling Am Bach. Hier halten wir uns am Spielplatz links. Es folgt der letzte Anstieg der Runde. Nach 300 Metern befinden sich zu unserer Linken eine Rastbank und ein Marterl ❼.

Wenig später haben wir den letzten Anstieg erklommen. An der Kreuzung könnten wir links nach Deuerling wandern. Unser Weg ist jedoch geradeaus auf einem Feldweg, vorbei an einem mächtigen Wegekreuz in Richtung Hillohe.

Nach 500 Metern erreichen wir am Ortseingang die kleine Hilloher Kapelle ❽. Wir gehen gerade weiter auf der Straße „Am Burgfelsen" und an deren Ende ein paar Treppenstufen hinab in die „Egelsburger Straße". Am Ende des Wohngebiets biegen wir links bergab auf die „Heimberger Straße". Nach 400 Metern sind wir in Steinerbrückl im Labertal angekommen. Wir biegen links in die Labertalstraße und erreichen nach einem halben Kilometer unseren Ausgangspunkt.

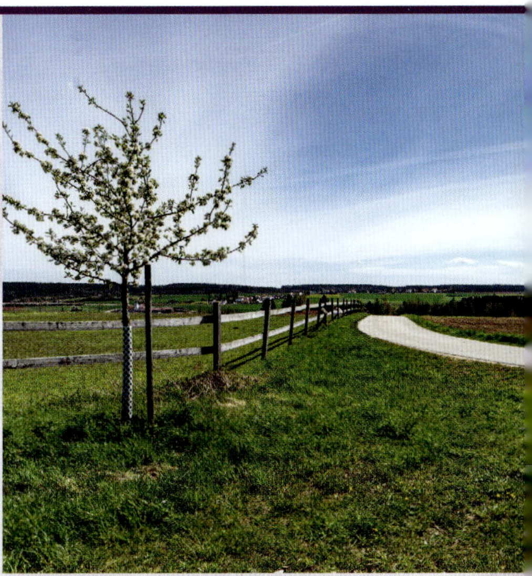

Kleiner Baum auf dem Stegenberg

Essen/Einkehren:

Brauerei Josef Goss
Regensburger Straße 16
93180 Deuerling
Tel. 09498 1512
www.brauerei-goss.de
Öffnungszeiten: siehe online

Landhaus Steinerbrückl
Undorfer Straße 25
93180 Deuerling
Tel. 09404 962020
www.steinerbrueckl-landgasthof.de
Öffnungszeiten: siehe online

EICHHOFEN

Auf Entdeckungstour entlang der Schwarzen Laber

Mittel

9,8 km

↓↑ 130 m

ca. 3 ½ Std.

Eichhofen - Loch - Schönhofen - Kühschlag - Thumhausen - Rammelstein

Eine abenteuerliche Runde für junge und jung gebliebenene Entdecker zwischen Eichhofen und Schönhofen mit unmarkierten Abschnitten zum Erkunden, Staunen und Entdecken.

Markierung:
Ritter Wonnebold (Burgensteige); „Main-Donau-Radweg"; Markierungen Waldverein Regensburg (rotes Dreieck; grünes Rechteck; blaues Rechteck)

Parken:
Direkt auf dem Parkplatz der Brauerei Eichhofen an der „Von-Rosenbusch-Straße" (St 2394)

NAVIGATION:
Schlossbrauerei Eichhofen; Von-Rosenbusch-Straße 8, 93152 Nittendorf

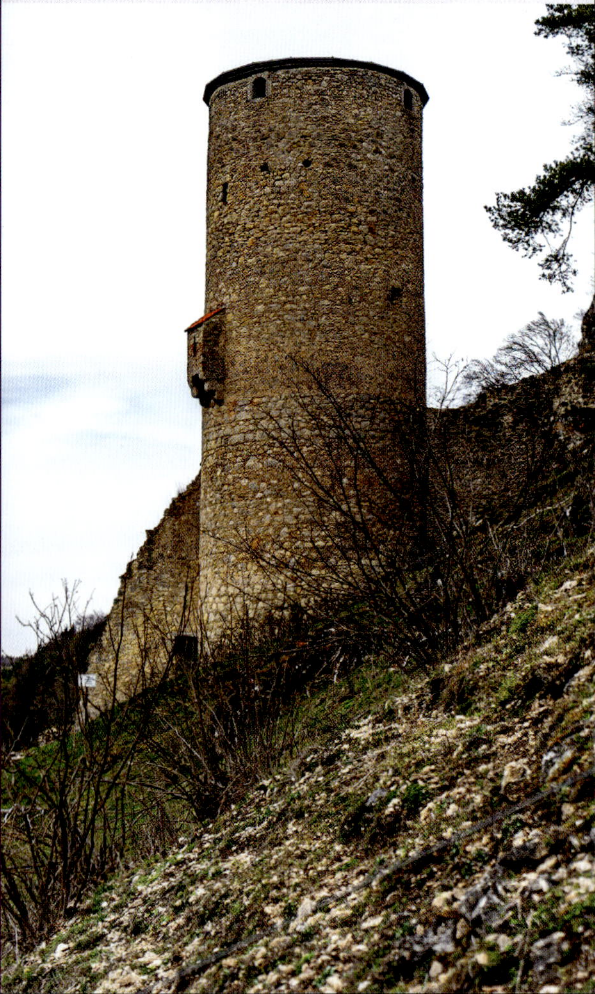

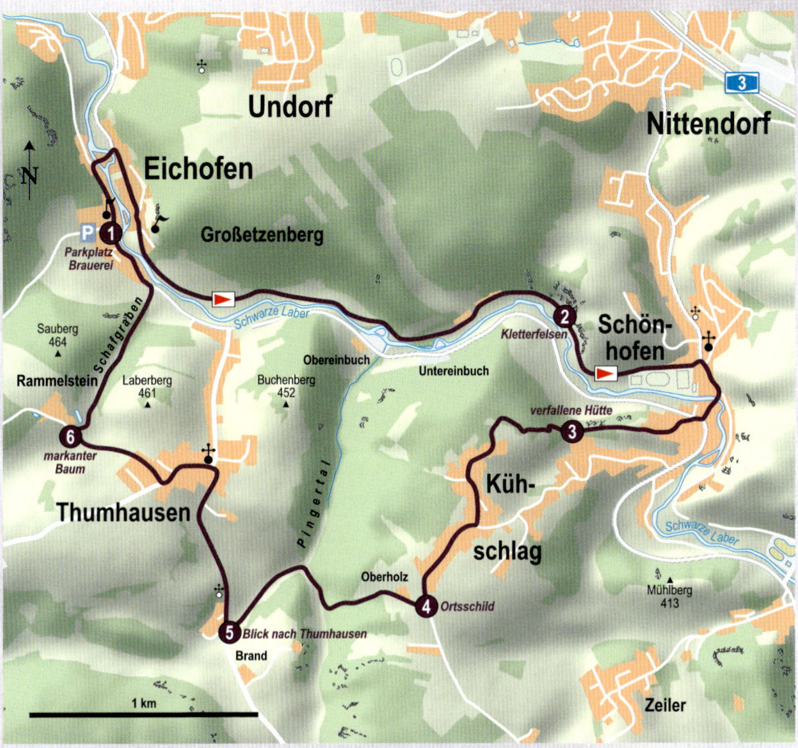

❶ Parkplatz Brauerei – Start/Ziel

❷ Kletterfelsen

❸ Verfallene Hütte

❹ Ortsschild Kühschlag

❺ Blick nach Thumhausen

❻ Markanter Baum

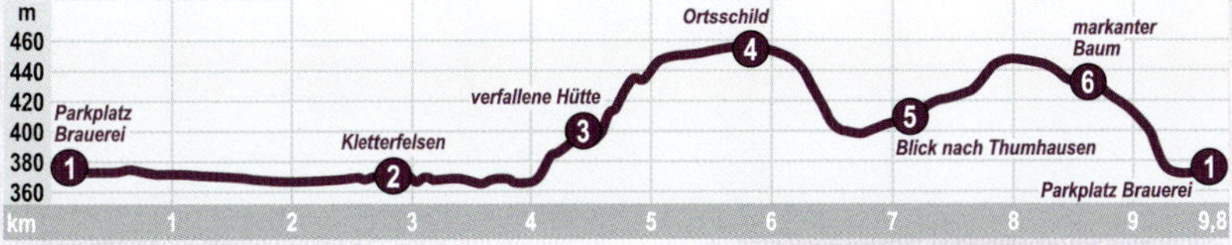

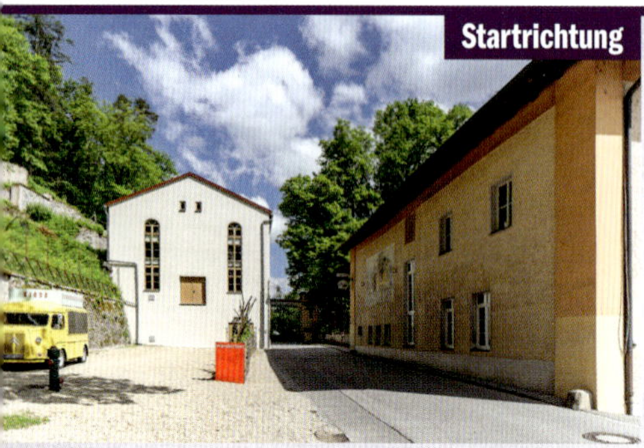

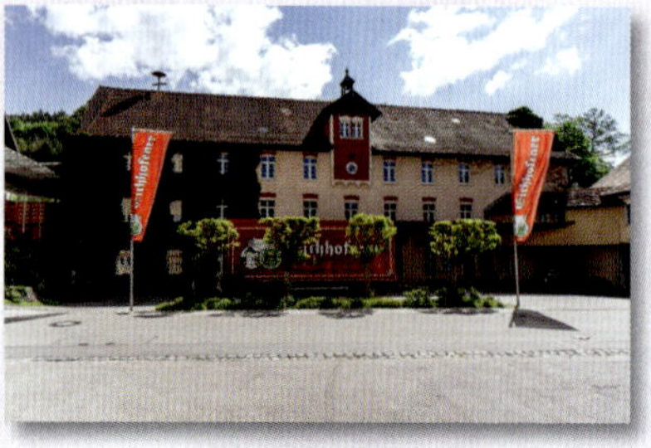

Eichhofener Brauerei

Unsere Wanderung beginnt nahezu „im Himmel der Bayern" – auf dem Parkplatz einer regionalen Brauerei in Eichhofen ❶. Unser erstes Ziel ist die Burgruine Loch in Sichtweite am anderen Ufer der Schwarzen Laber. Die erste Markierung, der wir folgen, ist ein rotes Dreieck auf weißem Grund.

Nach wenigen Metern überqueren wir die Schwarze Laber auf der Straße 2394 und biegen rechts ab auf die Labertalstraße im Ortsteil Loch. Die Burgruine Loch ist denkmalgeschützt und das Wahrzeichen von Loch. Derzeit ist sie wegen ihrer Baufälligkeit für Besucher nicht zugänglich. Aus diesem Grund bleiben wir auf der Labertalstraße. Nach Loch mündet die Straße in einen idyllischen Schotterweg.

Burgfried der Ruine Loch

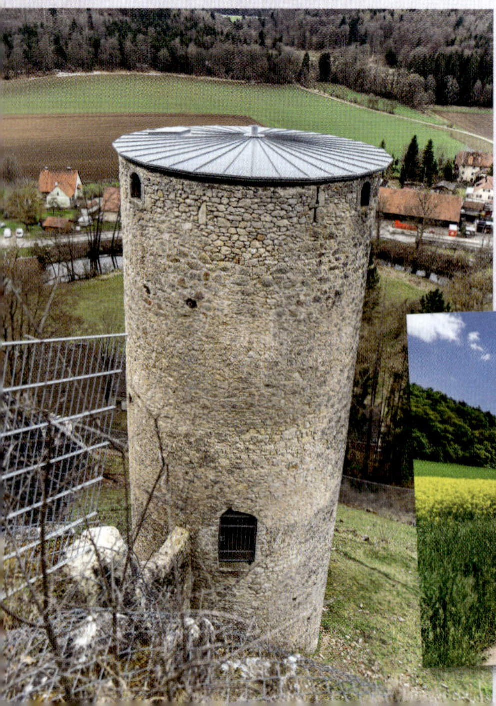

Straße kurz nach Loch

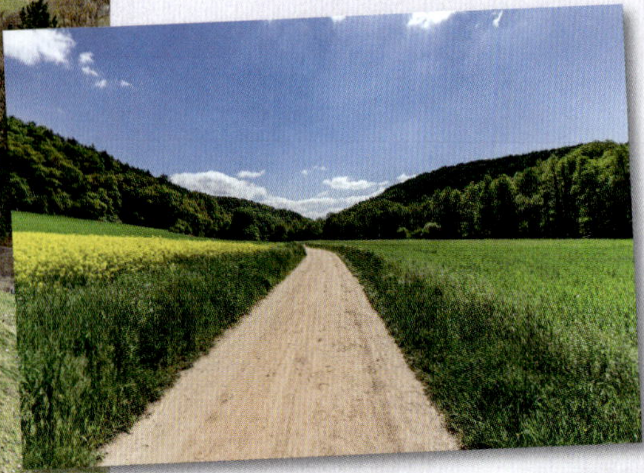

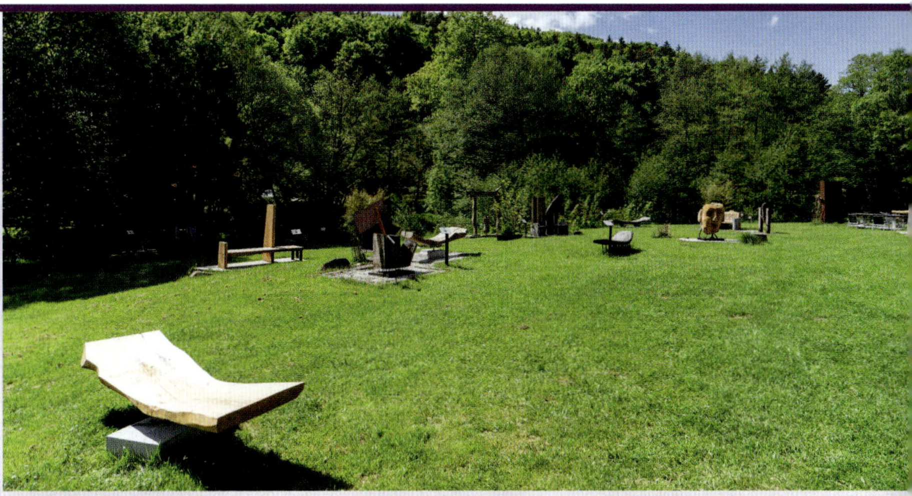

Skulpturenpark von Willi Leo Henge

Für die folgenden 2,5 Kilometer spazieren wir auf dem geteerten Radweg entlang des Flusses. Während wir in südöstlicher Richtung spazieren, passieren wir eine unwirtlich und wenig einladend wirkende Wehranlage bei Obereinbuch und bewundern wenig später die Kunstwerke im Skulpturenpark von Willi Leo Henge. Wenig später erblicken wir ein gewaltiges Felsmassiv. Je näher wir kommen, umso mehr Menschen entdecken wir, die wie Fliegen direkt an der senkrechten Wand zu kleben scheinen ❷. Wir befinden uns im Klettergebiet von Schönhofen.

Kletterfelsen von Schönhofen

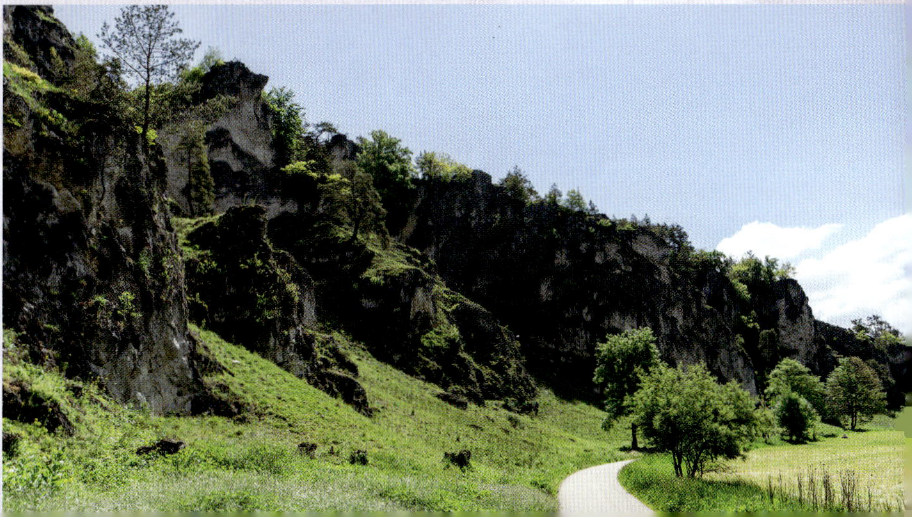

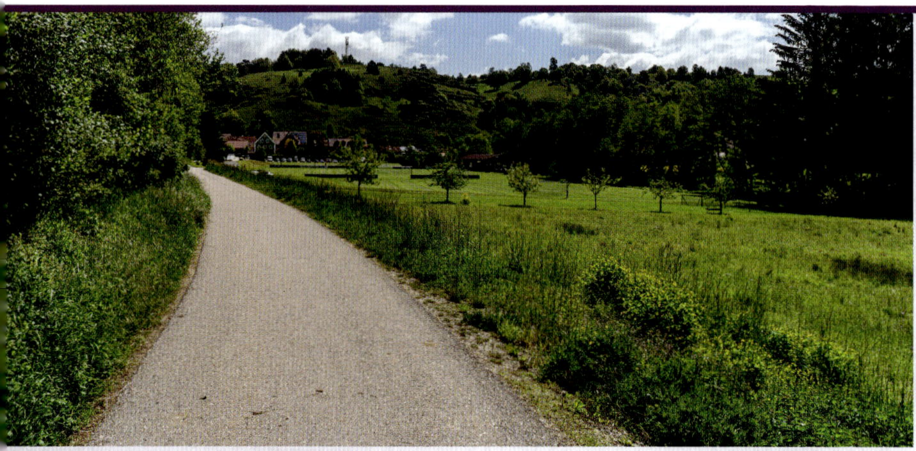

Kurz vor Schönhofen

Schließlich erreichen wir Schönhofen. Wir schlendern durch den beschaulichen Ort und überqueren in südwestlicher Richtung über eine Brücke die Schwarze Laber. Am Ende der Nittendorfer Straße erreichen wir an einer T-Kreuzung die Schlossstraße, die rechts nach Eichhofen führt. Wir wählen den kurzen Anstieg schräg gegenüber auf den Karlberg und gehen auf der Straße in westlicher Richtung, bis wir an deren Ende nach einem Wendehammer vor einer kleinen Wiese nahe einem Waldstück stehen.

Ab nun beginnt der spannendste Teil der Wanderung. Wir sind jetzt komplett off-road.

Verfallene Hütte

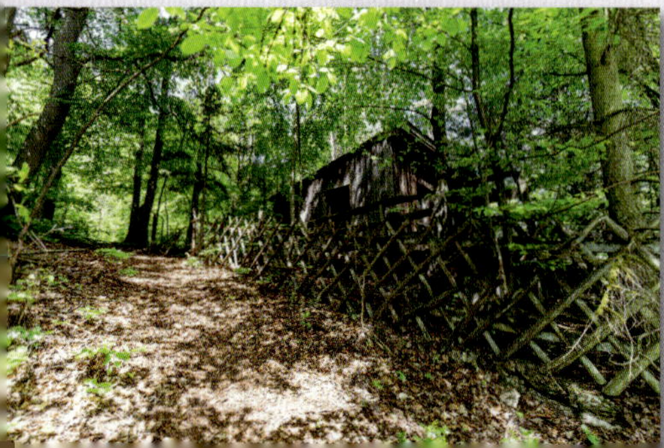

Wir halten uns immer auf dem schmalen unbefestigten Weg bergauf und biegen nicht nach rechts in Richtung Tal ab. Nach einem etwa 300 Meter langen abenteuerlichen Anstieg erreichen wir eine verfallene Hütte, die wie ein „Lost Place“ wirkt ❸.

Kurz darauf kommen wir an einen breiten Forstweg und folgen diesem links bergauf (kleines Bild links). Unterhalb eines eingezäunten Grundstücks halten wir uns rechts und folgen dem etwas abschüssigen Pfad. Kurz darauf passieren wir auf einer Lichtung dünne, hohe Bäume und biegen kurz darauf links in südlicher Richtung ab und wandern den leichten Anstieg entlang (kleines Bild rechts). Wir folgen der Straße in Oberholz und biegen dann rechts in die „Kühschlagstraße“, welcher wir westlich bis an ihr Ende folgen.

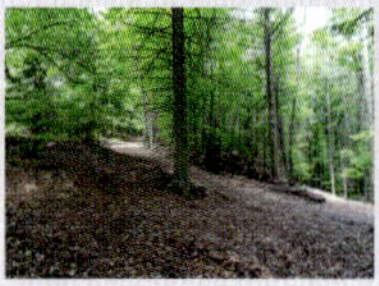

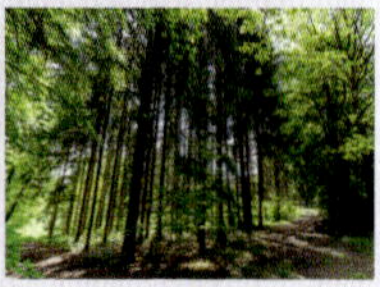

Am Ortsausgang von Kühschlag auf Höhe des Ortschildes ❹ biegen wir auf einen Schotterweg, welcher hinter den Häusern auf einem Feldweg über eine Wiese mündet. Es geht auf einem Forstweg hinab in ein grünes, idyllisches Tal. Kurz vorher biegen wir an einem kleinen Felsen am Wegesrand rechts ab und erkennen bald einen breiten, geschotterten Feldweg. Diesem folgen wir links etwa 450 Meter bis zur „Viehhausener Straße“ ❺.

In etwa einem Kilometer Entfernung erkennen wir in nördlicher Richtung etwas erhöht den gelben Turm mit einer schwarzen Zwiebelhaube. Es handelt sich um die katholische Filialkirche „Schmerzhafte Mutter Gottes“ in Thumhausen. Sie ist unser nächstes Ziel.

Dort wechseln wir auf die Haugenrieder Straße und wechseln am Ortsende in den Rammelsteiner Weg in westlicher Richtung. Schon bald erkennen wir kurz vor der Einöde Rammelstein rechts einen markanten Baum am Wegesrand ❻. Dort zweigt ein Feldweg talwärts ab. Dieser führt uns in nordwestlicher Richtung vorbei an eindrucksvollen Biotopbäumen, parallel zu einer Doline hinab ins Tal. Wir befinden uns am Ortseingang von Eichhofen. Auf der anderen Seite der Schwarzen Laber erblicken wir ein letztes Mal die Ruine in Loch, die sich harmonisch in das Landschaftsbild einbettet.

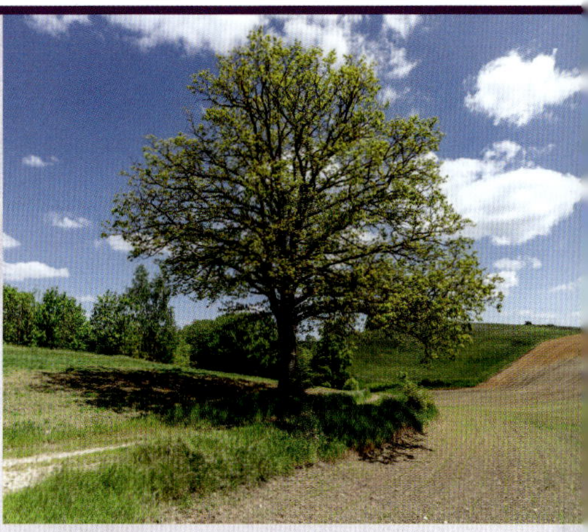
Abzweigung nach Rammelstein

Waldweg an der Doline entlang
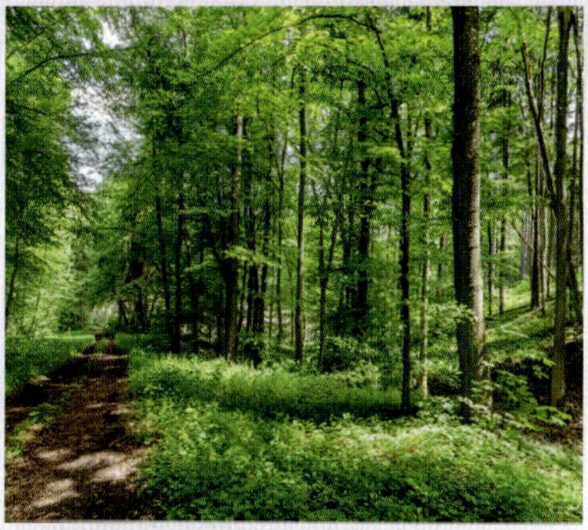

Essen/Einkehren:

Brauereigasthof Eichhofen
Von-Rosenbusch-Straße 3
93152 Eichhofen/Opf.
Tel. 09404 1662
http://www.eichhofener.de
Öffnungszeiten:
Donnerstag und Freitag ab 17 Uhr
Samstag, Sonn- und Feiertage ab 11 Uhr

EILSBRUNN

Steige, Höhlen, fantastische Ausblicke und ein Schuss Abenteuer

Schwer

11,8 km

↓↑ 320 m

ca. 4 Std.

Eilsbrunn - Oberalling Felsenbau - Alling - Hardt

Eine äußerst abwechslungsreiche Runde mit schmalen Steigen und steilen Aufstiegen, spannenden Höhlen und fantastischen Ausblicken zwischen Eilsbrunn und Alling.

Markierung:
Schwarze-Laber-Schlaufe am Jurasteig, Beschilderungen des Waldvereins Regensburg (grünes Rechteck, blaues Rechteck, grünes Dreieck, rotes Dreieck, grüner Kreis, rotes Rechteck, blauer Kreis); MD (Main-Donau-Radweg), Bayernnetz für Radler, Labertalradweg, Ritter Wonnebold (Burgensteige)

Parken:
In Eilsbrunn gibt es einige Parkmöglichkeiten entlang der Regensburger Straße, Ecke Röhrl-Bräu-Straße, z.B. direkt im Ort beim Hotel Röhrl

NAVIGATION: Hotel Röhrl Eilsbrunn, Regensburger Str. 5, 93161 Sinzing

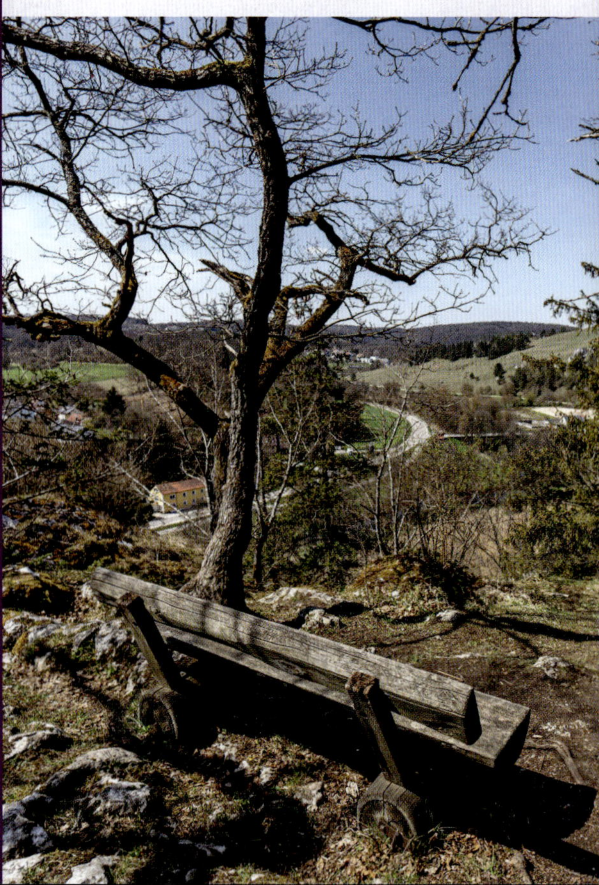

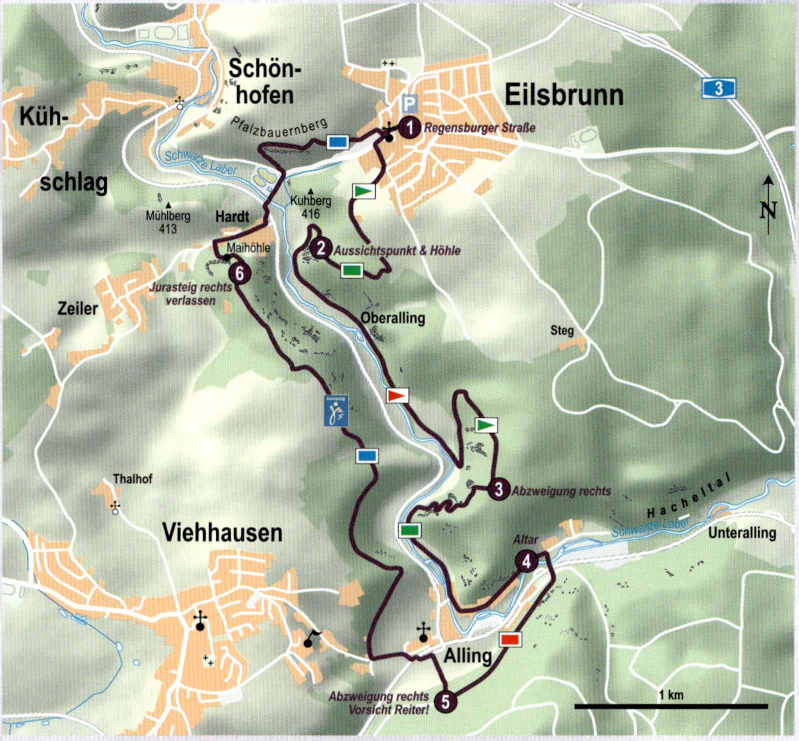

❶ Regensburger Straße – Start/Ziel

❷ Aussichtspunkt & Höhle

❸ Abzweigung rechts

❹ Altar

❺ Abzweigung rechts – Vorsicht Reiter!

❻ Jurasteig rechts verlassen

❼ Bank

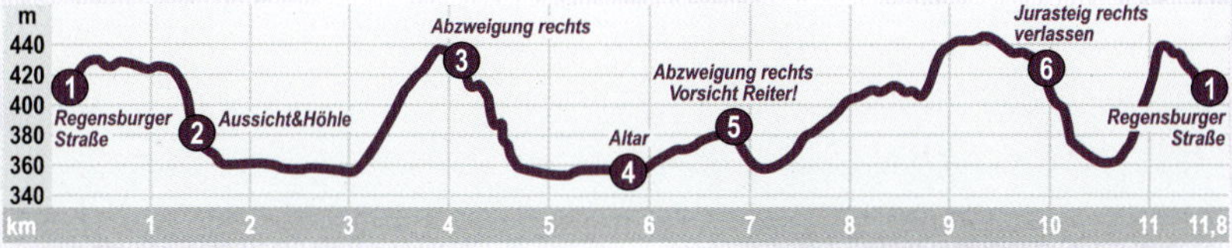

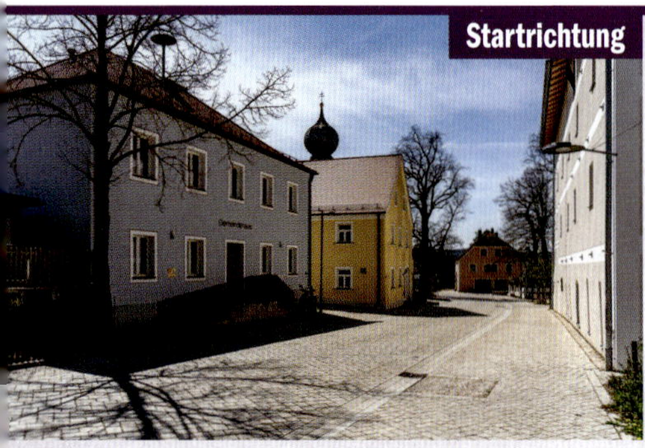

Startrichtung

Schwarzes Kreuz in der Burgsteinstraße

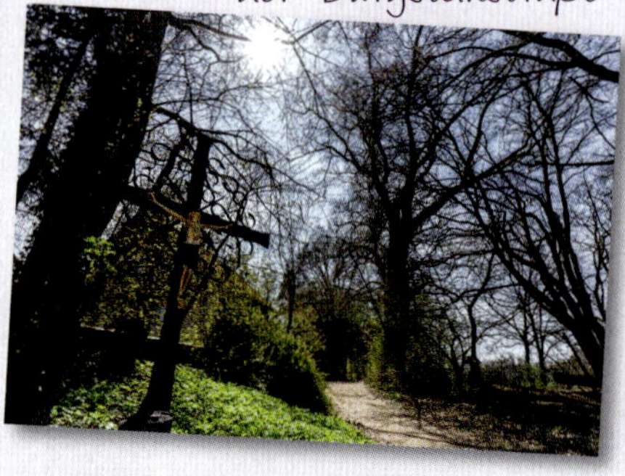

Da diese Wanderung einige Anstiege und Abstiege auf schmalen Wegen beinhaltet, sind Schwindelfreiheit und Trittsicherheit von Vorteil. Ebenso ist es ratsam, sie bei trockenem Wetter und klarem Himmel zu begehen.

Unsere Runde beginnt direkt am Dorfplatz von Eilsbrunn ❶. Hier befindet sich neben der Pfarrkirche St. Wolfgang auch mit der Gaststätte Röhrl das nachweislich älteste Wirtshaus der Welt.

Wir folgen der Regensburger Straße talwärts, biegen links in die Burgsteinstraße und folgen am schwarzen Kreuz dem gut beschilderten Weg rechts auf „W9 Etterzhausen-Alling (grünes Dreieck)“ für etwa 650 Meter. Dann nehmen wir den „Verbindungsweg W 24“ (grünes Rechteck) und erreichen nach wenigen Minuten den Stifterfelsen. Man kann sich auf der Bank niederlassen und den ersten von mehreren fantastischen Ausblicken über das Tal der Schwarzen Laber genießen. Es geht einen schmalen Pfad bergab. Unterhalb des Felsens folgen wir

Rastbank auf dem Stifterfelsen

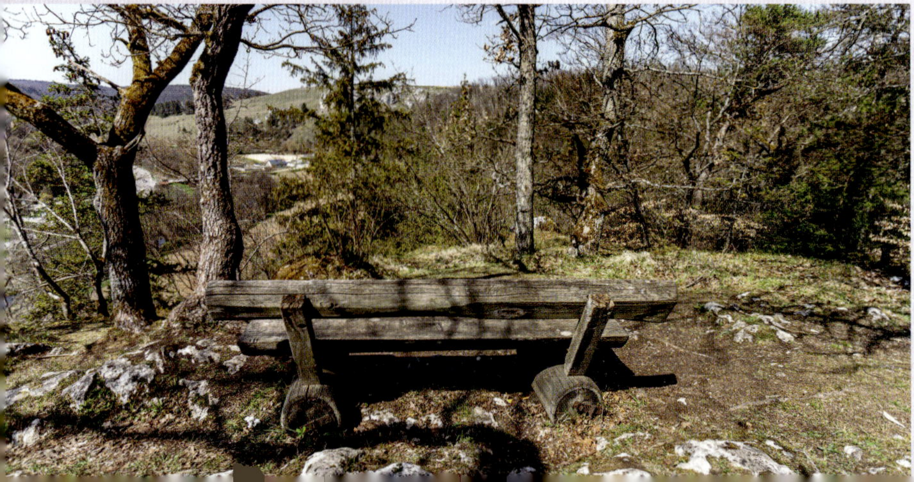

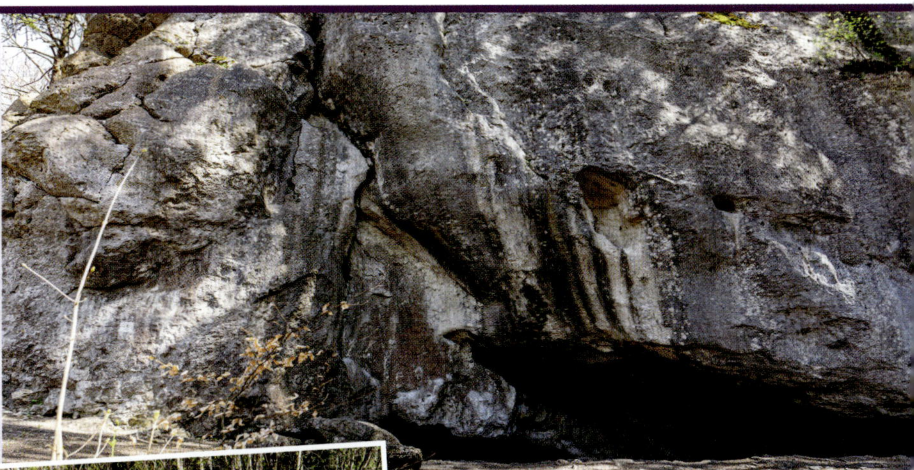

Eingang zur Bärenhöhle

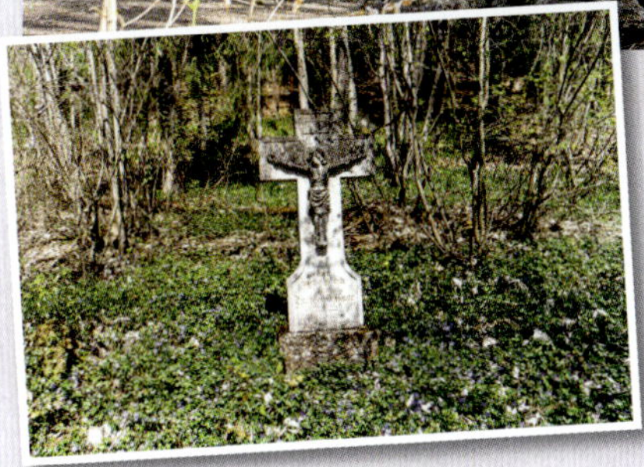

Wegkreuz bei Oberalling

dem Hinweis „Zur Bärenhöhle" ❷. Nach einem kurzen Abstieg sind wir im Tal an der Schwarzen Laber angekommen und folgen dem Radweg „Main-Donau-Weg Jura-Linie (Teil 3)" westlich in Richtung Alling.

Auf den folgenden 1,5 Kilometern nahe dem Ufer ist ein rotes Dreieck unsere Markierung. Auf dem gut beschilderten, malerischen Weg passieren wir ein schönes, steinernes Wegkreuz sowie nach etwa 700 Metern die Ortschaft Oberalling. Hier führt der Weg etwas versteckt direkt am Haus auf der Rückseite vorbei und nicht über dem Steg auf der anderen Seite der Laber.

Rastplatz an der Laber

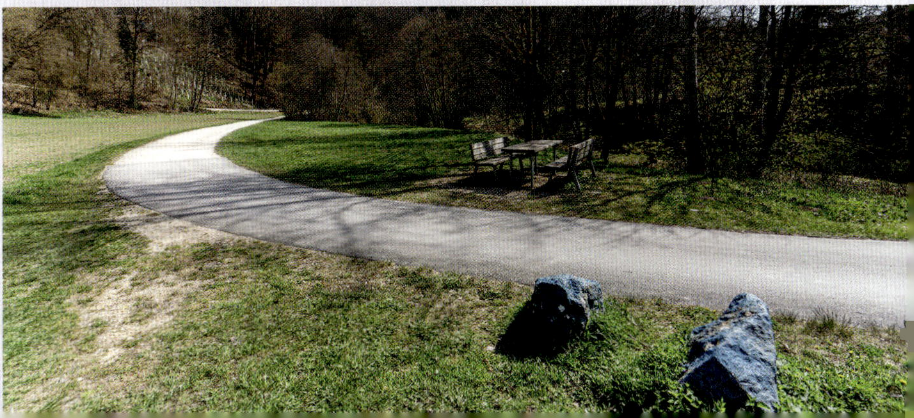

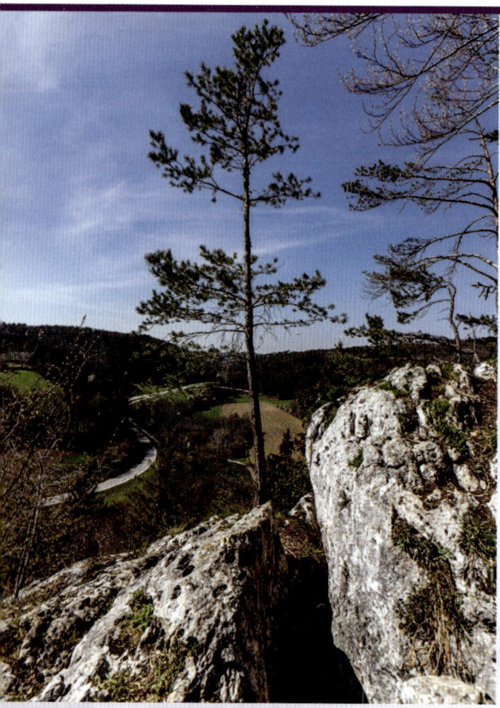

Ausblick von der Hohen Wand

Schließlich erreichen wir einen Platz mit einer Brücke über die Schwarze Laber, die von zwei blauen Steinen des Main-Donau-Radweges sowie von Ritter Wonnebold (Burgensteige) markiert wird. Nach etwa 100 Metern verlassen wir den Radweg und biegen scharf nach links ab und folgen dem Schotterweg bergauf (kleines Bild links).

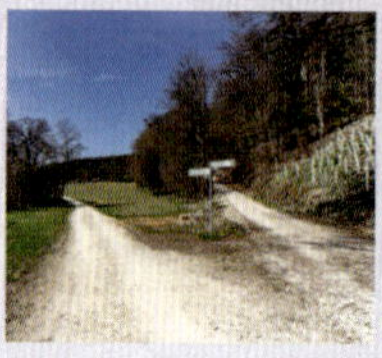

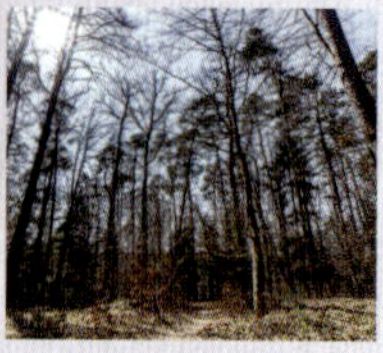

Nach etwa 400 Metern treffen wir auf den Jurasteig, auf den wir rechts einbiegen. Dieser sowie ein grünes Dreieck sind für etwa einen halben Kilometer unsere Wegweiser, bis wir kurz nach einem Hochsitz rechts auf einen kleinen Pfad (kleines Bild rechts) gelangen und nach 100 Metern unser Ziel erreichen: den Aussichtspunkt Hohe Wand ❸.
Der Aufstieg zu diesem Punkt war etwas anstrengend, der fantastische Ausblick entschädigt aber vollends für die Mühen. Man kann sich auf einer Bank ausruhen und die wunderbare Landschaft in vollen Zügen auf sich wirken lassen. Dennoch, der Ort ist nicht ungefährlich! Nicht weniger eindrucksvoll ist der Abstieg auf einem schmalen Pfad. Während man sich an einem grünen Kreis orientiert, schlängelt sich der schattige Pfad im Zickzackkurs talwärts. Unten angekommen, bleiben wir auf dem Radweg nach Alling und folgen der Straße „Am Röth". Schließlich finden wir links etwas versteckt im Felsen einen kleinen, idyllischen Altar ❹. Etwas weiter überqueren wir direkt vor einem großen gelben Haus die Schwarze Laber und die Labertalstraße (St 2394). Hinter einem kleinen Parkplatz finden wir einen Schotterweg, welcher mit einem roten Rechteck markiert wird. Wir bleiben für etwa 900 Meter auf diesem Weg und dürfen dann die Abzweigung rechts bergab nicht verpassen. Hier kreuzt ein Weg, der von einem „Vorsicht Reiter"-Schild gekennzeichnet wird. Diesem folgen wir nach Alling (rechte Seite, kleines Bild links) ❺. Bevor wir erneut die Labertalstraße auf einen Parkplatz überque-

ren, kommen wir an einer kleinen Kapelle vorbei. Nun folgen wir links der Schlossbergstraße für etwa 200 Meter und biegen dann rechts auf den Jurasteig bzw. den Burgensteig 2: Durch das Tal der Schwarzen Laber (Rote Feder). Aus dieser erhöhten Position blicken wir zurück in das verschlafene Alling und orientieren uns auf den folgenden 2,5 Kilometern in nordöstlicher Richtung immer an einem blauen Rechteck bzw. dem Jurasteig-Symbol.

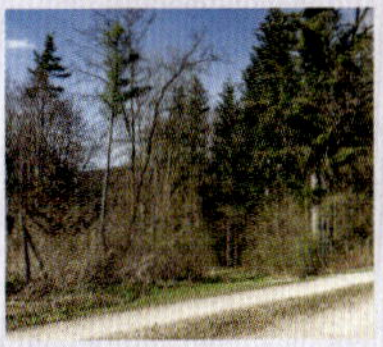

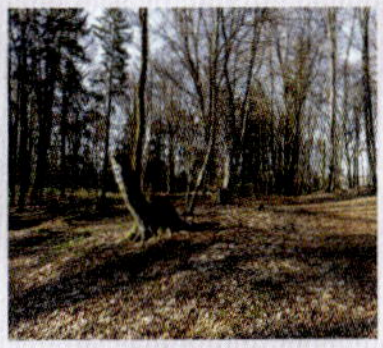

Auf einem Platz oberhalb der Ortschaft Hardt verlassen wir den Jurasteig und Weg „W 38 Alling-Eilsbrunn" (blaues Rechteck) und halten uns etwas off-road rechts (kleines Bild rechts) ❻.

Nach einem etwas abschüssigen Pfad finden wir links ein gewaltiges Felsmassiv mit der eindrucksvollen „Maihöhle". Diese sehen wir uns näher an. Wir klettern über die Felsen und sehen unter uns bereits die geteerte Straße. Unser Ziel in nordwestlicher Richtung erreichen wir nach einem kurzen Moment.

Nach etwa 200 Metern verlassen wir die Straße „Am Hardt", überqueren ein weiteres Mal die St 2394 und über eine Brücke die Schwarze Laber. Wir erreichen links am Fuße des Berges einen belebten Wandererparkplatz. Wir wählen den Pfad hinter einer Bank (Markierung: blauer Kreis; Unterer Alpiner

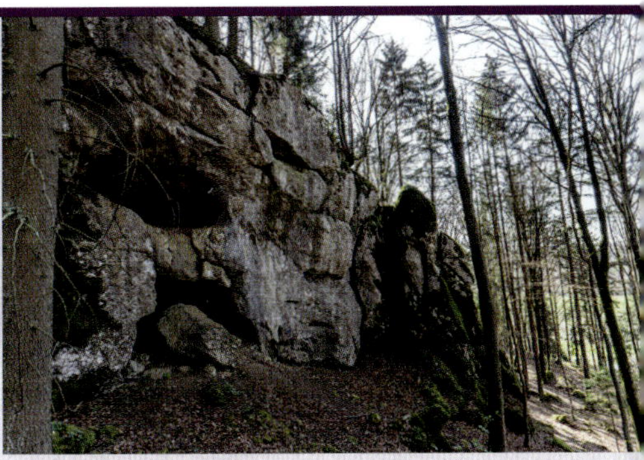

Maihöhle

Steig). Ein wenig wie in den Alpen darf man sich bei diesem steilen Aufstieg durchaus fühlen.

Ein weiteres Mal belohnen wir uns selbst mit fantastischen Ausblicken während des Aufstiegs. Auf einem schmalen Pfad, der erneut Trittsicherheit erfordert, wandern wir unterhalb des Felsens entlang. Kurz danach verlassen wir die Markierung und biegen steil nach rechts hoch, um auf das Felsplateau zu gelangen.

Oben angekommen gönnen wir unseren Augen eine gehörige Portion Fernsicht ❼ und folgen schließlich dem Jurasteig nach Eilsbrunn.

Essen/Einkehren:

Gaststätte Röhrl
Regensburger Str. 3
93161 Eilsbrunn
Tel. 09404 2112
www.gaststaette-roehrl.de
Öffnungszeiten: siehe online

SINZING

Spiel, Spaß und Spannung bis zum Ende der Schwarzen Laber

Leicht

10,2 km

↓↑ 135 m

ca. 3 ½ Std.

Sinzing – Vogelsang – Marienhöhe – Kleinprüfening

Eine einfache, aber äußerst abwechslungsreiche und spannende Runde mit viel zum Entdecken, für Groß und Klein, durch das Walderlebniszentrum Regensburg und zur Mündung der Schwarzen Laber in die Donau.

Markierung:
Markierungen des Waldvereins Regensburg (grünes Dreieck, rotes Dreieck, rotes Rechteck, grünes Rechteck, Natur- & Kulturlehrpfad Sinzing, blaues Rechteck, blaues Dreieck, Bayernnetz für Radler, Burgensteige)

Parken:
Parkplatz in der Bruckdorfer Straße beim Dorfplatz Sinzing

NAVIGATION: Bruckdorfer Straße 4, 93161 Sinzing

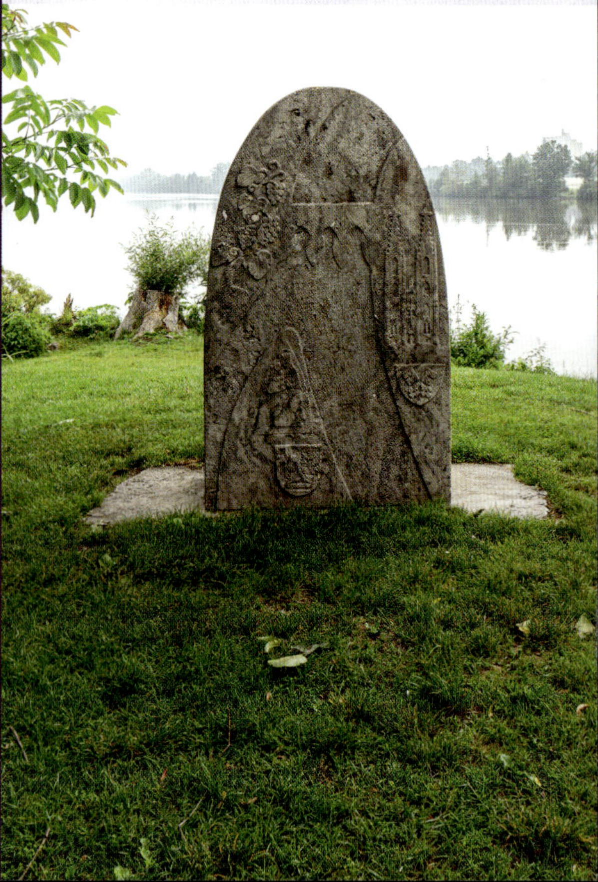

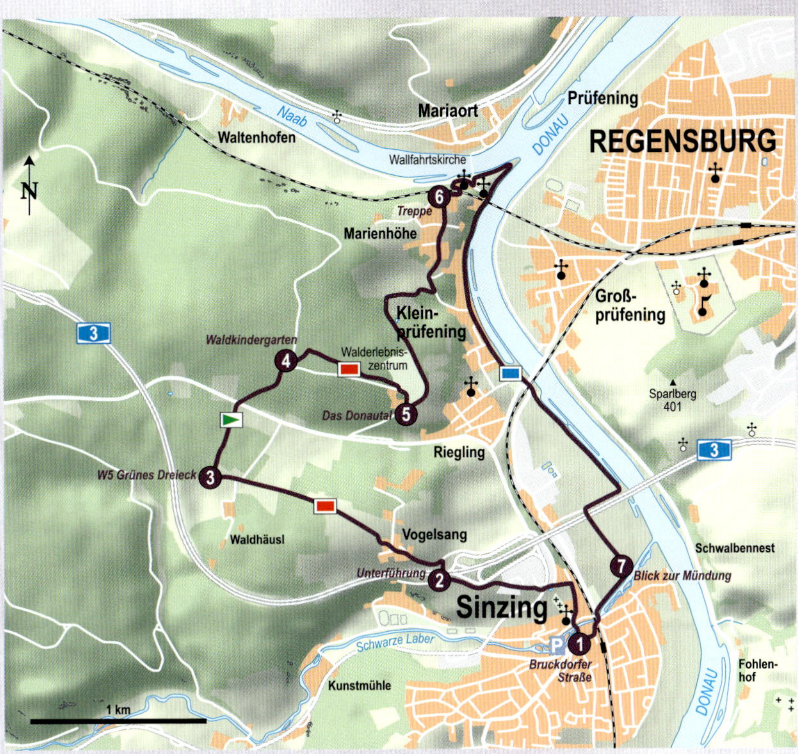

❶ Bruckdorfer Straße – Start/Ziel

❷ Unterführung

❸ W5 grünes Dreieck

❹ Waldkindergarten

❺ Das Donautal

❻ Treppe

❼ Blick zur Mündung

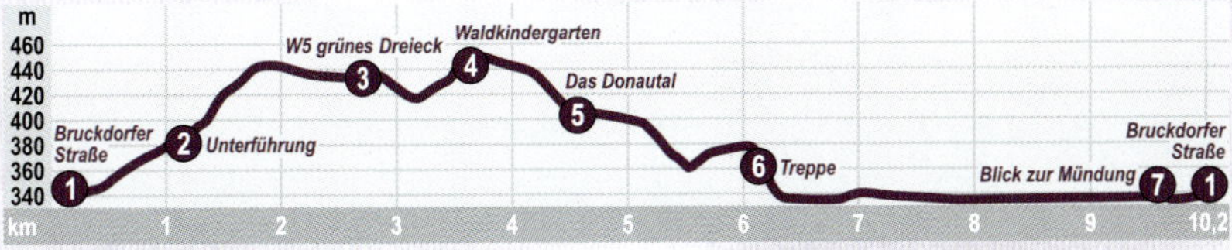

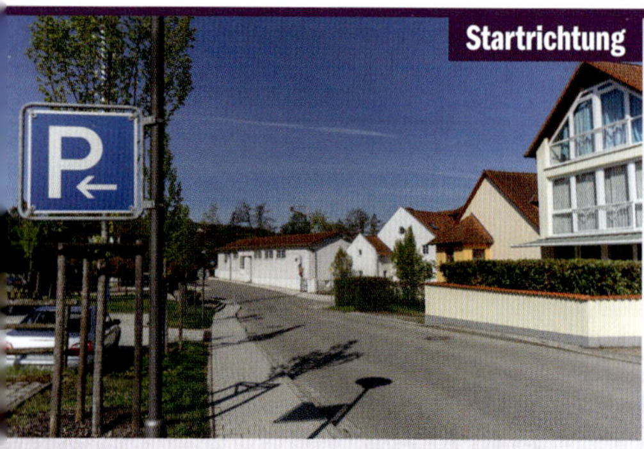

Startrichtung

Wir beginnen diese Tour in der Ortsmitte von Sinzing an der Bruckdorfer Straße ❶, lassen den Dorfplatz links liegen und biegen rechts ab auf die Donaustraße. Wir überqueren die Brücke über die Schwarze Laber und stehen vor der Alten Kirche bzw., wie wir erfahren, auf dem ältesten Platz in Sinzing.

Wir folgen der Beschilderung (rotes Dreieck / grünes Dreieck) in die Vogelsanger Straße, unterqueren die Regensburger Straße und gehen „Am Reitfeld" weiter entlang der Autobahn A3. Wir blicken zurück nach Sinzing und gehen durch die Unterführung ❷ der Autobahn, um der Straße bergauf links nach Vogelsang zu folgen. Wir orientieren uns am Schild „Vogelsang 14-23 1 Kilometer".

An der Kreuzung wenden wir uns nicht nach links (Vogelsang 14-23), sondern gehen noch 165 Meter geradeaus weiter mit Blickrichtung Autobahn A3. Hier finden wir am Waldrand rechts eine Abzweigung (kleines Bild links). Sie ist markiert mit einem grünen Dreieck des Wegs W5 ❸. Nach etwa 350 Metern kommen wir an eine Lichtung mit einem Hochsitz (kleines Bild rechts) und überqueren die Regensburger Straße R8. Das grüne Dreieck bleibt für weitere 350 Meter unser Hinweis.

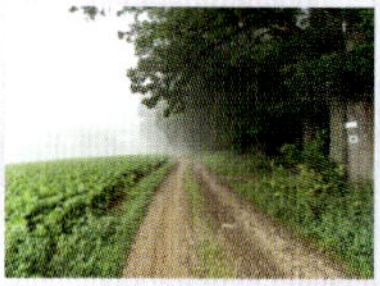

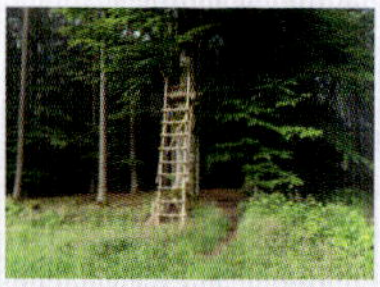

Am Waldkindergarten Sinzing ❹ nehmen wir den Weg W61 in nordöstlicher Richtung und orientieren uns am „blauen Rechteck". Unser Etappenziel ist der Walderlebnispark in 600 Metern.

TIPP: Wenn Sie mit Kindern unterwegs sind, planen Sie für diesen Abschnitt viel Zeit ein, denn hier gibt es sprichwörtlich an jeder Ecke etwas Spannendes zu entdecken und zu lernen.

Ab jetzt folgt für Jung und Alt bzw. Groß und Klein ein Highlight nach dem anderen, so z. B. Tipis, Waldbaden, ein Barfußpfad oder nach 150 Metern links ein „Arboretum". Wir wenden uns nach rechts und bleiben auf dem geschotterten Waldpfad des „blauen Rechtecks" in südöstlicher Richtung, bis wir

Am Waldkindergarten

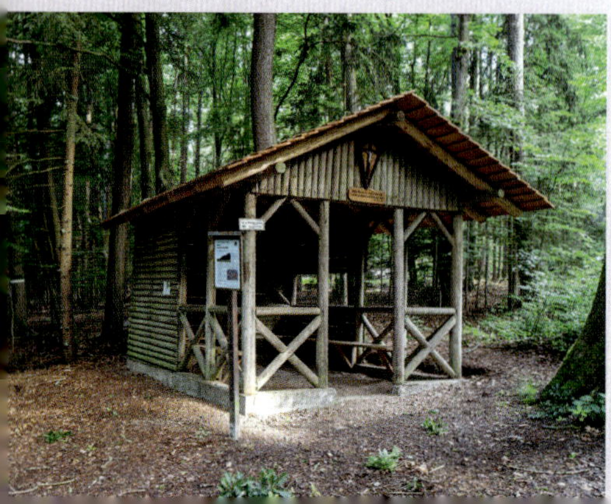

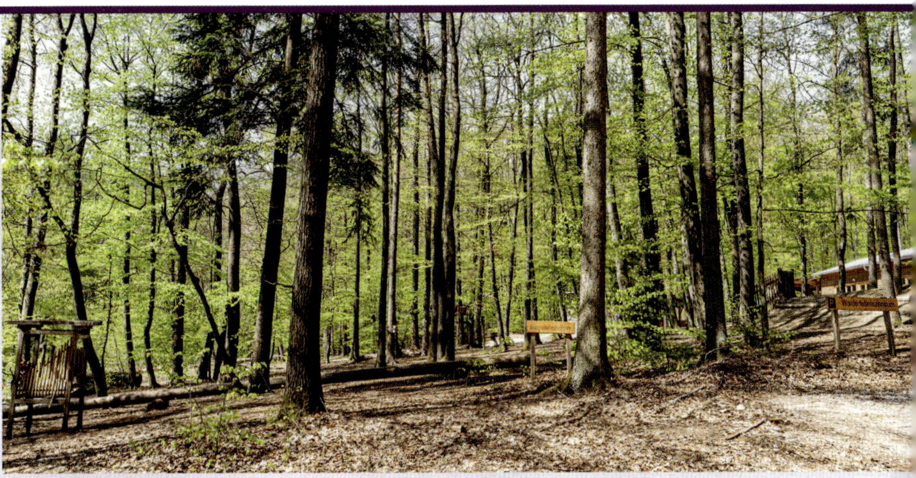

Walderlebniszentrum

nach etwas mehr als einem halben Kilometer das Walderlebniszentrum, neben dem Kletterwald, erreichen.

Das Walderlebniszentrum Regensburg erreichen wir über eine breite, geschotterte Straße. Neben einem Baumtelefon befindet sich hier auch ein WC. Etwas unterhalb am Waldrand befindet sich das Schild „Das Donautal" ❺. Hier hat man einen wundervollen Blick über die Umgebung. Wir folgen dem Panoramaweg für etwa 800 Meter in nordwestlicher Richtung und lassen ein Waldlabyrinth links, sowie das idyllische Örtchen „Wald und Wasser" rechts liegen.

Der Schotterweg windet sich rechts bergab. Wir halten uns links und erreichen nach 300 Metern die Straße „Zur Marienhöhe", welcher wir links bergauf folgen. Wir durchqueren die kleine Ortschaft in nördlicher Richtung und erreichen nach 350 Metern neben der Adresse „Zur Marienhöhe 13" eine Treppe mit zahlreichen Wegweisern ❻.

Blick nach Regensburg

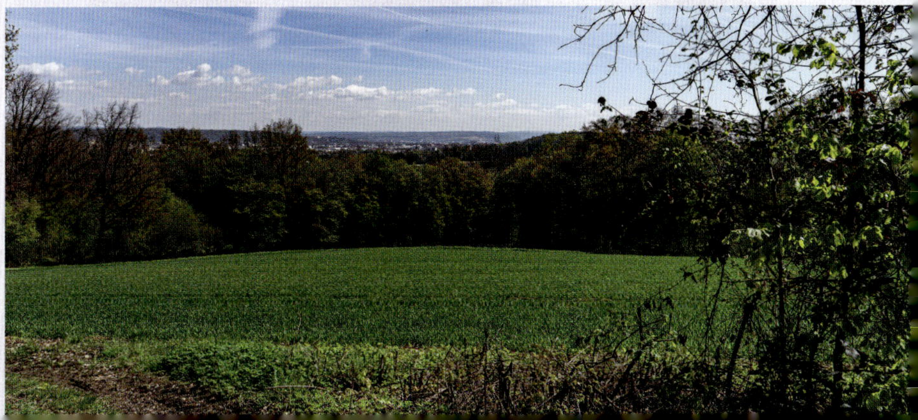

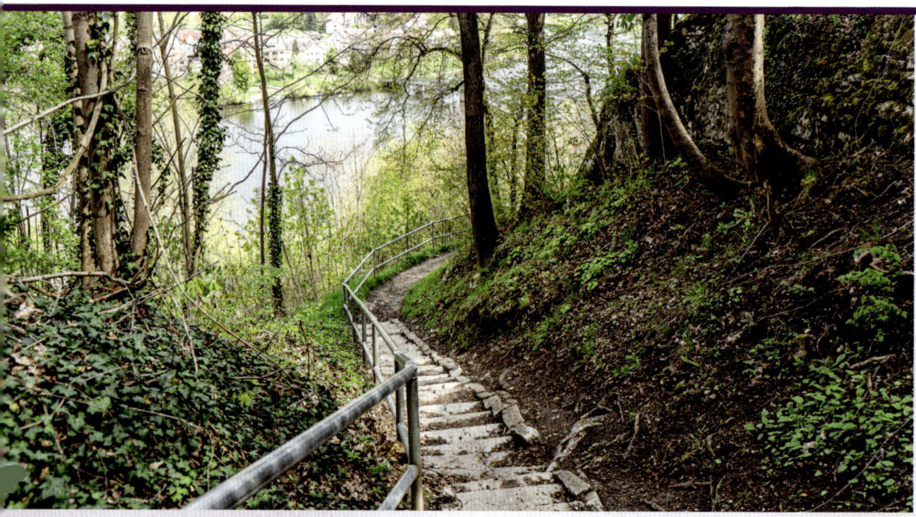

Treppe mit zahlreichen Wegweisern

Wir befinden uns oberhalb der Bahnlinie Nürnberg-Regensburg. Nach der Bahnunterführung halten wir uns links und stehen schließlich vor der malerischen Kirche „Mariä Himmelfahrt". Dieser Platz ist bei Ausflüglern, Radfahrern und Wanderern gleichermaßen beliebt. Ein besonderes Highlight erwartet uns, wenn wir vor der Fußgängerbrücke nach Mariaort den Feldweg nach rechts nehmen. Kurz darauf erreichen wir den eindrucksvollen Ort, an welchem der Fluss Naab in die Donau mündet (Bild Seite).

In südwestlicher Richtung erreichen wir neben einer Eisenbahnbrücke und unterhalb der Kalvarienbergkirche die Mariaorter Stra-

Kirche „Mariä Himmelfahrt"

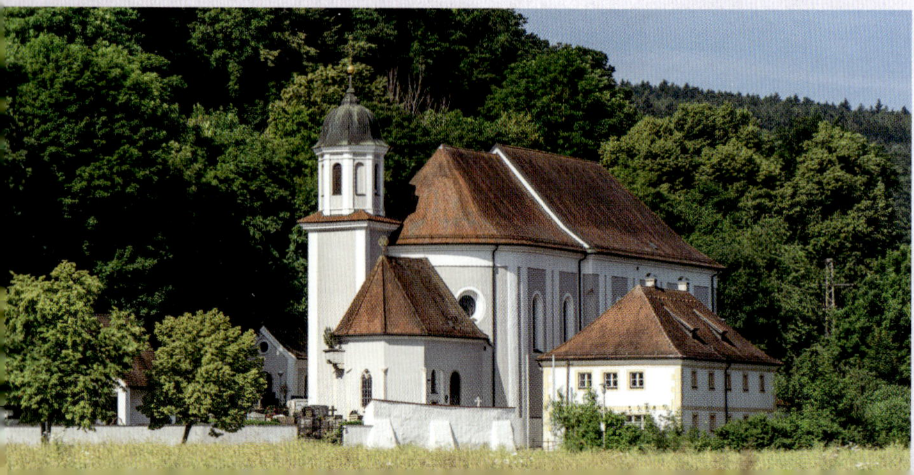

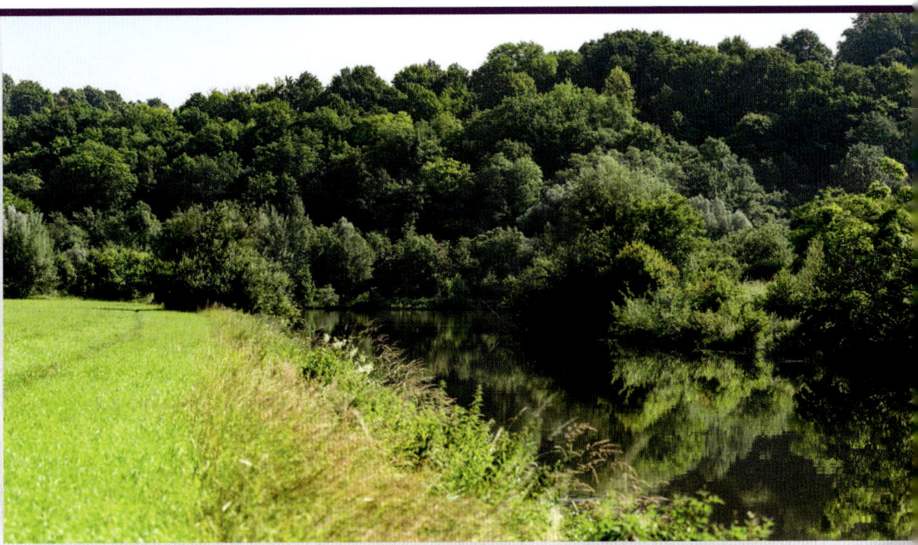

Die Mündung der Schwarzen Laber

ße, welcher wir in nordwestlicher Richtung, immer entlang des Ufers der Donau, für etwa 2 Kilometer folgen. Unser Ziel ist der mächtige Betonkoloss, die Sinzinger Autobahnbrücke der A3, welche schon von Weitem sichtbar ist. Wenige Meter nach dem Hafen mündet die geteerte Straße in einen Feldweg.
Direkt an der Autobahnbrücke wenden wir uns nach rechts. Ziemlich genau in der Mitte der Brücke zweigt ein Feldweg nach links ab, der ins Nichts zu führen scheint. Dann ist es so weit! Wir stehen an der Schwarzen Laber und blicken nach links zu ihrer Mündung in die Donau ❼. Etwas ergriffen war ich dann doch an dieser Stelle, nachdem ich diesen Fluss von seiner Quelle bei Neumarkt etwa 80 Kilometer bis zu seinem Ende begleitet hatte.
Wir richten unseren Blick in die entgegengesetzte Richtung nach rechts bzw. nach Sinzing. Unser Weg führt uns zwischen der Schwarzen Laber und Schrebergärten hoch zur Bahnhofstraße. Auf der Brücke blicken wir ein letztes Mal zur Mündung der Schwarzen Laber und erreichen schließlich rechts über die Bruckdorfer Straße unseren Ausgangspunkt.

Essen/Einkehren:

Ristorante Pizzeria Danubio
Laberstr. 100
93161 Sinzing
Tel. 0941 38109440
http://ristorante-pizzeria-danubio.de
Öffnungszeiten: siehe online

PENTLING

Das Panorama ganz nah ans Wasser gebaut

Mittel

8,9 km

↓↑ 140 m

ca. 2 ½ Std.

Pentling – Unteriräding

Eine kürzere Panoramarunde an und über der Donau, die etwas Trittsicherheit und Schwindelfreiheit erfordert. Dafür entschädigt sie mit unzähligen Ausblicken und Momenten der Ruhe und Einkehr.

Markierung:
Donau-Panoramaweg, rot-weißes Rechteck; rot-weißer Kreis (Waldverein Regensburg e.V.; S 13; S 16; S 16 B); diverse Radwege (Fünf-Flüsse-Radweg; Bayernnetz für Radler; Niederbayern-Tour)

Parken:
Parkplatz in der Nähe des Sportplatzes in Pentling auf der Weichslmühlstraße

NAVIGATION:
Weichslmühlstraße 6,
93080 Pentling

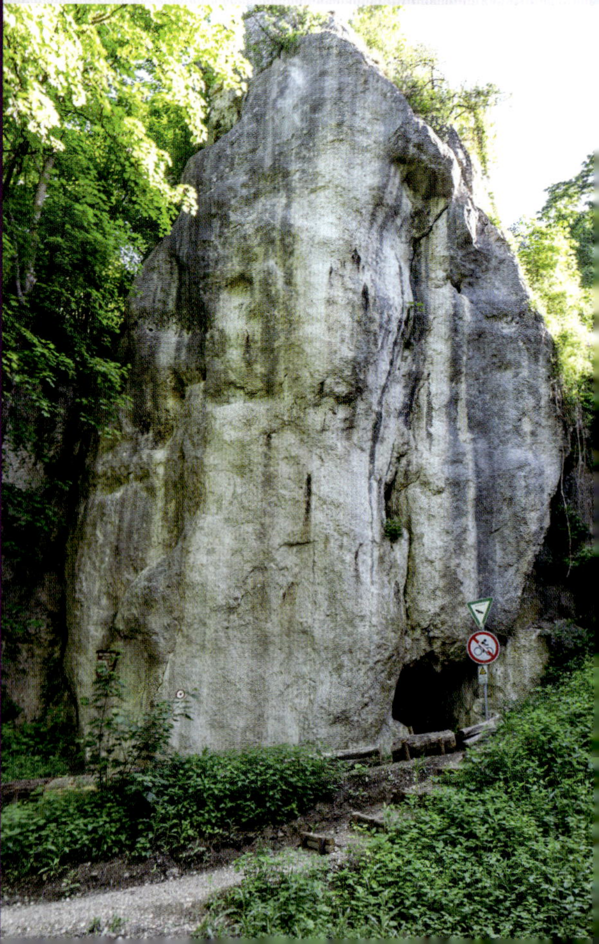

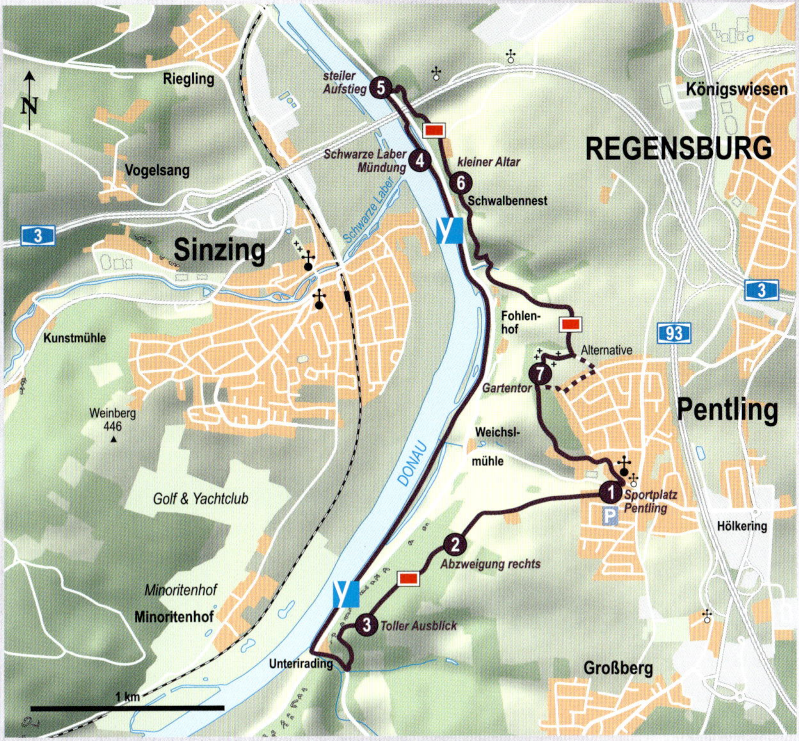

1 Sportplatz Pentling – Start/Ziel

2 Abzweigung rechts

3 Toller Ausblick

4 Schwarze-Laber-Mündung

5 Steiler Aufstieg

6 Kleiner Altar

7 Gartentor

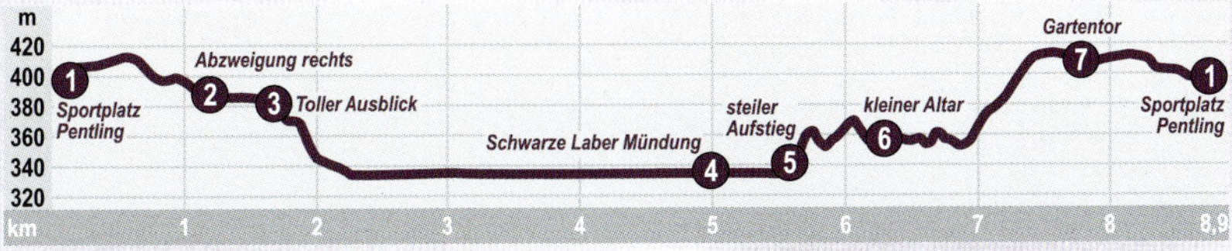

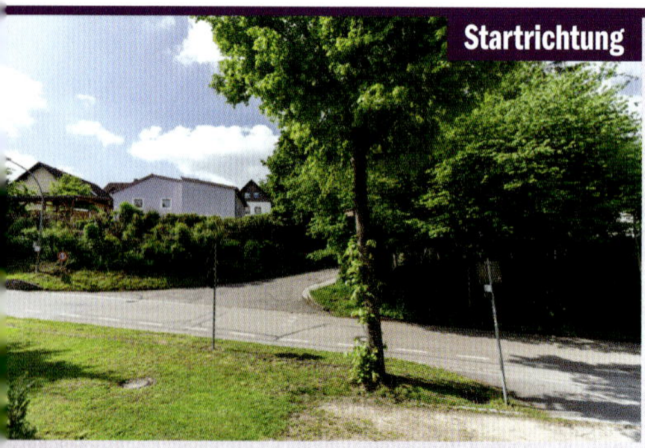

Startrichtung

Diese kürzere, aber mit Highlights gespickte Wanderung beginnt in Pentling nahe Regensburg. Vom Weichslmühlweg ❶ biegen wir rechts in den Spitzweg. Schon befinden wir uns auf dem Donau-Panoramaweg bzw. dem Wanderweg „S13“. Unser Ziel ist Unterirading in 2 km Entfernung. Bereits nach wenigen Metern raubt die Aussicht über das Tal der Donau mit Blickrichtung Sinzing einem den Atem. Der Feldweg führt idyllisch am Hang entlang in westlicher Richtung und ist sehr gut beschildert, so dass man sich nicht verlaufen kann.

Wenig später biegen wir in ein schattiges Waldstück ein (kleines Bild links). Etwas aufpassen sollte man nach etwa 300 Metern, denn hier kann man die etwas versteckte Abzweigung rechts leicht verpassen ❷ (kleines Bild rechts). Doch das rot-weiße Rechteck bestätigt die Richtigkeit.

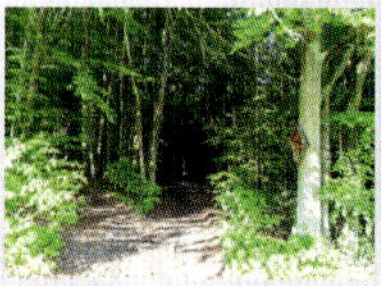

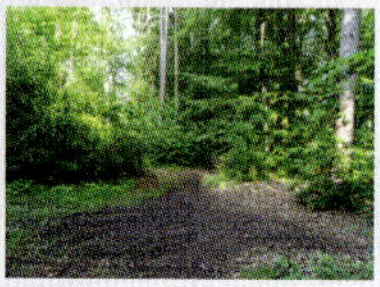

Ein paar Minuten später finden wir eine weitere Abzweigung (Markierung: rot-weißer Kreis) rechts. Diese bringt uns zu zwei Aussichtsbänken. Wir befinden uns auf der Römerschanze, oberhalb von Unterirading. Auch hier ist das Panorama erneut umwerfend ❸.

Aussicht von der Römerschanze

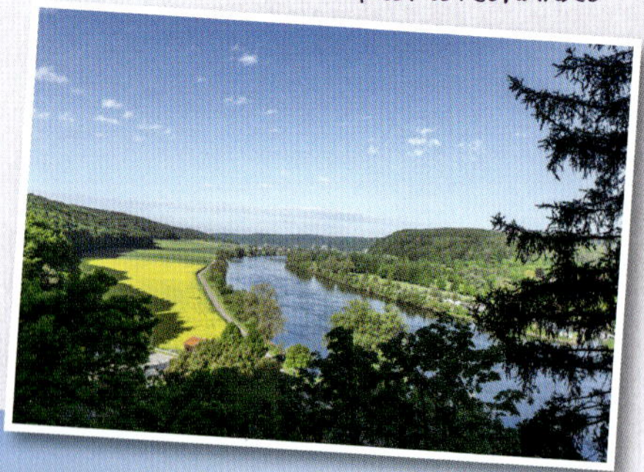

Sinzing-Panorama

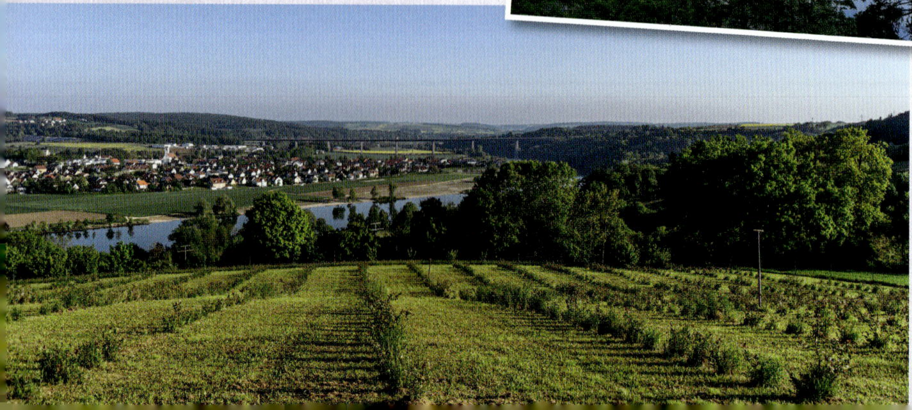

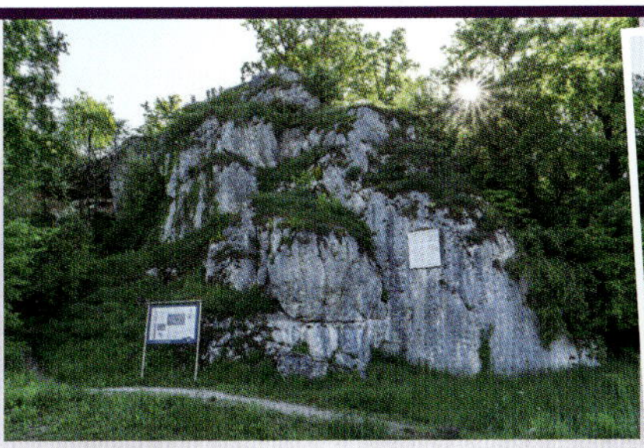

Schutzfels Pentling

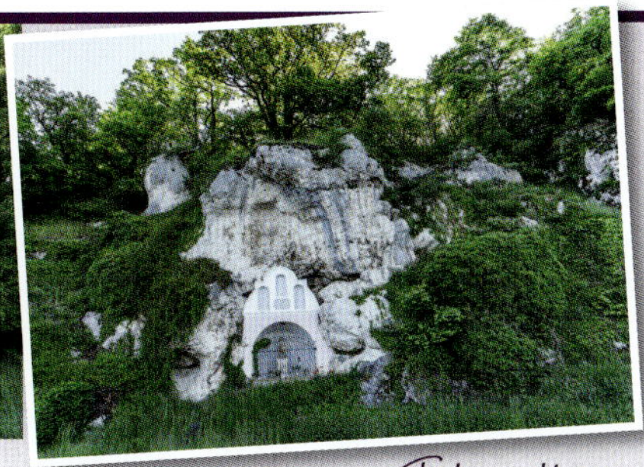

Felsenaltar

Wir beginnen unseren Abstieg und stehen wenig später vor dem bekannten Ausflugslokal „Zur Walba". Hier wenden wir uns nach rechts in nordöstlicher Richtung und bleiben auf dem Radweg für mehr als 3 Kilometer. Unser Fixpunkt, die mächtige Sinzinger Autobahnbrücke der A3, rückt immer näher. Das Flair der Donau zieht uns in seinen Bann. Besonders eindrucksvoll auf Höhe Sinzing sind auf der anderen Straßenseite auch der Schutzfels Pentling sowie ein Felsenaltar ❻.

Ein besonderer Moment folgt wenig später kurz vor der imposanten Autobahnbrücke. Am gegenüberliegenden Ufer der Donau befindet sich die Mündung der Schwarzen Laber. Durch die Entfernung wirkt sie nahezu unscheinbar ❹.

Wir gehen unter der Brücke hindurch und überqueren nur wenige Meter danach die Straße. Hier befindet sich der Einstieg in den Max-Schultze-Steig, welcher eine Länge von 1,7 Kilometern hat ❺. Die nächsten 100 Meter sind durchaus steil und erfordern etwas Trittsicherheit. Unsere Markierung ist erneut

Einstieg zum Max-Schultze-Steig

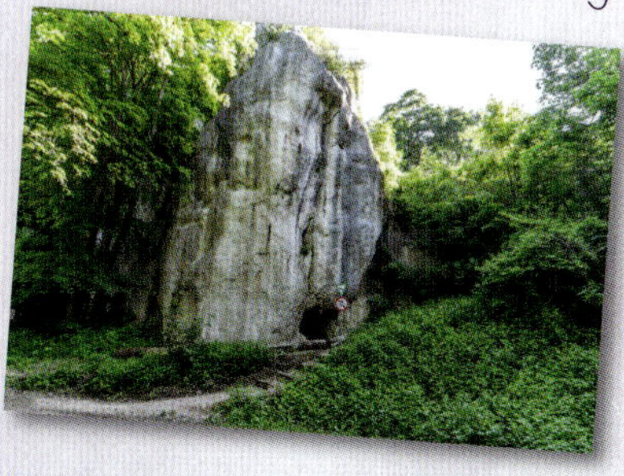

Mündung der Schwarzen Laber

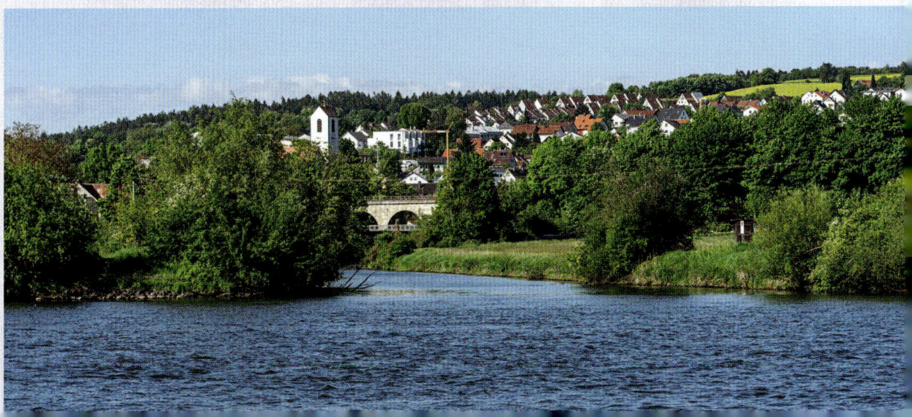

der rot-weiße Kreis (S16 B). Oben angelangt befinden wir uns wieder auf dem Donau-Panoramaweg bzw. dem Wanderweg nach Pentling (rot-weißes Rechteck). Wir orientieren uns in südlicher Richtung.

Wir gehen erneut unter der Autobahnbrücke hindurch, nur dieses Mal einige Meter oberhalb des Donauufers. Etwa 450 Meter nach der Brücke halten wir uns an einer Abzweigung links (kleines Bild links).

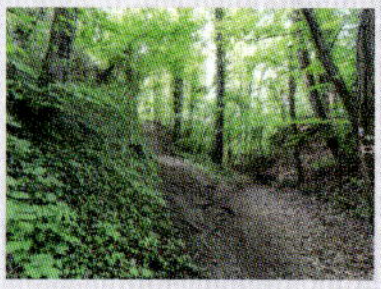

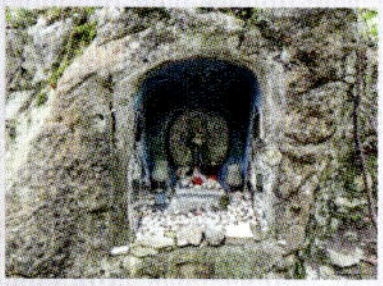

TIPP: Es lohnt sich jedoch, talwärts etwa 30 Meter zu gehen, denn dort befindet sich ein kleiner, sehenswerter Altar ❼ (kleines Bild rechts). Nicht vergessen, wieder zurückzugehen!

Der Panoramaweg schlängelt sich noch für etwa 1,2 Kilometer oberhalb der Donau weiter, wobei noch zahlreiche Möglichkeiten folgen, das umwerfende Panorama zu genießen. Der Weg ist so gut beschildert, dass ein Verirren nahezu nicht möglich ist.

Wir erreichen die Friedhofsstraße in Pentling. Nun folgt ein besonderer Abschnitt, denn wir durchqueren den friedvollen Ort der Ruhe. Es handelt sich um Naturbestattungen in einem Trauerwald, was besonders ergreifend ist. Am Ende finden wir ein kleines Gartentor, durch welches wir den Friedhof verlassen ❽.

HINWEIS: Leider ist das Betreten des Friedhofs mit einem Hund nicht gestattet. In die-

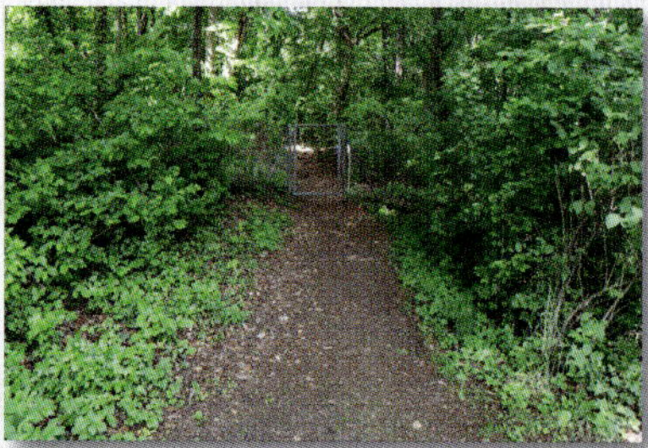

Hier verlassen wir den Friedhof.

Aussicht vom Max-Schultze-Steig

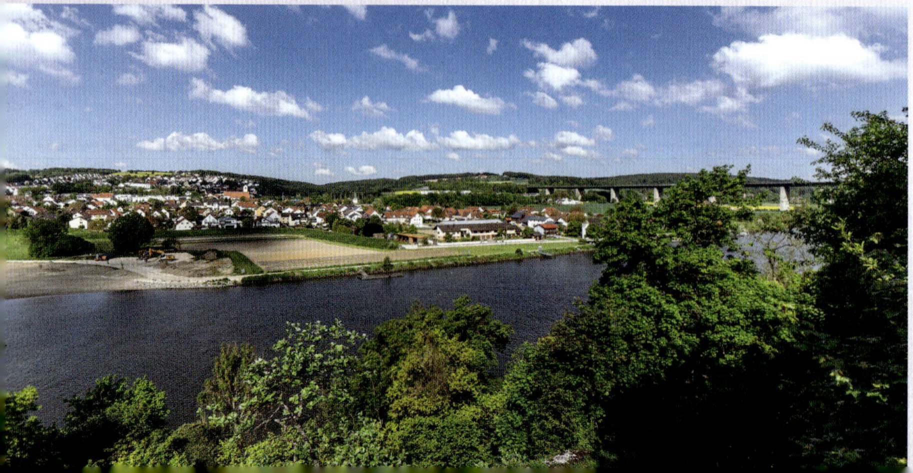

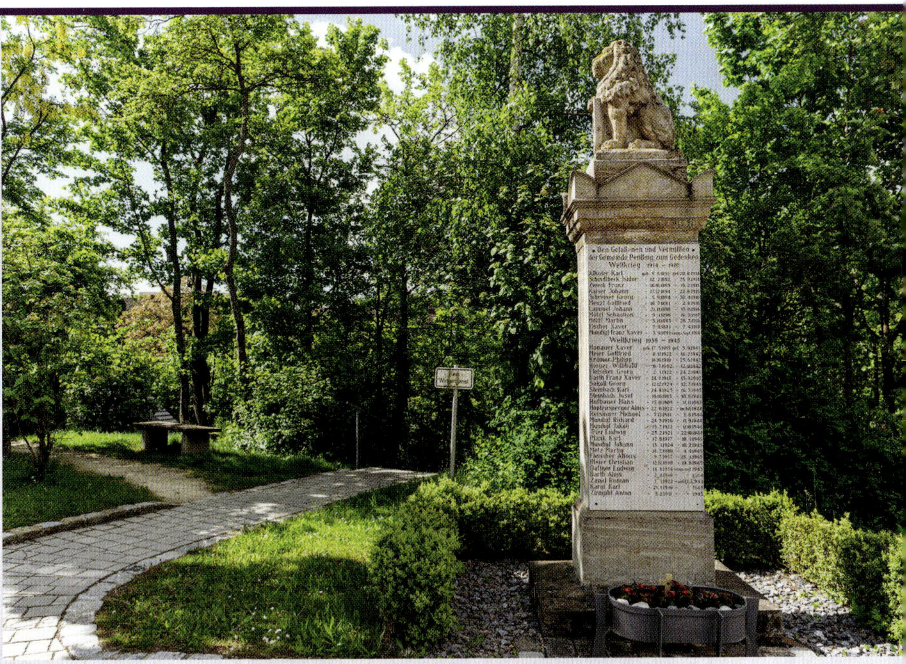

Treppe beim Kriegerdenkmal in Pentling

sem Fall könnte man der Friedhofsstraße folgen und rechts in die Erlenstraße abbiegen. An dessen Ende gelangt man auf den ursprünglichen Weg.

Der letzte Abschnitt führt uns für einen halben Kilometer südwestlich durch ein verzweigtes Netz von Waldpfaden. Wir halten uns rechts am Waldrand, da wir noch einmal in das Panorama eintauchen möchten.

Am Ende unserer Tour erreichen wir den Reiterweg, welcher uns südöstlich in die Schulstraße bringt. Gegenüber der Kirche St. Johannes und neben dem Kindergarten bringt uns eine Treppe beim Kriegerdenkmal zum Ausgangspunkt.

Essen/Einkehren:

Gasthof Zur Walba
Unteriading 1
93080 Pentling
Tel. 09405 2102
https://walba.de
Öffnungszeiten: siehe online

Landgasthaus „Altes Tor"
Hauptstr. 3
93080 Pentling
Tel. 0941 998272
https://gasthaus-altestor.de
Öffnungszeiten: siehe online

Impressum

Kartographie:
Kartographie Muggenthaler, Heinz Muggenthaler, Stadtplatz 19, 94209 Regen

Texte:
Martin Ehrensberger

Abbildungen:
Alle Fotos von Martin Ehrensberger
Hintergrund: Bastetamon, fotolia.com; Wanderschuh: VRD, fotolia.com

Bibliografische Information der Deutschen Nationalbibliothek

Die Deutsche Nationalbibliothek verzeichnet diese Publikation in der Deutschen Nationalbibliografie; detaillierte bibliografische Daten sind im Internet über http://dnb.dnb.de abrufbar.
ISBN 978-3-95587-407-0

MIX
Papier aus verantwortungsvollen Quellen
FSC® C014138
FSC www.fsc.org

Für uns, die Battenberg Gietl Verlag GmbH mit all ihren Imprint-Verlagen, ist Nachhaltigkeit ein wichtiger Teil unserer Unternehmensphilosophie. Daher achten wir bei allen unseren Produkten auf den Einsatz umweltschonender Ressourcen und Materialien.
Dieses Buch wurde auf FSC®-zertifiziertem Papier gedruckt. FSC (Forest Stewardship Council®) ist eine nicht staatliche, gemeinnützige Organisation, die sich für die verantwortungsvolle und ökologische Nutzung der Wälder unserer Erde einsetzt.

Unsere Partnerdruckerei kann zudem für den gesamten Herstellungsprozess nachfolgende Zertifikate vorweisen:
- Zertifizierung für FOGRA PSO
- Zertifizierungssystem FSC®
- Leitlinien zur klimaneutralen Produktion (Carbon Footprint)
- Zertifizierung EcoVadis (die Methodik besteht aus 21 Kriterien in den Bereichen Umwelt, Einhaltung menschlicher Rechte und Ethik)
- Zertifikat zum Energieverbrauch aus 100 % erneuerbaren Quellen
- Teilnahme am Projekt „Grünes Unternehmen“ zum Schutz von Naturressourcen und der menschlichen Gesundheit

1. Auflage 2022
ISBN 978-3-95587-407-0

www.battenberg-gietl.de